转型期社会生活与文化变迁研究丛书

丛书主编：忻　平

历史的逻辑

——主流信仰的理论培育

◎

王天思　著

上海大学出版社

图书在版编目(CIP)数据

历史的逻辑：主流信仰的理论培育/王天思著. —上海：上海大学出版社，2016.4
ISBN 978-7-5671-2235-2

Ⅰ.①历… Ⅱ.①王… Ⅲ.①信仰—研究—中国 Ⅳ.①B933

中国版本图书馆CIP数据核字(2016)第072580号

责任编辑 焦贵平 杨颖昇
装帧设计 张天志
技术编辑 金 鑫 章 斐

历史的逻辑

——主流信仰的理论培育

王天思 著

上海大学出版社出版发行
(上海市上大路99号 邮政编码200444)
(http://www.press.shu.edu.cn 发行热线021—66135112)
出版人：郭纯生

*

南京展望文化发展有限公司排版
上海叶大印务有限公司印刷 各地新华书店经销
开本787×960 1/16 印张17.75 字数288千字
2016年7月第1版 2016年7月第1次印刷
ISBN 978-7-5671-2235-2/B·087 定价：58.00元

总　序

在上海大学“211 工程”第三期项目“转型期中国民间的文化生态”研究中，我们推出了一套“转型期中国(上海)文化生态研究丛书”。如今“211 工程”第三期项目已经结项，研究团队对于“转型期中国民间的文化生态”课题继续开展深入的研究，在原来的基础上有了一些新的发现。其研究成果的视角与表现形式也有所不同，故在原来“转型期中国(上海)文化生态研究丛书”的基础上，我们再推出一套“转型期社会生活与文化变迁研究丛书”。后者是前者的延续和升华。

随着社会时代的变化，社会生活内容也随之变化，新的社会生活内容的出现、旧的社会生活的消失以及贯穿社会的恒常内容，都成为社会生活研究需要关注和深入研究的方面。正如有学者指出，人类存在并活动于社会生活之中，从某种意义上说，人类历史就是一部社会生活史，因而社会生活具有独特的、不可替代的研究价值和意义。① 社会生活史是学术界近年来广泛关注的研究领域，并出现了诸多优秀成果。但学界对于社会生活史的一些基本问题的认识还存在分歧，这也意味着社会生活史的研究还有相当多的薄弱之处，需要我们投入更多研究精力。

1840 年以来，在中国现代化过程中，中国社会和社会生活发生了巨大变化。这一变化体现在各个领域，与传统社会迥异，开始了近代社会的转型和文化变迁。“西力东侵”和“西学东渐”对近代中国的社会变迁和文化转型的影响很大，东南沿海和沿江地区的社会变迁与文化转型的启动及发展最早、最快，中部和北部地区的启动及发展其次，西北和西南地区的启动及发展最晚、最慢。整个社会变迁和文化

---

① 梁景和：《社会生活：社会文化史研究中的一个重要概念》，《河北学刊》2009 年第 3 期。

转型呈现出从东向西、从南向北逐渐递减的趋势。一般而言，城市的社会变迁和文化转型要早于和快于乡村的社会变迁和文化转型，大城市的社会变迁和文化转型要早于和快于中小城市的社会变迁和文化转型。①

本丛书共有六本专著，分三大模块从不同时间、不同角度与不同区域诠释社会生活和文化的变迁。

一、社会行为与文化

近代中国社会秩序出现了激烈的变动，在这一过程中无论是个人、组织还是国家在表现形式上及文化塑造上亦随之变化。近代中国，由于内忧外患的加深，整个社会弥漫着愤怒的情绪，面对异常耻辱的外侮，一些爱国者愤而自杀。爱国运动中的自杀行为经过了一些社会建构的环节，被赋予并放大了社会意义。刘长林在《社会转型过程中一种极端行为研究——1919－1928 爱国运动中的自杀与社会意义》一书，以 1919－1928 年社会运动中的自杀事件为例，深入研究自杀社会意义所赋予的问题。

“五四运动”是改变近代中国思想气候的重大事件，《新青年》对“五四时代”时期的社会和文化有着巨大的影响，这种影响是通过阅读实现的。作为“新文化元典”的《新青年》，历来是学术界的重要研究对象。以往对《新青年》的研究，基本从思想史、报刊史、社团史以及文学史四个角度展开，但邓金明的专著《社会生活变迁与青年人阅读生活——以〈新青年〉杂志研究为中心》另辟蹊径，从阅读生活的角度来研究《新青年》。重点研究《新青年》杂志的阅读和传播活动，揭示近现代中国文学生活的深刻变迁。

二、当代文化转型与人文素养

在当代社会变动中，文化也面临着转型问题；如何认识当代中国的文化矛盾，

① 郑大华、胡峰：《近代中国社会变迁与文化转型的特点》，《光明日报》2010 年 12 月 14 日。

必须认真思考当代中国所处的社会文化转型的根本特点。曾军的《城视时代——社会文化转型中的当代中国文学与文化》，重点讨论视觉文化影响下的文学新变、都市化进程中的文化冲突以及审美现代性与现时代中国的精神状况。

王天思的《历史的逻辑：主流信仰的理伦培养》，一书，对当前主流意识形态、主流信仰的培养进行了阐述。在当前构建和谐社会的历史新时期，公民作为社会的主体，其人文社会科学知识及素养是国民综合素质的一个重要方面，是直接影响社会和谐程度的一个重要因素之一。欧阳光明的《新时期的都市人文素养——一项基于上海市人文社会科学知识与素养的调查和研究》一书，在抽样调查和系统数据分析的基础上，全面考察上海市民群体掌握社会科学知识、应用社会科学方法以及弘扬人文精神的现状，分析上海市民的人文社会科学知识和素养的特点及存在的问题等。

三、社会变迁与城乡文化

在中国现代化过程中，城市与乡村均发生了巨大的变化，并对社会生活产生重大影响。在现代化进程中，城乡之间人口流动，促进了城乡发生巨大变化。当然城乡发展不平衡，总体而言，城市保持了引领乡村的发展态势。城乡发展不平衡，主要还在于乡村虽然也保持了发展，但其发展速度远远逊于城市。

吴静等编写的《上海卫星城规划》（上、下）一书展现了新中国成立以来上海卫星城的规划历程。

李缄的《社会变迁、城乡流动与组织转型——〈宁波旅沪同乡会会刊文论选〉》，通过对资料的详尽搜集，展示宁波旅沪同乡会是联系宁波和上海以及进一步影响宁波、浙江、上海乃至其他地区的。王光东在《社会中的文学与文学中的社会——新世纪以来城乡流动与文学关系研究》中，重点分析城乡流动在文学的表现，以及如何影响了文学。中国乡村教育在现代化进程中出现了重大变化，同时也显现出特别突出的问题。

本丛书没有统一的结论，而是从专题静态研究出发，通过以上不同专题的研究，从历史、文学、哲学等不同学科和视角，重点分析社会生活与文化变迁，以期探求中国民间文化生态在动态时间上的多姿状貌。

各作者希望从各自专题出发,对一些问题、现象或群体进行深入的研究,为当前社会生活研究提供一份详尽的研究样本。当然,由于时间、精力以及学识等各种原因,缺点和问题难免存在,敬请方家批评指正!

本丛书得到中央财政项目“城市社会生活与文化变迁”的资助,得到第三届文汇·彭心潮优秀图书出版基金资助出版,特致谢意!

丛书编委会

目　录

导　言

人类生活是具有理性的生活；而理性本身的存在不能没有自己的支点。

理性唯一可能的支点是信仰。对于理性来说，知识固然十分重要，但知识本身并不能构成理性的支点。知识的基础是假说，是信仰。

信仰是理性不可或缺的支点。信仰作为理性的支点，有时候只是潜在着没有意识到，正如人处在社会中意识不到绝对的孤独。

信仰是理性不可摆脱的支点。人们总是得相信什么，即使什么都不信也是一种信仰：什么都不能相信。

信仰是理性的支点，但作为理性支点的，既可以是理性的信仰，也可以是非理性的信仰。理性的信仰作为理性的支点，使理性具有一个现实的基础，而非理性的信仰作为理性的支点，则只能使理性拥有一叶虚幻的“诺亚方舟”。

然而，即使是非理性的信仰，在社会生活中都具有极为重要的作用。

一、信仰的来源

自从人类脱离动物界生活在这个世界上，就不仅要生息图存，而且必须不断寻找自己的精神家园，以使自己在精神上有归家之感，而不至于成为异邦他乡担惊受怕的陌生人。由此，他们除了必须经营自己的物质生活，还要设法解释自己身处其中的这个世界。

在人类发展的原始阶段，人们基于零碎的事物现象对外部世界的整体解释，唯一可能的形式是宗教认识。因为在那个时代，由于认识能力的局限，对于人们来说，最熟悉也是最容易理解的，是自身活动这个层次上的因果联系。他们对自然现象的理解，只能通过与人的活动的类比进行；他们解释世界的唯一可能方式，也只能是这种形象类比,即以感性表象和拟人化的想象方式解释外部存在。通过“尘世的”、自然的和此岸的世界,与“上苍的”、超自然的和彼岸的世界的重叠,来领悟世界。

作为一种以类比的方式进行的认识,宗教认识中的相互作用只是“相似物”与“相似物”的相互作用。当发现一种它力图用自己的认识方式去理解的整体时,就往往以生命有机体去进行类比。而依照生命有机体去“复制”客体的结果,则是客观世界为神话意识所理解。《吠陀》的圣诗之一,就描述了世界如何发轫于人的身体(the Purusha,普鲁沙,即第一因或万物始原)。世界是普鲁沙,因为当众神把他作为牺牲而献祭并从他身体的各部分造出各种物种时,世界就生成了,他的身体依照献祭的法规而被肢解成碎片。所以,世界的各部分不外是人身体的各器官。婆罗门是他的嘴,武士刹帝利是他的胳臂,商人和农学家吠舍是他的两膝,奴隶阶级首陀罗是他的双脚。他的精灵产生月亮,他的眼睛产生太阳,他的呼吸产生风,他的肚脐产生中天,他的头产生天空,他的耳朵产生四方。人的各部分,就这样形成了世界。基督教-日耳曼观念中具有相同的观念:亚当的身体由八个部分组成,他的肌肤类似土地,骨胳类似岩石,血液像海洋,头发像草原,思想则像是云朵。在宗教认识中,相似性不是概念的而是形象的。在那里,任何相似性都是一种原始的亲属关系,一种本质上的同一性。类比往往是相互的,宗教认识不仅用人的、社会的存在类比一切自然存在,而且用自然的存在类比一切人的、社会的存在。正是这两个完满结合的方面,共同决定了宗教认识的独特方式。

宗教神学对外部世界进行类比解释的机制是投射,即把主体的感觉体验,把自身的特性投射到外部世界,以虚构代替解释。这种解释不受任何逻辑的制约,主体与客体混然一体,周围世界就是自己主观想象的世界。在这种解释中,已经分不出“相信”和“知道”的差别。人们由此所得到的,归根结底不是真正意义上的知识而是一种非理性信仰的依据。这种信仰不需要理解,而只以相信为基础。

用科学的目光审视,不以知识为根据的信仰就是迷信。但是,就人类认识发展的历史过程看,为人们提供非理性信仰的宗教神学又是人们在认识的原始阶段解释世界的一种最初尝试。他们以这种形式,既试图理解外部世界以及它背后的东西,又尝试解答生活、生存和死亡的问题。正是在这个意义上说,宗教神学是一种最初的世界观形式。也正是在这个意义上说,宗教神学可以看作是一种“前哲学”。

人类哲学思辨与这种“前哲学”具有深厚的历史渊源。

古代哲学思辨向来与宗教认识既相互冲突，又密切联系在一起。

哲学作为对世界的解释，是人们对世界进行终极思辨的结果。对世界的思辨解释，也就是对世界存在的可能图景进行以经验为最后归宿的逻辑描绘，从而形成对世界的终极理解。这种对世界的思辨解释，由于远离已有经验，所提供的往往不是确定的知识，而只是信仰的理性依据。正是作为对世界的思辨解释，哲学思辨为人们构筑起理性的信仰；使人类信仰实现了从非理性到理性的重大飞跃。

哲学思辨之所以具有信念构筑的功能，正在于它可以用超越的方式形成对事物的“终极”认识（就思维主体的局限性而言）。哲学思辨由于不受实证要求的限制，可以对事物进行任何能够想象的认识。尽管这样的认识由于缺乏可靠的实证基础而不能提供确切的知识，但它能够提供理性信仰的根据。

由此可见，哲学与宗教是人类信仰的两大来源。哲学思辨作为对世界的解释，一方面与宗教认识一样，所回答的是那些人类还没有建立起确定性知识的领域中的根本问题，那些为科学认识还不能回答的问题。它们对这类问题的解释所提供的不是确定的知识而只是一种信仰。另一方面，哲学思辨又不同于宗教认识，它在解释世界时不是诉诸非理性的东西，而是像科学认识那样诉诸人的理性。因而哲学思辨所提供的是理性的信仰而不是非理性的信仰。

二、非理性信仰和理性信仰

在理性尚未觉醒的时代，在宗教中，人们往往把上帝的怀抱当作自己的精神家园。而当人类理性通过启蒙在冥冥中对此表示怀疑，在独立后站起来加以反对时，理性本身就同时承担着寻找人类精神家园的大任。

哲学思辨作为一种与宗教认识不同的认识方式，其主要区别在于用理性的思辨取代了非理性的臆测，用理智的解释取代了单纯的情感体验。哲学思辨通过对世界的终极解释而得到的理性信仰，具有与通过宗教认识所得到的非理性信仰完全不同的性质。

非理性信仰不以事实或理性依据为基础，因而不需要任何证明。其特点是先于理解，高于理性。只有非理性的信仰，才会认为信仰高于理性，只有僧侣主义，才会“认为信仰高于科学或者同科学平分秋色，或者总是给信仰让出一席之地”。理性信仰则以事实或理性依据为基础，它是基于科学知识的信仰，是产生于对世界结构等的广泛的相互关系的逻辑理解的敬畏感（爱因斯坦）。弗洛姆的研究表明，理性信仰是产生于主体自身的情感和理智，是基于观察和思考的自主体验的结果。非理性信仰则产生于外部力量的威慑，以对非理性权威的屈从为基础，植根于对自身权力和内在独立性的放弃。理性信仰摆脱了神秘力量的支配，建立在能程度不同地为理性所把握的因素基础之上。这些因素不是未经理解就接受下来的，而是在感觉经验的基础上，甚至是通过逻辑手段得到的。

理性信仰不同于非理性信仰的另一个特点，是始终处于不断的更新之中。非理性信仰由于是信仰先于理解，所以往往是一成不变的，除非由于科学的发展使信仰不得不改变自己的形式。而理性信仰则归根结底是人类认识的结果，因而随着人类认识的不断深入，人们的信仰体系皆处于不断的变化之中。在某种程度上说，理性信仰也是对理性本身的信仰。

理性信仰也是对实在的“理性本质”的信仰，即爱因斯坦所说的“同深挚的感情结合在一起的，对经验世界中所显示出来的高超的理性的坚定信仰”。这种信仰既是理性活动的结果，又是理性活动的基础。

理性的信仰是人类理性对自己所能达到的极点的描述，也是对理性能力描述的极点。因此理性本身并不能否定它的存在，否定信仰的存在本身仍然是一种信仰。正如尼采所说，“即使怀疑主义也并不是没有信仰，它还相信逻辑。因此，拱手交出逻辑是最为骇人听闻的：因其荒谬而信仰。这是对理性及其否定的全面怀疑，是禁欲主义的一个后果。任谁也不能在这种理性缺失中过活，正如无人能在完全的禁欲主义中生活一样。这表明对于逻辑和信仰本身的信仰乃是生活的必需品，而思想王国是幸福至上论的王国。”这些理性信仰，不仅是人类认识，而且是合乎理性的生活所必不可少的。

三、信仰的社会生活功能

信仰在人类生存和生活中的功能，集中表现在世界观上。而以世界观为标志的信仰的功能，则集中表现在人类社会的文化系统中。

信仰对于文化系统是极为重要的，它是文化的核心部分。在某种意义上可以说，正是由于信仰的不同才造成了人类文化的差别：人类生活在他们自己创造的世界上，不同的世界孕育着不同的文化。不存在没有世界观的文化，文化因世界观而异。恰如没有文化的人类生活，没有世界观指导的人类存在是不可想象的。诚然，文化及作为其核心的信仰是人类自己创造的，但如果没有了构成世界观的以符号为中介的复杂认识系统，人就不能生存。人类的自觉行为是为信仰所指导，以准则来鉴别和评价的。没有提供这些信仰和准则的概念系统，需要便不可能得到满足，有效行为也将是不可能的。因而，世界观是人类行为据以计划和实施的信仰系统。"事实上，信仰在人类行为调整中的作用是如此至关重要，以致最近一些文化定义已接近于认为，文化与集团的信仰体系是一回事，尽管另一些定义坚决不同意这一点，但所有人都承认，人类文化本质上包含信仰体系。"

在日常生活中，哲学思辨构筑的信念是如此普遍，以致人们认为"生活哲学"通常就是某人所获得或形成的一套信仰。哲学思辨为人们的生活所提供的世界观，不仅解释世界存在和提供行为基础，也为个人提供一系列对自己和他周围世界的态度取向。这些对他的心理健康具有十分重要的意义。没有经验中的一定稳定性和条理秩序，没有对自己、周围环境和他人的规范态度和动机取向，人类个体就没有安全感，就没有满意的人际关系和道德价值。谁可爱、谁可恨，什么事该引以为荣，什么事该引以为耻；谁是朋友，谁是敌人——这些及成百上千诸如此类的问题，都是世界观来为我们回答的。我们的思想会使这个世界变得象家庭一样可爱，使我们无拘无束，舒舒服服，也会让我们如在异邦他乡，战战兢兢，孤苦伶仃。信仰能给人心理上的归宿感，能为人生实践提供确定性。理性信仰能给人的精神以寄托，给人们的活动以依据。它是人的价值观、道德情操、人生态度和理想等形成的基础。可以说，一个人相信(不是主张)什么样的哲学，就有什么样的价值观和伦理观，而有什么样的价值观和伦理观，就有什么样的道德情操、人生态度和理想，从而也就有什么样的行为。即使在日常活动中，哲学思辨所构筑的信念也能使人们明确自我和行为环境的性质和特性，并由此提供一个给予条理和可预言性的经验解释，提供行为可被计划和实施的基础，甚至也为个人生活和行为提供一系列对自己和周围世界的态度取向及经验中的一定稳定性和条理秩序。这些是个体安全感、满意的人际关系，分明的爱憎情感和正确的荣辱观念的基础。只有在这个基础上，我们才能用自己的思想规划自己的世界，从而使我们有归家之感。

哲学通过对世界的思辨解释所构筑的理性信仰，不仅与神学所提供的非理性信仰一样，能给人的精神以寄托（对世界的解释从来就包括对人与世界关系的理解），而且还在人类认识中扮演着重要角色。

哲学思辨为科学认识所提供的这种理性信仰是根深蒂固的，以致一些科学家会因信仰危机而陷入绝望。本世纪初，哲学思辨在经典物理学基础上所构筑的信念面临危机，好几位杰出的物理学家因此自杀，其中包括举世闻名的波尔兹曼。这一事件从另一面说明了理性信仰在科学认识中的地位，也以一种十分残酷的形式表明了理性信仰在人类精神生活中的重要性。

知识和信仰，就人类主体而言，是难分主次的。它们是一种互补的关系。在人类认识活动中，知识和信仰同样重要。而构成人的理想、道德情操以及人生指南的，确切地说不是知识而是信仰。不是理性的信仰，就是非理性的信仰。

需要信仰的地方，就需要哲学，就需要理性思辨。没有哲学思辨，就必定为非理性的信仰所占据。实证主义者最后走向宗教，在很大程度上就是否定思辨的结果。（如果说在孔德那里，还只是把伦理方面的内容归结为宗教领域的话，在斯宾塞那里，在其哲学-宗教学说中，宗教认识则完全取代了思辨哲学的地位。）

人类的许多（如果不是全部的话）活动领域，都需要信仰。因此诺瓦利斯把哲学说成是“怀着一种乡愁的冲动到处去寻找家园”，自然而然地赢得了那些真正理解哲学的人的共鸣。同样，无论是把哲学看作“至高无上的文艺”（柏拉图），还是“真正的宗教”（伊里杰纳），抑或看作认识论或“人学”，都不会遭到人们一致的诘难。

知识就是力量，但知识也有无能为力的时候。在知识无能为力的地方，人们就需要信仰。理性的信仰需要人们通过哲学思辨去寻求。而在人们所拥有的思辨能力不能达到的地方，或者在没有追寻理性信仰自由的地方，人们就需要宗教。

哲学，作为思辨知识，是人类智慧的标志。没有哲学思辨就没有科学认识甚至没有任何真正的理论；没有哲学思辨就没有人类精神的进步，甚至没有思维的发展。

哲学，作为理性信仰的依据，是现代人类不可缺少的精神脊柱。没有哲学思辨所提供的信仰的理性依据，人们在风雨飘摇的可能性空间中，就只能依靠那叶虚幻的“诺亚方舟”；没有哲学思辨所构筑的理性信仰，我们就不能驾驭复杂多样的可能性。

一种哲学只是对可能性空间中一定可能性的反映。各种各样的哲学反映了各种各样的可能性。但任何一种哲学都没有得到经验证实。因而人们只能根据自己的理解,作为理性的选择,信仰某种哲学,正如我们信仰马克思主义哲学一样。哲学是有优劣之分的。对哲学的理性信仰是力量的源泉,能给人以不可估量的动力。如果社会不能满足这种渴求,或者人们的理性发展水平还不足以通过哲学来满足这种渴求,人们就会转向宗教——从历史的观点来看是滞留于一种“前哲学”,而从逻辑的观点看来则是寻求一种“哲学的替代品”。不能在哲学中找到理性支点,人们就自然而然或不得不“与上帝同在”,否则,在这个世界上就会成为一个担惊受怕的陌生人。越是在社会急剧变化的时期,越是如此。正是在这个意义上说,宗教信仰在社会生活中具有重要地位。

四、虚幻的宗教信仰和现实的社会理想

在西方一些发达国家的社会生活中,宗教的地位是举足轻重的。在美国,哲学基本上不具有意识形态功能,主要的意识形态功能是由宗教承担的。

宗教所提供的信仰,从内心生活上把人们与自然,与社会密切联系在一起。

宗教把无情的大自然化为具有人情味的上帝,顿时使整个世界具有了体温,温暖起来了,变得更像个家,或者毋宁说更像一个具有体温的母体。人们生存在这个世界上,就更像面世前所最安然存在的母亲的子宫中(不仅更像一个家)。这简直是人类的一种独特的艺术,人类最伟大的创造之一。他们不仅用自己勤劳的双手在这个物质世界建立起了自己的遮风避雨的存身之所,而且通过这种艺术,在精神世界中为自己营造出了一个像母体那样恬适(在心理或精神上)的家园。所有人都存在于同一母体中,存在于一个永恒的主或神之中——这是一种不仅仅像自然母体的处境。在这样的处境之中,任何人——不管年纪大小,只要是有限的,就无一例外地可以视同上帝的儿女,因而他们相互之间也就无一例外地可以看作是兄弟姐妹。它像幻术一样,能把自己完全陶醉在自己所创作的艺术作品之中。仔细审视,你就会发现这真是一个奇迹,一个比他们所津津乐道的“神迹”更神奇的奇迹。

很多基督徒都说他们信了主以后会有感应。我很难肯定那是一种什么样的情

景。我现在能想象的是这样一种感觉：有一次，当一个教徒跟我说起餐前祷告时说，当你祷告后，吃起饭来与不做祷告味道全然不同。你会倍觉上帝赐给我们的这些食物的珍贵。当听到这里，我真有了一种"感觉"。我说：我明白了，作为一个简单的无神论者，用餐时你会理所当然地认为这是农民"种"出来的，自己用钱在市场上买来的，一点都不稀奇。它的价值就是把它种出来的劳动价值，或者你买食物的市场价格。而当你相信这是上帝所赐时，种就并不是一种创造活动，它只是把食物"引"出来罢了。当我说到这，她十分会心地笑了。但我接着又说：这里重要的是那种神秘。在你看来这是神所特有的，在我看来大自然本身就具有这种神秘。听到这，她很长时间没有再说话。我真后悔破坏了她的情绪，伤害了她的情感。破坏真正的宗教情感或宗教信仰简直是一种犯罪，一种典型的精神犯罪。

伤害一种真正的宗教情感之所以使我有一种犯罪感，最重要的原因是对于宗教信仰作为道德根据所具有的生活和社会意义的意识。宗教信仰中那种让人们感到神圣的东西，大概是宗教作为道德根据的最重要因素。这种因素在人类整个道德进步过程中非常重要。

人类道德的发展已经经历了并还将经历许多复杂的形式，但就其起源和发展趋势，可以大致看到三种重要的形式：源于自然威慑的道德，源于社会契约的道德和源于人的内在需要的道德。它们标志着人类道德从外在要求变成人的内在需要这一过程的三个不同发展阶段。

源于自然威慑一般表现为源于宗教观念，但不一定是某种具体的宗教，而只是一般地指人类处于蒙昧时期，还未能靠理性理解自身、世界及二者之间关系时的意识状态。在这种状态中，"天国"的宗教诫律往往直接就是现实的道德规范。这种道德具有典型的外在要求性质，其产生和维持都有赖于外在事物异化的自然或神(尽管往往是人的本性的投射)的威慑。当社会经济的发展以及人们需要的发展还处在比较低的水平时，整个社会道德的良好状态就不能没有来自宗教的有力根据。

源于宗教的道德观念之所以如此有力，就在于在宗教观念中，现实生活只是不朽灵魂永恒存在的一部份。这部分与永恒的灵魂相比是微不足道的，因而尘世生活中的得失相对来说也同样微不足道。源于宗教的道德观念是尘世价值无法比拟的，因为灵魂不朽，而尘世生活只是人的现世生活、人的不朽生命的一个很小、很不重要的部分。因此，在尘世生活的抉择中，这种来自宗教的无可比拟的价值非常之大(如因果报应中对人的来世来说事关重大的进天堂或下地狱),可以形成对所有尘世道德观念的坚实基础,形成一种对尘世价值(身外之物)的绝对优势。这是源于宗教的道德观念对人具有极强的约束力,原始社会能仅靠道德约束就能保持稳定的主要原因。

但是,当"上帝死了"之后,人们所面对的不再是一个不朽的灵魂相对于一个短暂的现世人生的处境,而是一个唯一的人生,唯一的生活。这样,人的价值观念就会发生极大变化。以往道德观念的那种无可比拟的价值根据不复存在,存在的只是可以在现实生活中与"世俗"事物处于同等地位的道德观念。它们不是来自冥冥中的神圣天国,而是来自现实中的社会契约。由于其世俗性质,来自社会契约的道德约束是比较脆弱的。——仅就这一点而言,在一个道德远没有成为人们的内在需要的社会中,宗教信仰在社会生活中的作用也是任何别的东西所不能取代的。

信仰的本质,决定了它是不能强加于任何人的。道德发展到成为人的内在需要的程度,毫无疑问归根结底是社会经济发展的结果。但在这一过程中,哲学为人们所提供的理性信仰肯定在某种程度上也具有决定性的作用。而在现行社会条件下,在不断健全法制的同时让各种宗教朝有利于社会的方向得到适当发展,对于社会的道德建设则至关重要。

在社会生活中,信仰与人们的社会理想关系至为密切,也至为直接,而社会理想又与人们的生活关系非常密切。在宗教信仰中,社会理想无一例外地源自神的安排;但在社会生活中,人们又始终有着自己的理想社会憧憬。

与人类社会理想相关联的信仰,不是来自宗教学说,就是来自哲学理论。合理的社会理想和信仰反映人类历史的逻辑,正像达尔文的生物进化论来自对生物发生发展的规律,马克思的唯物史观源自人类历史的逻辑。只有充分理解历史的逻辑,才能获得对马克思主义理论的理性信仰。

一种来自哲学理论的信仰具有一个前提,那就是对这种理论本身的理解。理性信仰应当来自对一定理论的理解。建立在没有理解的相信基础之上,即便貌似来自理论,也仍然类似来自宗教。没有对理论的理解,来自理论的信仰也可以是类似来自宗教的非理性信仰。信仰是理性的还是非理性的,不是从静观上看与哲学理论还是宗教学说相关。非理性信仰和理性信仰的根本不同,就在于理性信仰是建立在对理论理解的基础之上,而非理性信仰则是没有理解的相信。因此,即使源自哲学理论的信仰,如果不是建立在对该理论的理解基础之上,也仍然是非理性的,仍然是迷信——对理论的迷信。正因为如此,在人类社会理想的追寻和当代社会发展实践中,系统理解马克思主义经典作家所揭示的历史的逻辑,对于主流信仰的理论培育至关重要。

第 1 章　理想社会的寻求

在浩瀚的宇宙中，一个蓝色的星球上出现了“进化之神”创造的最高奇迹。

地球上形成了产生智慧生物的条件，的确是人类的造化。但对于不仅仅具有肉体生活而且在不断发展自己精神生活的人类来说，这些条件本身所构成的，却既是母体，同时又是囚笼。对于他们的肉体生存来说是不可缺少的条件，对于他们的精神发展却是沉重的负担。人类驮着这一重负，艰难地走过了漫长的历程。

当人类还生活在自然状态，他们所能依靠的，只是自然界的直接恩赐——大自然中的植物和动物。接受这种恩赐看上去的确美妙，人们不用耕种只须收获。但这种收获是极不可靠的，拥有智慧的生物时时受着大自然的戏弄。当人类在这种不十分可靠的恩赐下使自己的能力稍稍得到增强，他们便开始用火和石器，用锄头和镰刀在地球上向大自然发出命令，开始谋求摆脱大自然的奴役。通过结合成社会，人们逐渐从个体面对大自然的孤独无力状态，过渡到人类整体社会面对自然的联合强大状态。但是在社会发展的初期，由于生产力发展水平低下，人们仍然备受自然的奴役，因此人们就不断探索如何改造自然，改进工具，发展社会生产，以逐步从自然的奴役下解放出来。

在人类的原始社会，生产力的低水平使每一个社会成员为了生存而不得不全力面向自然界，完全沉溺于对自然的酣战之中。当生产力一旦发展到除了维持社会成员的生存，而且可以有剩余产品的时候，一些人便可以不再从自然界，而是直接从人类社会获得必要的物质生活资料。这样，人类社会就产生了私有制和阶级、剥削和压迫。因而，人们在争取摆脱大自然奴役的同时，又陷入了社会的奴役之中。

如果说，对于无可奈何的自然的奴役，人们不会有太多怨言，那么，对于自身社会所造成的奴役，人们便很有理由大鸣不平。人类历史的发展正展示了这一逻辑。人们一方面通过不断投身社会的现实斗争，争取消灭剥削和压迫，以便从社会奴役中解放出来。另一方面又不断地探索如何建立一个没有剥削和压迫，实现生产资料公有制和平等、自由的理想社会。这种对理想社会的探索从古至今生生不息，为人类社会的未来展望和自觉创造积累下了十分宝贵的财富。

一、大同世界的朴素向往

在中国古代，早就有被称作“大同”的理想社会观。这种理想社会观代代相传，成了我们民族理想的一个极为重要的组成部分。关于“大同社会”理想较系统的最早表述，出自孔子之口。我国西汉戴圣所编《礼记》一书，记载了孔子关于“大同社会”理想的精湛描绘：

> 大道之行也，天下为公。选贤与能，讲信修睦。故人不独亲其亲，不独子其子，使老有所终，壮有所用，幼有所长，鳏寡孤独废疾者皆有所养。男有分，女有归；
>
> 货恶其弃于地也，不必藏于己；力恶其不出于身也，不必为己。是故谋闭而不兴，盗窃乱贼而不作，故外户而不闭。是谓大同。①

我国著名学者高放把中国古代这一言简意赅、千古传诵的大同社会的理想，归纳为以下五个基本观点：第一，天下为公，用现在的话说，就是主张生产资料公有制，社会集体占有生产资料，社会财富归全体人民共同占有，不归私人占有；第二，主张人人应该尽力劳动，不要当寄生虫丧失劳动能力的或不能劳动的人，要得到社会的适当安排和妥善照顾；第三，未来社会里担任公职的人应该由选举产生，“选贤与能”，就是选举德才兼备的人管理这个社会；第四，将来的社会安定团结，秩序良好，讲求信谊，大家和睦，没有人兴风作浪、搞阴谋诡计，晚上睡觉都不必关门，不用害怕有人盗窃、抢劫；第五，将来的社会没有掠夺，没有战争，人们互助、互敬、互爱。②

① 《礼记·礼运篇》。
② 高放：《社会主义的过去、现在和未来》，北京出版社 1982 年版，第 10 页。

中国古代关于大同社会的理想，是人类社会理想最早的系统表达之一。尽管孔子这里所综合的是小农经济的社会理想，其主要特点是“均无贫和无寡”，因而总是不可避免地导致对还没有私有制的人类原始社会的向往(孔子认为夏、商、周以前是“天下为公”，以后才变成“天下为家”)，但“大同”社会的理想对我国的社会理论和实践始终具有极深远的影响，以致近代改良主义者康有为的一本著名的空想社会主义著作，仍然名为《大同书》。在该书中，康有为把“大同社会”的理想与古代公羊家认为社会发展分为据乱世、升平世、太平世等三世，以太平世为社会发展最高阶段的理论结合起来，认为“据乱之后，易以升平、太平，小康之后，进以大同。大同之道，至平也，至公也，至仁也，治之至也，虽有善道，无以加此矣。”①即“大同”是人类社会的最高理想境界。甚至作为共产主义者的毛泽东，都曾用“大同”这一概念描述科学社会主义的理想：共产党要“努力工作，创设条件，使阶级、国家权力和政党很自然地归于消灭，使人类进到大同境域”。我们要“经过人民共和国到达社会主义和共产主义，到达阶级的消灭和世界的大同”。②

在中国古代，除了“大同”社会，还有一种叫做“太平”世界的社会理想。这种社会理想，最早在公元二世纪于吉所写《太平经》一书中提到。书中写道：“太者大也，言其积大如天，无有大如天者。平者言治，太平均，凡事悉治，无复不平。”因而所谓“太平”，简要地说就是天下大治，大家均等。

“太平世界”作为一种社会理想，与“大同社会”具有直接的渊源关系，都建立在小农经济的社会基础之上。但“太平世界”不仅仅停留在理论上，它还变成了与农民起义相结合的社会口号。

作为社会口号，“太平世界”是东汉末年黄巾起义时提出来的。它是农民反对贫富分化、游手好闲和欺凌老弱，主张救穷周急、自食其力和扶弱敬老的理论旗帜。这面旗帜在中国历史上卷起了数不清的农民起义，并在历代农民起义中不断明确和丰富。到封建社会后期宋朝钟相起义时，直接提出了“等贵贱，均贫富”的口号；而到近代洪秀全领导农民起义时，则提出建立农民的理想王国“太平天国”。在这个农民的理想王国中，“天下人人不受私”，“天下大家，处处平均”，“有田同耕，有饭

① 康有为：《大同书》，古籍出版社1956年版，第8页。
② 《毛泽东选集》第4卷，人民出版社1991年版，第1476页。

同食,有衣同穿,有钱同使,无处不均匀,无人不温饱也。""鳏寡孤独废疾免役,皆颁国库以养。""凡天下,每岁一举,以补诸官之缺。"①反映了中国历代农民太平盛世,人人平等的朴素社会理想。社会安定,人人平等,也是人类童年关于自身社会所共有的甜美梦境。

二、理想国度的理性设计

任何一个社会,都有自己的梦。西方世界同中国一样,也有自己的社会理想。西方古代最早最有影响的社会理想,应当是古希腊的"黄金世界"。它是古希腊劳动人民幻想中最美好的社会:物产丰富、财产公有、自由平等、生活幸福。这种"黄金时代"的理想,也反映了西方古代劳动人民对原始社会的向往,但它主要是一种幻想,与古代中国"大同社会"的理想还不一样。

在西方,与古代中国"大同社会"的理想相当的,是大体上同时期由古希腊哲学家柏拉图(Platon,公元前427—前347)提出的《理想国》。在《理想国》中,柏拉图提出了建立一个至高极乐的共和国的理想。在这个共和国中,由于确立了公正原则和物质财富的公共占有制,既没有暴力,也不存在贫富分化。财富均等是这个共和国的基础,因为任何形式的私有制都是争端和动乱的根源。柏拉图甚至主张共产共妻,认为这样才能男女平等,让妇女走进社会,同男子共同担任公职,担当建设社会、保卫共和国的任务。青年人以学习为主,学习各种科学。三十五岁至五十岁才适合担任国家领导职务。在共和国中,人们分为三个等级:管理国家的哲学家;保卫国土的武士和从事生产的自由民。共和国的最高首脑执政官是最有学问的哲学家,他是被选举出来的。执政官必须保证为民造福,与其他等级的人一样拿工资,不准拥有房屋、土地和其他财富。作为还处在奴隶社会的古希腊哲学家,柏拉图这个共和国的理想毫无疑问具有不可避免的历史局限性,但其中所包含的许多有价值的思想,对后人乃至对社会主义思潮都有很大影响。

在欧洲社会中,除了上层知识分子提出社会理想以外,也和中国一样,下层农民中也流行过"天下为公"的社会理想。例如在罗马帝国,农民就很向往维吉尔(公

---

① 洪秀全:《天朝田亩制度》,《中国近代史资料选辑》,三联书店1954年版,第122、124、126页。

元前70—前19年)的诗篇中所描绘的理想境域:“没有篱笆和界石来分开田垅,没有土地的争讼,天下为公!”在英国十四十五世纪的农民起义中,有人进而提出财产公有、平均分配的理想。英国农民起义的领导人约翰·保尔主张:“一切东西尽归国有,没有奴隶和主人的区别”,生活完全平等。他极力反对当时社会上一些人穿着天鹅绒的衣服,而广大农民穿破麻布;他愤怒谴责富人有美酒、香料和精制的面包,而穷人只有黑面包和清水。欧洲古代农民也和中国古代农民一样,早就形成了一种主张财产公有、消灭剥削、追求人类平等的理想。“财产公有”是当时欧洲盛行的理想社会观的主要口号。

无论是中国还是西方的古代社会理想,都是针对奴隶制度和封建制度的,属于改革奴隶制度和封建制度社会要求的理论反映。只是到资本主义社会历史阶段,才出现真正可以称之为“社会主义”的近代理论和思潮。因而,与古代社会理想不一样,近代社会主义思潮是反对资本主义制度的,其特点是明确主张建立一种高于资本主义制度的新的社会制度。

近代空想社会主义起源于十六世纪,即资本主义发展的原始积累和家庭手工业时期。开始只是个别人提出的一些想法,后来社会上信仰的人越来越多,逐渐形成社会思潮。这一思潮在欧洲历史上回荡了几个世纪,为人类自觉创造自己的历史积累了极为丰富的思想。

近代空想社会主义最早、最有影响的里程碑,是英国空想社会主义者托马斯·莫尔(Thomnas More,1478—1535)以《乌托邦》闻名于世的著作:《关于最完美的国家制度和乌托邦新岛的既有利又有趣的全书》。这本书出版于1516年,是人类历史上第一部空想共产主义著作。书中第一次系统地阐述了空想社会主义的基本思想,托马斯·莫尔因而也被人们视为空想社会主义的创始人。他开创了近代以他的书为标志,名为“乌托邦”的新时期(在“社会主义”一词出现以前,“乌托邦”这个新名词作为其前身使用了很长时间)。

“乌托邦”一词,由两个希腊字构成,“乌”即没有,“托邦斯”就是地方。乌托邦即是一个虚无飘渺、根本不存在的地方。英文utopia正是从古希腊文演变而来,而中文“乌托邦”则是英文utopia的传神音译。中文“乌”即子虚乌有,“托”是寄托,“邦”则为国家,乌托邦就是虚无飘渺、无所寄托的邦国,巧妙地用中文再现了莫尔幻想中的那个海外仙岛。

莫尔的《乌托邦》,具有两个主要特点。

《乌托邦》的第一个特点,是用文学的手法描绘了一个幻想中的平等、和睦、幸福的人间天堂。

乌托邦人生活在一个新月形的岛上,岛上自然环境和社会环境都十分迷人,到处美丽而宁静,家家有花园,园中满是果树和葡萄架,花红柳绿,彩蝶纷飞;岛上社会秩序也非常好,没有战争和暴力,偷盗绝迹,路不拾遗,家家夜不闭户。乌托邦岛的首府叫亚马乌罗提,统辖全岛五十四座城池。城池是重要的生活组织,不同城池中的居民具有统一的语言、风俗、制度和法律。岛上实行的是完全的民主制度,所有行政长官全部由选举产生。他们被选举出来是为居民服务的,一有虐待岛民的嫌疑,便会马上被撤换。岛上生活高度统一而有序,五十四个城市的工农业和平时消费,均由全岛统一安排和调剂。这是历史上第一次提出有计划地组织社会生产和消费的思想,这一思想为以后的空想社会主义者所继承。

乌托邦实行全民所有制,没有私有财产,生产资料和消费资料都为全民所有。岛上的基本经济单位是家庭,这种家庭极为特殊。乌托邦的家庭不是一般意义上的家庭,它们不完全决定于血缘关系,从根本上说是社会分工的产物。如果子女不原意继承父辈的职业,也可以寄养到别的家庭从事自己有兴趣的职业。因此,这些"家庭"在农村实际上往往是临时组成的集体生产小组,在城市则是公有制的手工业作坊。岛上的生产分为农业和手工业两大类,但不存在纯粹意义上的农民和工人。岛上人的基本职业是手工业,每个人都至少要掌握一种手工艺作为专门职业。所有公民都要负担农业劳动,每人轮流在农村劳动两年,共同承担全岛粮食、肉类和其他食品的供应。全岛实行各尽所能,按"需"分配的制度。家庭既是生产单位,也是消费单位。各个家庭把自己的所有产品都交到公共仓库,再从公共仓库领取家庭所需的一切生活资料。大家都非常自觉,谁也不多领多占,大家都过着平等富足的生活。由于乌托邦没有贵族豪绅、教士、侍从、仆人、常备军等等非生产人员,而且占人口一半的妇女又都从事生产劳动,因而社会可以生产出足够的生活资料满足全体成员的需要;由于乌托邦人人劳动,劳动时间就可以大大缩短。

在乌托邦,每人每天只需劳动六小时,所创造的财富就可以保证人人能有充分的物质供给。因而,乌托邦人有大量的业余时间用来学习、娱乐,从事各种科学、艺术和体育活动。在乌托邦岛上,劳动已经成为一件乐事。

《乌托邦》的第二个特点，是最早提出了对资本主义社会残酷一面的揭露。

《乌托邦》所描述的理想社会，完全不同于英国当时的社会现实，它本身就是对资本主义私有制及其所造成的各种弊病的无情鞭笞。在《乌托邦》中，莫尔针对资本原始积累时期资本家对农民的残酷掠夺，提出了“羊吃人”这一命题。他借旅行家的口说：“你们的绵羊本来是那么驯服，吃一点就满足，现在据说变得很贪婪很凶蛮，甚至要把人吃掉，把你们的田地、家园、城市要蹂躏完啊。”①“羊吃人”的妙喻，此后曾广为流传，甚至被写进英国人民的诗歌中。马克思在《资本论》中也曾引用莫尔的话，揭露资本主义原始积累的“羊吃人”事实。

《乌托邦》不仅揭露了资本主义原始积累时期“羊吃人”的事实，而且在社会主义思想史上首次指出了这种不合理的社会现象的社会根源。莫尔认为私有制是万恶之源：

> 当每个人可以假借法律去拼命捞钱，那就不管一个国家有多大的财富，所有的财富总是落在少数人的手里，被他们分掉，其余的人就变成穷困不堪。一般说来，这两种人的遭遇应该对调。因为第一种人是凶狠的，邪恶的，毫无用处的，至于第二种人则是质朴真挚，劳动终日，对社会的贡献远远超过了自己所得到的好处。
>
> ……
>
> 因此，我深信，只有完全废止私有制度，财富才可以得到平均公正的分配，人类才能有幸福。如果私有制度仍然保留下来，那末，大多数人类，并且是最优秀的人类，会永远被压在痛苦难逃的悲惨重负下。②

莫尔的《乌托邦》，是在贫乏的物质生活资料的基础上所做的奢侈的精神生活之梦。它表达了人们对经济关系的厌恶和摆脱物质压迫的强烈愿望：在乌托邦人之间，已经没有了那种使人被奴役的商品货币关系。乌托邦人都鄙视金钱，把金银看成卑污的东西。在那里，人们不是把金银当做宝贝，而是把它们做成装污物的容

---

① 托马斯·莫尔：《乌托邦》，三联书店1956年版，第36页。
② 托马斯·莫尔：《乌托邦》，三联书店1956年版，第55—56页。

器，做成锁在奴隶身上的脚镣手铐、戴在罪犯身上的耳环、戒指。但是，现实社会所能提供的物质生活条件又使作者不能赋予乌托邦人那种摆脱物质压迫的社会条件。在乌托邦岛上，仍然不可思议地保留着一种奴隶劳动。乌托邦的俘虏和死刑罪犯不是像一般国家那样被杀掉，而是被强迫终身为奴，从事一般人不愿意干的肮脏笨重的劳动，如清理污秽、屠宰牲畜等等。一边是沉重的物质压迫，一边却是精神解放的景象，这样的社会是不可能存在的，因而就连莫尔自己也不得不说："我情愿承认，乌托邦国有许多事物，我虽愿意英国有，但不能希望英国有。"①而"乌托邦"的幻想，也就不能不是在实际上开了十八世纪空想主义者的平均主义和禁欲主义的先河。

大约在《乌托邦》问世后一个世纪，意大利深受莫尔影响的康帕内拉（Tommaso Campanella，1568—1639）出版了他的《太阳城》（1623），这本书在历史上同样具有很大影响。

太阳城位于一座高高的小山上，直径两英里多，圆周七英里。最高统治者叫做"太阳"，是一个形而上学者。他是世俗和宗教界一切人的首脑。"太阳"懂得形而上学、神学、各种艺术和科学的起源、原理和论证，万物的同异关系、世界的必然性、命运与和谐、万物和神的威力、智慧和爱、存在物的等级，它同天上、地面上和海中的东西以及神所理想的（凡人也能了解的）东西的类似关系；同时，他也知道占星术并了解各个先知的情况。因此，人们早就能了解，谁能成为"太阳"。

太阳城所居住的这个民族来自印度，他们是在祖国遭受蒙古的掠夺者和暴徒的破坏后逃出来的，因此他们决定过严肃的公社生活。虽然生活在他们这个地区的其他居民中并未规定公妻制度，但太阳城的居民却在一切公有的基础上采用这种制度。一切产品和财富都由公职人员来进行分配；而且，因为大家都能掌握知识，享有荣誉和过幸福生活，所以谁也不会把任何东西攫为己有。他们很少关心日用品和食品，因为每个人都可以得到他所需要的一切，他们所关心的只是如何光荣地获得奖品。通常是在庆祝会聚餐时，由国家发给男女英雄们美丽的花冠，或最考究的佳肴，或漂亮的衣服。

在"太阳城"，房屋、宿舍、床铺和其他一切必需的东西都是公有的。每隔六个

① 托马斯·莫尔：《乌托邦》，三联书店 1956 年版，第 127 页。

月，由主管人员安排每个人的居室，指定谁住第一宿舍，谁住第二宿舍，并在每个宿舍的门楣上贴着居住者的名字。

在太阳城里，一切公职、艺术活动、劳动和其他工作，都分配给大家来承担。每个人都参加军事工作，农业和畜牧业生产，他们每个人都能做这些工作，同时认为这些工作是最光荣的。他们不分性别，都从事抽象科学的研究工作和某种职业，不同的只是，男性从事最辛苦的职业和郊外的工作，例如播种、耕耘、收获、打谷、采葡萄，挤羊奶和制干酪的工作通常是派女性去做的，她们也在近郊从事割草和园艺，从事一些不太繁重的手工业。

每个人都从事自己最能发挥特长的工作，其中精通更多的艺术和手工业的人格外受人尊重。干最繁重的活，例如打铁或建筑等等，也是很受人称赞的，所以谁也不会逃避这些劳动；而且在分配工作时，还会考虑到每个人的禀赋，由于这样分配工作，所以每个人所从事的劳动，都不会危害身体，反而会发展他们的体力。

太阳城的人民不做现金交易，他们用自己的产品按相应的价值来交换他们所缺乏的产品；如果他们也用钱的话，那只是为了用来购买外国商品。太阳城的人民自己不会做生意，虽然他们也懂得货币的价值，他们也铸有供自己的驻外使节和侦察员使用的货币，各国的商人都到这里来向太阳城的人民购买他们的剩余产品。

跟“乌托邦”一样，太阳城的公民也从沉重的劳动中解脱了出来。他们每人每天只做不超过四小时的工作，其余的时间都用来愉快地研究各种科学、开座谈会、阅读、讲故事、写信、散步以及从事发展脑力和体的力活动，而且大家都乐意从事这一切活动。只是不准许玩骨牌、掷骰子和下棋以及他静止不动的赌博游戏；打球、棒球、套环、摔跤、射箭、射击和标枪等是准许的。

太阳城人认为，极端的贫困使人们卑贱、狡猾、盗窃、阴险、无权、虚伪和作假等等；财富则使人们傲慢、自负、无知、背信；太阳城里没有什么骗子、冷酷无情的人、好吹牛的人以及器量小的人，等等。但是他们的公社制度使大家都成为富人，同时又都是穷人；他们都是富人，因为大家共同占有一切；他们又都是穷人，因为每个人都没有任何私有财产；因此，不是他们为一切东西服务，而是一切东西为他们服务。

跟《乌托邦》一样，《太阳城》也是在批判资本主义社会的基础上形成的。康帕内拉认为，欧洲社会上“游手好闲的富人为懒惰、淫乱、疾病、财富、浪费等等所腐化”，他们是“社会财富的掠夺者”。跟莫尔一样，康帕内拉也认为这一切都是由于资本主义私有制，因而也主张取消私有财产，实现财产公有制；由社会有计划地组织生产；取消货币，平等分配，人人过集体生活。

三、空想社会的现实实践

在十八世纪以前，人们对理想社会的寻求基本上是在小农经济和城市手工业的基础上进行的。英国经济学家托马斯·斯宾斯(Thomas Spence,1750—1814)也许可以看作是小农经济社会理想的最后一个代表。在其《人的真正权利》一书中，托马斯·斯宾斯首先提出废除土地私有制，建立农业社会主义的思想。① 斯宾斯主张土地国有化，坚决反对土地私有制，这在历史上是第一次。他主张土地公有制和私人使用权相结合，土地归各个教区所有，由教区把土地租给农民耕种，教区收取适当的地租。这些地租在扣除税款和公用开支后，再平分给全体居民，由此达到消灭贫富对立，实现平等的目的。这是历史上最初形态的农业社会主义空想，也是人类社会的小农经济理想的最高表现形式。

随着工业的出现和发展，人们的社会理想及其寻求方式发生了巨大的变化。

到十八世纪，西方空想社会主义理论进入了一个新的发展阶段。与他们的前辈相比，十八世纪空想社会主义者具有三个重要特点。首先，他们在说明现实社会的不合理性、描绘未来理想社会时，所采用的方式既不是虚幻的文学描写，也不是细致的法律规定，而是详尽的理论论证；其次，由于大工业生产的发展，他们已经摆脱了小农经济、平均主义传统，克服了复古和禁欲主义倾向，主张在大工业生产的基础上实行按劳分配甚至按需分配的社会制度；最后，他们超越了个人著书立说，仅仅进行舆论宣传的局限，开始了影响深远的空想社会主义试验。正因为如此，十八世纪空想社会主义的三个著名的代表人物圣西门、傅立叶和欧文被马克思和恩格斯称为“第一批社会主义者”、“社会主义的鼻祖”，②“社会主义创始人”。③

克劳德·享利·圣西门(Claude Henri de Rouvroy, comte de Saint-Simon, 1760—1825)是法国一个贵族出身的“工人阶级的发言人”。他揭露了资本主义社会

① 《哥伦比亚百科全书》，美国哥伦比亚大学出版社 1953 年版，第 1649 页。
② 《马克思恩格斯选集》第 3 卷，人民出版社 1995 年版，第 230 页。
③ 《马克思恩格斯选集》第 3 卷，人民出版社 1995 年版，第 724 页。

的阴暗面，认为"现代的社会真正是一个黑白颠倒的世界的写照"，经济上的无政府状态是"一切灾难中最严重的灾难"，"利己主义这个人类的坏疽"是"一切社会阶级的通病"，"专横、无能和阴谋"是"现有政治体系的三个主要弊端"。①

圣西门认为，未来社会是一个世界一体、"各按其能，各按其劳"分配的社会。"世界联合，这就是我们的未来。各尽所能，按劳分配，这就是代替侵占权和继承权的新法权。人将不再剥削人，而将互相建立同志关系，征服自然界，使它服从于人类。"②在圣西门看来，我们可以"把整个国家机关看成是一个大实业企业，这个企业的目的，是按照社会成员的贡献，使每个成员得到最大便利和福利"，"每一个公民都将自然地专心地去做自己的能力最擅长的工作"。③

圣西门已经深刻地认识到未来国家将会消亡，军队和警察也会不复存在。到那时，对人的政治统治将会被对物的管理和对生产的领导所取代。他认为未来的社会权力应当集中在两个机构手中："最高科学委员会"主管科学和文化，该机构由科学家组成；"最高行政委员会"主管行政和经济，这个机构则由实业家组成。社会有计划地组织生产，"一切人都要劳动"，并"按能力计报酬，按工效定能力"④。一方面铲除一切特权；另一方面"保证最穷苦阶级的身心生活得到最迅速和最圆满的改善"。⑤

圣西门及其门徒在社会主义发展史上的重要贡献，还在于开始将自己的理论运用于社会实践。最早的社会主义运动，就是圣西门及其门徒等空想社会主义者按照自己的空想理论所进行的社会实验。这些空想家试图通过改造当时的社会实现自己的理想。据说圣西门就曾劝说拿破仑，希望皇帝能帮助他实现自己的社会改造计划，后来被拿破仑视为"疯子"。圣西门的社会理想虽然在他生前始终未能付诸实践，但在他死后为其门徒在社会上推行。圣西门的学生在1829年建立了圣西门主义的新教会，宣传圣西门教义。他们穿统一的制服，在自己创办的僧院食堂同吃共饮。但是，他们试图据此网罗信徒、扩大影响的努力没有取得多少成效。两年后，圣西门的高足安凡丹改变作法，退出教会而在工人中创办"消费公社"和"合

① 《圣西门选集》上卷，商务印书馆1962年版，第275，75，39，261页。
② 转引自约安尼相：《圣西门传》，汪裕荪译，商务印书馆1961年版，第15页。
③ 《圣西门选集》上卷，商务印书馆1962年版，第282—283页。
④ 《圣西门选集》上卷，商务印书馆1962年版，第86页。
⑤ 《圣西门选集》下卷，商务印书馆1962年版，第226页。

作工厂”。

消费公社和合作工厂由自愿参加人员组成，实行公有制。在这些组织中，全体成员一起劳动，一起生活，每个成员的全部收入都交给公社或工厂。消费公社和合作工厂的参加者大多是失业者或工资较低的工人。由于没有剥削，人们的生活有所改善；但由于管理不善，公社和工厂不断亏损，在很短的时间内便全都瓦解。一批圣西门派的忠实信徒还在巴黎郊区创办过消费公社，作为他们设计中的未来社会的基层单位，后来遭到法国政府迫害，被控破坏法律、违背道德，从此他们的试验奄奄一息，整个圣西门派的社会试验也很快销声匿迹，门徒大多星散，一些不死心的后来又投奔到傅立叶门下。

沙利·傅立叶(Francis Marit Charles Forier，1772—1837)，法国著名空想社会主义者。他作为一个曾经长期从事资本主义商业活动的思想家，对资本主义经济制度具有透彻的了解，并在此基础上对资本主义社会进行了深刻的批判。他认为雇佣劳动制是“复活了的奴隶制”，工厂是“温和的监狱”。他深刻地揭示了“在文明制度下，贫困是由富裕产生的”；第一次指出了经济危机是“生产过剩引起的危机”。① 认为要跳出资本主义深渊，必须消灭它，建立新的理想社会。正是在这一思想的基础上，傅立叶仔细规划了他的“和谐社会”的空想方案。

傅立叶的“和谐社会”，由叫做“法郎吉”的基层组织联合组成。“法郎吉”一词原出希腊语，意思是“严整的方阵”，傅立叶有意用这个词来表现未来社会根本不同于资本主义的井然有序。“法郎吉”是一种组织严密的生产消费合作社。其人数是按照“每一种工作都有热心和自觉的执行人”这一原则确定的。傅立叶把人类可能有的性格的两倍作为“法郎吉”最合适的人数，由此精确确定每个“法郎吉”的人数为一千六百二十人。在“法郎吉”内部，又按劳动性质分为各个名叫“谢立叶”的专业劳动队或联组。每个“谢立叶”下面再设几个由七到九个人组成的劳动小组。按傅立叶的设想，一个“法郎吉”占地一平方英里，全部经营资金通过招股筹集。愿意入股者把自己的资金作为股份交给“法郎吉”，就成为“法郎吉”的一员。但他们作为入股者并不享有特权，仍然必须同没有资金的穷人社员一起劳动。

劳动是所有社会理想都必须涉及的一个重要问题。傅立叶对劳动问题也同样

---

① 《傅立叶选集》第3卷，商务印书馆1964年版，第59页。

十分关注,他试图通过“法郎吉”这种社会组织,将人们的情欲都引导到劳动创造中来,使人人都热爱劳动,创造出丰富的物质和精神成果,以满足全体成员的物质和精神需要。在康帕内拉关于“劳动光荣”和摩莱里关于“劳动权”等思想的影响下,鉴于资本主义社会中一方面劳动者被剥夺劳动的权利,备受失业和饥饿之苦;另一方面由于不合理分工造成残酷强制劳动的社会现实,傅立叶要在“法郎吉”实行自由的和多样化的劳动。在“法郎吉”中,每个人都必须参加劳动,但那是一种愉快和吸引人的劳动,而不是沉重的负担。“法郎吉”的每一个成员都可以根据自己的爱好自由地选择不同种类的劳动,在同一天中,他可以变换六七个劳动小组,一个小时到牧马组放牧,一个小时到园艺组种花等等。劳动时间也不是以劳动日为单位,而是根据一天之内在不同“谢立叶”的工作小时计算的。这样的劳动能够满足人们多样化的情欲,使每种劳动都自觉自愿地进行,并使劳动者从劳动中得到莫大的快乐。劳动成了一种享受,就可以充分发挥每个人的创造才能和热情。在和谐社会里,劳动者之间的友谊竞赛将会代替资本主义社会中的那种尔虞我诈的竞争。因为在“谢立叶”的各个小组中,所有成员都志趣相投,他们在共同的劳动兴趣和热情的鼓舞下,会展开小组之间的劳动竞赛。劳动竞争会极大地促进发明创造,使劳动生产率不断提高,这就不仅满足了人们依恋、创造和竞赛的情欲,同时使社会生产迅速发展,使“法郎吉”与和谐社会本身不断巩固和繁荣。在设想“法郎吉”的劳动生活时,傅立叶涉及到人类理想社会的世界性质。在他看来,当“法郎吉”在全世界普遍建立起来后,整个人类就可以在世界范围内组织大协作,开展改造沙漠和开凿运河等改造、利用和开发自然的大规模行动,这将使社会生产力以前所未有的高速度向前发展。

在傅立叶的设想中,由于“法郎吉”是城乡结合、工农结合的生产单位,兼营工农业而以农业为主,每个人甚至在一天之内也可能既从事工业生产,又从事农业生产,因而在和谐社会中既没有城乡差别,也没有工农差别,只有不同的“法郎吉”。在“法郎吉”中,所有成员的生活都十分美好。他们都居住在叫做“法伦斯泰尔”的中心大厦中,过着舒适豪华的生活。“法伦斯泰尔”是比皇宫还要漂亮的公共建筑,大厦的中心是食堂、商场、俱乐部、图书馆、研究所、教堂、电报局、礼堂、气象台、花房等的所在地,两侧分别是工厂和旅馆、宿舍及会议厅等。在这里,城市和乡村,工业和农业,脑力劳动和体力劳动紧密地结合在一起;生产、分配、消费三者高度统一;人们的劳动、学习和娱乐生活等相互交融,每天的活动都按精心设计的"芒多尔的日程"表进行:3时半起床,4时了解情况,4时半第一次早餐,5时半狩猎,7时捕鱼,8时早餐、读报,9时在果园,10时在教堂,10时半在养鸡场工作,11时半在图书馆;下午1时午餐,2时半在温室工作,4时在珍异植物小组工作,5时养鱼,6时户外小吃,6时半养羊,7时在交易所,9时晚餐,9时半音乐会、舞会、招待会、观剧、艺术活动,10时半就寝。①

在对未来理想社会的设想中,傅立叶像关注劳动那样重视和谐社会的教育。他认为如何培养"法郎吉"的新一代,是事关和谐制度巩固和完善的大事情。傅立叶认为家庭和学校教育完全违反"法郎吉"的生活原则,未来社会必须对儿童进行社会教育,未来教育应当是整个社会范围内的大教育。为此,傅立叶提出了一套与"法郎吉"的组织原则和经济制度相适应的教育制度。在这种制度下,三岁以前的儿童全部吃住在托儿所,从小就过集体生活,以培养儿童的社会感情及竞赛和互助精神;两岁以后的儿童就要接触生产劳动,三岁起便进入"小工厂",从事打扫马厩、清除污物,美化"法郎吉"的生活环境等力所能及的劳动,以通过教育与生产劳动相结合,培养劳动的习惯和为社会做贡献的观念,使儿童从小得到良好的德、智、体、美教育。学习和劳动是可以相互促进的,劳动的兴趣可以激发儿童的求知欲,推动他们去学习数学和其它科学知识。傅立叶的教育思想包含许多真知灼见,马克思和恩格斯曾给予高度评价:"这些观点是这方面的精华,并且包含着最天才的观测。"②

在傅立叶的和谐社会中,妇女解放问题也得到理想的解决。傅立叶在人类思想史上第一次提出了"妇女解放的程度是衡量普遍解放的天然尺度"的思想,认为在和谐社会中家庭不再是社会的经济单位,妇女将随着劳动的共同承担和社会服务事业的发展,逐步从繁琐的家务中解放出来,完全平等地与男子一道共同参加生产劳动和社会活动,在"法郎吉"中成为与男子同样重要的生产劳动者。在和谐社会中,妇女将彻底摆脱在传统家庭中所遭受的奴役和痛苦,而和谐社会的家庭则将变成成年男女完全以性爱为纽带,时间或长或短的自由结合体。

---

① 《傅立叶选集》第1卷,商务印书馆1964年版,第26页。
② 《马克思恩格斯全集》第3卷,人民出版社1956年版,第607页。

与圣西门一样，傅立叶也极力想使自己的理想变成社会现实。他认为，“改造工作只要从一平方法里和一千八百人的小范围的试验做起”，[①]因而只要得到赞助，他的社会改造计划只需四、五年时间就可以实现。他从发表文章到直接上书，希望拿破仑成为上帝的助手，“把人类从社会混乱中引导出来，永远根绝世界上的贫穷和犯罪”，结果招来了比圣西门所遭到的更大灾祸，差点没被送进精神病院。傅立叶四处游说，争取资助建立第一个试验性“法郎吉”的努力，虽然最终没能成功，但其法郎吉的方案却被一些资本家采用，在工厂中实行改良，善待工人，加强管理，结果确见成效；更为重要的是，与圣西门一样，傅立叶的思想和社会改造方案通过其门徒得以在社会上流传和实施。由于傅立叶的高足艾伯特·布里斯班的大力宣扬，他的学说不仅成了全美影响最大的第一个社会主义体系，而且在美国生根开花，出现了持续了十多年之久的傅立叶主义“试验热”。

从1840年起，美国先后建立了四十多个法郎吉，遍布东部麻萨诸塞、纽约、新泽西、宾夕法尼亚、俄亥俄、威斯康星、密执安等州。由于当时的社会条件不可能达到傅立叶每个法郎吉要有一千六百二十人和约一百万法郎资金的原设计要求，“法郎吉”的规模被缩小到四百个社员和由每人入股一千美元而来的四十万美元资金。这笔钱中的十五万美元用于建造大厦，其余用作生产和生活经费。在这种现实的法郎吉中，生产实行综合经营，既种粮食，又种蔬菜和水果，而且还饲养牲畜。人们每天劳动不超过十小时，十岁以下的儿童和七十岁以上的老人由法郎吉免费供养，教育和医疗等也实行免费制度。每个法郎吉都拥有自己的报纸和图书馆。在这些法郎吉中，波士顿郊区的布鲁克农庄影响最大。布鲁克农庄刚创办时只有约二十个社员，三年后增加到七十多人。公社成立了一个管理委员会，下设总指导部、农业指导部、教育指导部和财务指导部，每个部由三人组成。由于共同的信仰和开办之初的热情，开始比较理想，一天劳动之余，社员们除了在俱乐部尽情跳舞、游戏和弹琴唱歌，还有远足及文学和科学讨论等等，过着丰富多彩的文化生活。但是，由于在那时基本上还是手工劳动，生产力水平较低，劳动生产率不高，公社收入很有限，这种状况使社员们在经济生活和经营管理等方面出现越来越多的分歧和纠纷。到1854年9月，一场大火烧掉了公社花一万多美元建立起来的碾粉厂，同时也把公

---

① 《傅立叶选集》第3卷，商务印书馆1964年版，第15页。

社继续存在下去的希望化为灰烬。次年公社拍卖了全部财产，按每元折六角六分的比例偿还股东的股本，在北美生存了十二年之久的法郎吉从此寿终正寝。

如果说，圣西门和傅立叶更多地还是依据社会理想在现实社会之外建立"实验田"，那么英国空想社会主义者欧文则更多地是针对现实社会的根本弊端进行"体制外"的社会改造。与圣西门和傅立叶相比，欧文的理论更彻底，他主张消灭私有制，建立公有制。

罗伯特·欧文(Robert Owen，1771—1858)是英国很有名望的慈善家和富有的工厂主，但他认为私有制、宗教和资本主义的婚姻制度是"三位一体的祸害"，而始作俑者则是私有制，它是人们所犯的无数罪行和所遭的无数灾祸的原因，对人类为害极大，以致往往把富人变成衣冠禽兽。欧文提出消灭私有制，除了看到资本主义的丑恶的一面，而且由于他已经发现，资本主义社会创造出来的"力量无限的新的生产力"本身具有改变不合理的资本主义制度的要求，他认为这种"新增的生产力"，是确立理性制度"这一伟大改革的时期即将到来的标志"。①

欧文认为，以个体占有生产资料为基础的社会制度，必然反对人们权利平等的原则，而且一定引起竞争和敌视、嫉妒和不和、奢侈和贫困、专横和奴役。因此，要消除这些社会弊端，就必须实行财产公有的原则。因而未来理想社会的基本组织形式应当是"根据联合劳动、联合消费、联合保有财产和特权平均的原则建立起来的"劳动公社。②

劳动公社的主要特征是生产资料公有制。它是一个由农、工、商、学结合起来的大家庭，这些大家庭集中居住在特意建造起来的方形新村中。公社和公社之间进行物质交换，互通有无；公社内部则在大量采用机器生产的基础上，实行"各尽所能"，各取所需的劳动和分配制度。③

欧文提出建立劳动公社，最初是想解决失业问题，后来才把它确定为改造现实社会制度的途径，并认为它是未来理想社会的基本组织形式。早在1817年，欧文就在《致工业贫民救济委员会的报告》中提出建立方形新村的计划；三年后，建立劳动公社的明确方案便已经形成。

---

① 《欧文选集》下卷，商务印书馆1965年版，第13、52页。
② 《欧文选集》上卷，商务印书馆1965年版，第320页。
③ 《欧文选集》下卷，商务印书馆1965年版，第20页。

在欧文的设想中，以公有制为基础的劳动公社是独立的经济组织。其规模一般占地一千至一千五百英亩，人口五百至二千不等。由于其中实行集体生产和义务劳动的制度，每个社员都担负自己力所能及的工作，没有人享有不参加公社劳动的特权，因而既没有失业者，也没有游手好闲的人；由于实行公有制和大规模的集体生产，并在包括家庭劳动的所有领域都广泛使用机器，生产力能够以极快的速度发展，产品也将极大丰富，因而不仅可以完全满足社员的物质和精神生活的需要，而且能够永远摆脱资本主义的经济危机。

在生产资料公有制和大规模使用机器生产的基础上，劳动公社实行按需分配的制度。欧文所处的时代已经显示出大工业大量生产创造财富的可能性，这使他能够在自己的空想方案中，彻底克服以往空想社会主义理论中的平均主义和禁欲主义倾向，把"按需分配"的原则建立在社会生产高度发展，物质财富充分涌流的基础上：

> 这种社会的成员将通过简易、正常、健康和合理的工作，生产出满足其消费欲望还有余的为数极多的剩余产品。因此可以让每个人都随便到公社的总仓库去领取他所要领的任何物品。①

也正因为如此，欧文看到了私有制真正消灭，或者说公有制真正建立起来的社会历史前提。他指出，由于人们的全部生活需要都可以从公社得到满足，因而他们的私有观念将不复存在，谁也不会超过需要而积累财富。在这种社会条件下积累私人财产，就像住在河边的人再用瓶子贮水一样没有必要。

劳动公社以"一切人生下来就有平等的权利"为处理内部关系的基本原则，按照社员的年龄而不是其阶级和职业进行"社会划分"，以消灭社会地位的差别，并使教育与生产劳动相结合。欧文主张把公社成员分为九级：第一级是五岁以下的幼儿，为了形成良好的性格，他们在保育室和幼儿学校吃最有营养的食物并受到最好的照顾；第二级是五岁至十岁的儿童，他们不仅得到充分的营养和体贴的照顾，而且开始学习文化和简单的生活与生产技能，七岁以后如果自己愿意，就可以开始帮

① 《欧文选集》上卷，商务印书馆1965年版，第347页。

助成人从事一些家庭生活和园艺劳动工作；第三级是十岁至十五岁的儿童，他们开始可以帮助领导第二级的儿童，以后则要在实践中学习科学知识和生产技能，同时开始为公社创造财富；第四级是十五岁至二十岁的青年，在这个年龄已经进入人生最有趣、最具活力的时期，他们开始成为公社最重要的劳动力；第五级是二十岁到二十五岁的青年，他们不仅是公社最重要的劳动力，而且还是一切生产和教育部门的领导者；第六级是二十五岁至三十岁的社员，他们主要负责保护公社财富并在公社中合理地进行分配，以及从事科学和艺术活动；从这一级起，除非出于个人享乐和消遣的需要，社员都不必再从事直接生产；第七级是三十至四十岁的人，他们主要担负公社的管理工作，负责维护公社的公共秩序，协调社员之间的情感关系；第八级是四十到六十岁的人，他们负责公社的对外事务，发展对外关系和友谊，向他人学习和传播知识，他们可以周游世界；最高一级是六十岁以上的老人，由于他们年高德诏，所以除颐养天年外还专门负责维护公社宪法。

在欧文的细致描绘中，劳动公社的理想图景是十分美好的。每一个劳动公社都是一个方形新村。这种形式对于公社内部的各种安排，兼备很多优点。在方形新村，都呈方形的公社主要建筑物群集中央，正中是会议厅、图书馆、食堂、学校、幼儿园等，周围是社员住宅、入学儿童的集体宿舍、托儿所、医院、招待所、贮藏室或仓库等。方形建筑群的外面是花园，公社的农场、牧场和各种工厂则在最外围。新村内农田和厂房都规划得整整齐齐，到处是花草树木，整个公社环境优美，空气清新。公社社员在这里过着就连当时的资本家也想象不到的幸福生活。劳动公社的社员们都在舒适的公共食堂愉快地享受美食：

> ……像这样做出来的食品，以非常周到的服务方式送到清洁、宽敞、阳光充足和空气新鲜的房间里去让大家分享，而周围的人又都衣服整洁、教养有素、教育良好、知识丰富，具有最仁慈的性格和优良的习惯如果像这样吃起饭来能增加乐趣、得到正当的享受的话，那么，这里提出来的新村中的居民便将高度地享受到这一切。①

① 《欧文选集》上卷，商务印书馆 1965 年版，第 347 页。

他们也在美好的环境中居住：

> 舒适的卧房面对着乡村的花园；大小适应的起坐　室面对着广场，此外还有许多公共的安排，这样便可以最大限度地为协作耕作者提供一切实用的和理想的居住条件。①

这俨然是人间天堂。

与圣西门和傅立叶不同，欧文自己拥有在一定范围内将社会理想付诸现实实践的条件。他一生所从事的社会试验，比任何空想社会主义者都多。早在1800年欧文二十九岁时，他就继承了一个拥有两千名工人的新拉纳克纺织厂。这个厂成了他的第一个社会试验基地。开始，他想把这个纺织厂办成一个模范工厂。为此，他一方面在厂里实行了第一个工厂法，使工人的劳动时间大大缩短，向每天工作八小时靠近，同时还改善了车间的劳动条件，以规劝教育取代对工人渎职行为的惩罚制度；另一方面逐步拆除了工人的破棚陋室，使他们住上了新式住宅，为工人创办了商品价格比一般商店低百分之二十五的合作社，发明并第一次给工人创办了幼儿园，开设了多种学校，既解决了工人子女上学的问题，又能进行职业教育，从而大大改善了工人的生活和学习条件。欧文的试验在当时产生了很大的影响。以至在二、三十年代，英国各地由一批信徒建立起不少欧文式的劳动公社，但后来同样由于经济的原因，没能维持下去。就连欧文本人，也由于新拉纳克纺织厂部分股东退股和社会上一些资本家群起围攻迫害而辞去经理职务。

1824年，欧文辞职后不久便来到美国，在那里筹集资金买下了印第安纳州一块约三万英亩的土地，利用原有的建筑物和工厂又办起了一个社会主义新村，开展新的社会主义试验。他想在这里建立一种全新的社会制度。在这种制度下，生产资料为全体成员所有，他们集体劳动和生活，并通过集体教育培养出具有诚实、节制、勤奋、清洁等优秀品质的新人。欧文的确是一个人类文明的使者，在公社的开幕典礼上，他激昂地宣布：

---

① 《欧文选集》上卷，商务印书馆1965年版，第331—332页。

我到这里来,是要建立一种完全崭新的社会制度,要将愚昧、自私的制度变成文明和谐的社会制度。它要把各种人们熔于一炉,并且铲除产生人与人之间各种对抗的根源。①

参加欧文这个社会主义新村的有近一千人,欧文不仅为他们提供经费,让他们在劳动公社一起种粮食、栽果树,享受免费教育,还聘请了一批科学家、教育家,一起参加他所献身的公社事业。公社在开办之初,大家满腔热忱,兴致勃勃,人人勤奋劳动,公社生活非常愉快。欧文曾经充满信心地预言:"从公社传到公社,从国家传到国家,从这洲传到那洲,最后传遍全球,对人们的子孙后代放出光芒,撒布芬香和富足、智慧和幸福。"②

但是,与所有的空想社会主义实验一样,这个新劳动公社没过多久便开始出现离散倾向,劳动纪律逐渐松弛,偷懒的人越来越多;鉴于这种情况,欧文在大家的要求下不得不加强个人集权,对公社进行整顿。经过整顿的工厂和农场确实出现了一些新的生机,但后来一些本位主义、个人主义思想严重的人又要求把公社划分为几个相互独立的小公社。公社一分为四后,便碰到投资和生产资料分配不均等新问题,最后又不得不再一次把全部大权集中在欧文以及由他所指定的其他四个人手中,在公社实行体制改革。体制改革的进行,越来越多地暴露出一些人日益严重的特权思想。他们不想参加集体劳动,总想脱产搞特殊化,这使每次体制改革都会引起一部分社员因不满而退出公社。继续留下来的,也由于公社不管能力上的差别,采取平均主义的分配办法而人心涣散。到1827年,公社已经到了不把公社的土地出租给各个小公社去耕种和经营就不能生存的地步。土地一承包,许多私营商店、酒店和工厂等等马上都在公社周围开设起来,公社社员纷纷退出公社。欧文的劳动公社在这种境况中又维持了两年,最后因不和谐而完全解体。劳动公社的长期试验,在几乎耗尽了欧文的全部资财后,以失败告终。欧文的信徒在美国的辛辛那提、田纳西、纽约、宾夕法尼亚等州先后开办的其它十多个公社,也都只办了几年便全部垮掉了。

① George Browning Lockwood, The New Harmony Movement, Kessinger Publishing, 2010, p. 83.

② 希尔奎特:《美国社会主义史》,商务印书馆1974年版,第48页。

劳动公社之所以无一例外地全部解体，除以上所述原因，还有宗教信仰和民族隔阂等因素，但最主要的是由于公社生产增长慢，满足不了社员的消费需要，归根结底是由于经济发展水平过低。

由此可见，人们对理想社会的寻求，经历了一个漫长而艰难的历史过程。直到十八世纪法国空想社会主义为止，人们的这种寻求都主要是以自己的社会理想为向导的，这就不能不走向虚幻和空想。人类对理想社会的寻求，只有通过对社会过程本身的实际考察，通过历史之路的探索，才能找到正确的途径。

第 2 章　历史之路的探索

人们最熟悉的是自己的活动，但对于他们来说，最纠缠不清的问题之一也是自己活动的历史。直到 19 世纪中叶，人类历史一直笼罩着层层迷雾。

人们关于历史之路的探索，是在对自然过程的认识基础上进行的。决定论和非决定论问题的研究，正经历了一个从自然到社会的过程。

在人类认识的原初阶段，不管是东方还是西方，人们对一切事物的认识和解释都是通过把自身活动的因果联系投射到对象进行的。因而无论对自然过程还是对社会过程的认识和解释，最初总是带有神学目的论的性质。

一、从神学目的到因果必然

宗教神学是人类思想的摇篮。在中国古代哲学中，“天”是自然宇宙和人类社会的最高主宰；而“命”则是支配社会生活的盲目的异己力量。儒家就有“生死有命，富贵在天”之说。“命”在孔子学说中，具有重要地位。孔子把“天命”看作一种主宰一切、不可抗拒的超自然的神秘力量。董仲舒也曾提出“天人感应”、“王承天意”的观念。

如果说，在中国思想史上还没有形成系统的神学目的论的话，那么在古代西方哲学中则可以找到这种理论的较完全形态。古希腊罗马时期已有一些思想家把社会现象和历史事件看作某种预定目的的实现。

在西方哲学史上，苏格拉底(Socrates，公元前 469—前 399)是第一个明确用目的论观点解释世界的哲学家。他反对把物质性的本原作为万物存在和发展的原因，认为原子论哲学将原因和“使原因起作用的条件”相混淆，因而“忘了那真正的原因”。苏格拉底认为安排一切的原因应当是“心灵”。① 这与他把哲学的基点从外部自然界移到人本身,从而关心的不是自然而是人事有关。他认为,人们有目的的行为决定了自己的德性,最后决定了“善”。(正因为如此,苏格拉底又被人称作“道德决定论”者。)由于苏格拉底的“善”被看作是宇宙的目的,因而归根结底属于神学目的论。苏格拉底认为有很多东西“显然是为了某种有用的目的而存在的”,似乎“有一位神在设计好让动物得以继续生存下去”。他给人眼睛来看要看的东西,给人耳朵来听要听的东西,给人鼻子闻香味,给人舌头来尝甜、酸和一切可口的滋味。这些都好像是事先经过深思熟虑的设计。比如:

> 因为眼睛是很娇嫩的,就用眼睑来保护它,好像两扇门似的,当必要用视觉时就打开,而在睡觉时就闭上。又使睫毛长得像帘幕,免得风伤害眼睛,在眼睛上面用眉毛做一个遮檐,使头上流下的汗不会妨碍它。使耳朵长得能接受所有各种声音,而又从来不会被阻塞住。使所有动物的门牙都长得适宜于吃东西,而后面的臼齿则适宜于从门牙接受食物并且来咀嚼它。使动物用来把他们所想要的东西衔进去的嘴长在和眼睛、鼻子靠近的地方,而因为从胃里排出来的东西是叫人讨厌的,就把那通道移开,并使它离那些感官越远越好你能怀疑事物的这种安排,像这样明明白白是经深思熟虑而造成的,是由于偶然而不是由于理智的结果吗?②

苏格拉底的弟子柏拉图也是神学目的论的代表人物。他认为存在着两个世界:一个是可知的理念世界,它是永恒不变的、真实的;另一个是可见的现实世界,它则是变化无常的、不真实的。每一具体事物都有自己的理念,并以理念为目的和模型。理念无限多,但它们作为一个整体,又是有秩序的,它们按逻辑次序排列在一起。在这个理念整体中,具体事物的理念是最低级的,“善”的理念是最高的。它既是一切理念的源泉,也是整个宇宙的目的。现实世界正是神根据善的理念或宇宙的目的,以理念世界为模型创造出来的。也就是说,神为宇宙制定了理性目的和

① 《西方哲学原著选读》上卷,商务印书馆1981年版,第62—63页。
② 《古希腊罗马哲学》,商务印书馆1961年版,第168页。

方案,并据此创造了现实世界。因而,现实世界的真实原因是目的。也就是说,理念是事物的原因,而"善"或上帝则是世界万物的最终原因。世界上所存在的一切都在追求着一个目的,即力求达到善。因而,世界秩序是合乎目的的,一切都井然有序。社会划分也服从于至善的目的。

在人类思想史上,神学目的论一直是一个从未隐没的幽灵,但其盛期无疑在中世纪宗教神学中。中世纪宗教神学把历史看作是由神的意旨所安排。托马斯·阿奎那说,有一个统治世界的智慧驾驭着历史,朝向一个确定的目的前进,因此才使世界上各式各样的事物都遵循着同一个秩序活动着。在中世纪欧洲的上帝决定论者看来,人们仅仅是历史舞台上的话剧演员,神的意志是社会的决定力量,全部历史都出自神灵的安排。当代新托马斯主义者仍在继续宣扬这种神学目的论的观点。

神学目的论对人的主观能动性的束缚,激发原子论者的反驳。他们在苏格拉底和柏拉图提出神学目的论的同时,提出了因果必然性原则,从而造成了古希腊哲学中因果必然性和神学目的论之争。

原子论者把必然性完全等同于因果性,认为任何事物都由于一定的必然性而产生,世界的生灭过程遵循着一种必然性。关于这种必然性,德谟克利特(Demokritos,约公元前460—前370)作了最早的说明。德谟克利特指出,世界上的一切都遵照必然性而产生,而必然性的出现则"存在着一系列的条件、原因、根据等等"。德谟克利特也提出了"偶然"概念,但他不承认偶然性的客观存在,认为偶然性是人们出于无知的虚构。他说:人们虚构出偶然的幻想来掩盖自己的非理性。因为理性就其本性来说是反对偶然的。① 他认为"人们捏造出了'碰巧'这个偶像,借以掩盖自己的轻率"。② 德谟克利特不仅否定偶然性,而且把必然性完全等同于因果性。由此,人类认识史上便第一次产生了这样一个影响深远的观念:世界上一切事物的产生和变化都是有原因的,而有原因的就是必然的。因而世界上任何事物过程都是必然的,任何事物都处于因果必然性的铁的链条之中。这是人类思想史上第一个严格决定论的哲学观点。

---

① 转引自《马克思恩格斯全集》第1卷,人民出版社1995年版,第27、71页。
② 《古希腊罗马哲学》,商务印书馆1961年版,第112页。

在西方古代哲学史上在因果必然性观念和神学目的论之间进行了长期的论争，最后消融在亚里士多德的哲学中。

亚里士多德(Aristotle，公元前384—前322)哲学既是古希腊思想的综合，又是其矛盾的汇聚。它虽然具有某种融合的性质，但在其中我们仍然可以看到古代严格决定论的最完备表述。

亚里士多德作为古希腊哲学的集大成者，对规律性、因果性、必然性和偶然性范畴进行了系统的整理和研究。在亚里士多德哲学中，原因范畴被提到了十分重要的地位，他认为事物的“第一原因”是世界上一切事物的根据。在西方哲学史上，亚里士多德首先对原因进行了系统的研究，并在对原因研究的基础上，深化对必然性和偶然性范畴的认识。他认为必然就是“常有”，即事物存在和发生中的那种经常的东西，它们是具有确定的原因。所谓必然事物即基本事物，世界上若没有这些，其余一切也不会有。由此，亚里士多德认为偶然性的存在是无可置疑的，由于并非所有的事物都是必然和经常存在和发生的，而大部分是通常会发生的，因而偶然是必定存在的。在亚里士多德看来，偶然就是“遭遇”或“机遇”，隶属于某种不是出于经常的东西或事物本身的非本质属性。“引致‘机遇’的原因是无定的”，“凡偶然事物，其原因既不确定，亦无统系。”亚里士多德也探讨了必然性和偶然性的关系，认为必然性和偶然性是往往相伴随，二者在事物运动和变化发展过程中具有一定的内在联系。从这一点来看，亚里士多德所持的观点并非是严格决定论。但在亚里士多德那里，既汇集了古希腊哲学的光辉思想，也集中了这些思想中的矛盾。他认为在自然过程中，有些事物的发现是必然的，否则这些事物便不可能出现。事物的变化发展和消亡也是如此，这是正确的。但他片面强调必然性，认为“每一将来的事情都是‘必然的’”，①同时又用目的性排斥必然性，最后走向神学目的论，其结果不仅否认了偶然性的存在，由于亚里士多德的神并不是创世者或造物主，而是一切事物发生的先决条件，因而基本上又是一个“铁的必然性”的信奉者。从中可以清楚地看到来自以德谟克利特为代表的西方古代原子论的严格决定论观点。

---

①　亚里士多德：《形而上学》，商务印书馆1959年版，第224、123页。

二、从哲学思辨到科学推论

在西方近代哲学中,英国哲学家弗兰西斯·培根(Francis Bacon, 1561～1626)是一个极为重要的代表人物。他是“英国唯物主义和整个现代实验科学的真正始祖”。① 从很小的时候起,具有强烈实验科学精神的培根就已对亚里士多德的哲学很不满意,认为亚里士多德的方法没有实践效果。为此他致力于科学方法的研究,写了《新工具》一书,对亚里士多德的《工具论》提出挑战。并且揭露了经院哲学脱离实际脱离自然的倾向,认为只有根据原因得到的知识才是真正的知识。而这种真正的知识必须从经验出发,通过对自然的研究,揭示事物的因果联系才能获得。因而,必须致力于发现自然本身。只有了解事物的因果联系,才能控制和征服自然。由此他提出了那个著名的口号:“知识就是力量”。在他看来,人的知识和人的力量是合而为一的,因为只要不知道原因,就不能产生结果。要命令自然就必须服从自然,在思考中作为原因的就是在行动中当作规律的。

> 在自然中真正存在的东西,虽然除掉个别物体按照一定的规律进行纯粹个体的活动,没有什么别的,但是在哲学里,就是这种规律以及对于这种规律的研究、发现和解释构成知识与活动的基础。②

培根的哲学思想,为霍布斯所继承。霍布斯(ThomasHobbes,1588～1679)“把培根的唯物主义系统化了”,并“消除了培根唯物主义中的有神论的偏见。”③他同培根一样,也十分注重物质的“运动”,认为“一切变化都在于运动”。但培根关于运动形式多样性的思想在霍布斯那里消逝,一切运动都被归结为机械运动的一种形式。在霍布斯看来,运动就是“不断地放弃一个位置,又取得另一个位置”。而且,这种机械运动只有通过外力的作用才能发生,

---

① 《马克思恩格斯文集》第1卷,人民出版社2009年版,第331页。
② 《西方哲学原著选论》上卷,商务印书馆1981年版,第345、346页。
③ 《马克思恩格斯文集》第1卷,人民出版社2009年版,第331、332页。

任何一件静止的东西，若不是在它以外有别的物体以运动力图进入它的位置使它不再处于静止，即将永远静止；①

……

同样情形，任何一件运动的东西，除非是在它以外有别的物体使它静止，即将永远运动。②

在对运动的机械理解的基础上，霍布斯阐述了他的因果观。认为一个物体作用于另一个物体，即是“一个物体在另一个物体中产生或消灭某种偶性”。“偶性”是霍布斯哲学中的独特概念，它指的是“某个物体借以在我们心里造成它自身的概念的那种能力”，它是“存在于心灵之外的”，霍布斯也把它定义为“我们认识物体的方式。”③在这种机械的相互作用中，“动作者”是原因，而“被动者”之中所产生的偶性则是结果。譬如手烤暖的火就是“动作者”，是原因，烤暖了的手就是“被动者”，其中所产生的偶性(暖)就叫做结果。

由于把简单的机械运动当作事物运动的唯一形式，把因果性归结为简单的机械作用，霍布斯在西方哲学史上第一次明确得出了机械决定论的结论。霍布斯认为，原因和结果之间的联系是必然的，而世界上任何事物的存在和变化都是有原因的。有果必有因，有因必有果，因而世界上所发生的一切都是必然的，任何事物都处于因果必然性的铁的链条之上。在霍布斯看来，偶然性根本不存在，所谓偶然事物只是人们还不知道其原因的东西，人们通常所谓偶然的，指的是那些他们还不知道其必然原因的东西，所有偶然的东西都有其必然的原因。因果性被看作纯粹的必然性，这正是机械决定论的理论前提。正是在这个前提下，霍布斯在西方哲学史上第一次提出了比较系统的机械决定论观点。

和霍布斯一样，法国哲学家笛卡尔(Rene Descartes，1596—1650)和荷兰哲学家斯宾诺莎(Baruch Spinoza，1632—1677)也是这种观点的思想代表之一。

笛卡尔的机械决定论观点，主要表现在太阳系形成的学说中。笛卡尔认为，世界上所有的事物都是由物质微粒构成的。泰世之物，只存在一些同类的物质微粒。

① 《西方哲学原著选读》上卷，商务印书馆1981年版，第394页。
② 《西方哲学原著选读》上卷，商务印书馆1981年版，第395页。
③ 《十六—十八世纪西欧各国哲学》，商务印书馆1975年版，第83、85、84页。

这些微粒由于相互冲突而形成的旋涡运动，处于一片混沌之中。以后逐渐形成土、气、火三元素。由于旋涡运动，这些元素中较重的土抛离中心而形成行星，较轻的火留在中心形成太阳，元素的不断分离组合形成一切存在物。这种分离和组合是机械的，但都是按照本身的规律运动和变化。

与笛卡尔相比，斯宾诺莎的机械决定论观点则更深刻而全面。斯宾诺莎的基本观点与霍布斯如出一辙，他也把因果性等同于必然性，认为一切事物都是处于因果必然性的支配之下。在必然性支配下的一切事物构成因果链式的关系：

> 一件特殊的东西，或者一件有限的，具有一定存在的东西，除非有另一个也是有限的，具有一定的存在原因决定它存在和动作，便不能存在，也不能受到决定而作出动作；而这个原因又除非有另一个也是有限的，具有一定的存在的原因决定它存在和动作，便不能存在，也不能受到决定做出动作，这样一直到无穷。①

在这种前一原因为后一原因所决定，而后一原因又为另一原因所决定的因果链中，当然不可能有偶然性的存在。斯宾诺莎正是这样认为的。所谓偶然的东西也是受必然性支配，只是因为我们远不知道它才把它看作似乎是偶然性的。“其所以说一物是偶然的，除了表示我们的知识有了缺陷外，实在没有别的原因”；“自然中没有任何偶然的东西，一切事物都受神的本性的必然性所决定而以一定方式存在和动作”；“一切事物都依必然的法则出于神之永恒的命令，正如三角之和等于两直角这必然出于三角形的本质”。②

斯宾诺莎一方面进一步发展了培根关于知识对驾驭自然力和人的发展具有重大意义的思想，全面深化了人的自由与客观必然性关系的探索；但另一方面又坚持自然界的机械决定论的观点，而且极力把这种观点贯穿到人类活动之中。

作为一种完备的理论形态，机械决定论形成于十八世纪的法国。它是牛顿力学日趋完备在哲学上的反映。而在其中起重要中介作用的，则是法国哲学家伏

① 《西方哲学原著选读》上卷，商务印书馆 1981 年版，第 422 页。
② 斯宾若莎：《伦理学》，商务印书馆 1985 年版，第 30、27、88 页。

尔泰。

伏尔泰(Voltaire,1694—1778)是一个深受牛顿影响的哲学家,他最早在法国传播牛顿的思想。他赞成并极力宣传牛顿关于宇宙是一架巨大机器的宇宙观。认为宇宙机器是上帝制造的。上帝制造了宇宙机器,制定了它的运行规律,而且,由于“运动并不是凭自身而存在的,因此必须求助于一个最初的推动者”。① 这个最初的推动者就是上帝,上帝给了宇宙机器以第一推动力。因此,整个世界过程就是按上帝所制定的规律运转的,从而也是严格决定了的。

在十八世纪法国哲学中的机械决定论观点中,不仅涉及到自然过程,而且贯穿于人的活动和社会过程中。曾经作为一个医生的拉美特利正是致力于这一工作,因此写了著名的《人是机器》一书。

拉美特利(Julien Offroy de Lamettrie, 1709—1751)作为一个机械论者,也认为自然界的一切都有其必然性,而这种必然性可以等于因果链条。他认为一切存在和事物过程都是有规律的,物理世界服从运动的规律,精神世界则服从于利益的规律。他很推崇笛卡尔,认为如果哲学的领域里没有笛卡尔,那就和科学的领域里没有牛顿一样,也许还是一片荒原。关于笛卡尔,他最赞赏的是他把事物的性质认识清楚了,他第一次完满地证明了动物是纯粹的机器。在这个基础上,拉美利特进一步认为人也是一架机器。他论证道:

> 现在我们再来详细地看看人体机器的这些机括。一切生命的、动物的、自然的和机械的运动,都是这些机括的作用所造成的。突然面临一个万丈悬崖,不仅大吃一惊,身体机械地向后退缩么?……一棒打下来,眼皮不是机械地闭起来么?瞳孔不是机械地在日光下收缩以保护网膜,在黑暗里放大以观看事物么?冬天我们身上的毛孔不是机械地闭起来,使寒气不能侵入内部么?胃脏在受毒物、一定量的鸦片、呕吐剂刺激的时候,不是机械地翻扰起来么?心脏、动脉、肌肉在人入睡的时候,不是和人醒时一样机械地不断伸缩么?肺不是机械地不断操作,就像一架鼓风的机器一样么?膀胱,直肠等等的括约肌,不是机械地发生作用么?心脏不是机械地具有比一切其他肌肉更强大的伸缩

① 《十八世纪法国哲学》,商务印书馆1963年版,第71页。

力么?①

拉美特利的工作,为霍尔巴赫对机械决定论观点贯穿到底创造了条件。

霍尔巴赫(Paul-Henri Ditrich d'Holbach,1723—1789)是西方哲学史上机械决定论的集大成者。在他的思想中,从运动学说到人的自由的理论,都贯穿了这种机械决定论观点。

霍尔巴赫的运动观是机械论的。在他看来,运动就是一个物体赖以改变或趋于改变位置,即相继地与不同的空间部分相契合,或者改变相对于其他物体的距离。他认为运动有两种,一种是块体的运动:凭着这种运动,一个完整的物体从一个地点转移到另外一个地点,这类运动是我们可以感觉到的。比方说,我们看见一块石头落下,一个球在滚,一只手臂在动或改变位置;另一种是内在的,隐藏的运动,这种运动依靠的是一个物体固有的能力,也就是构成这个物体的物质的那些感觉不到的分子的本质、组合、作用与反作用。这种运动并不为我们所见。我们只是根据我们在若干时间以后从一些物体或混合物中见到的变迁或变化来认识这种运动。这类运动既包括生物运动,也包括人的理智能力、思维、情感、意志等。霍尔巴赫认为一切运动都不是自己产生的。严格说来,在自然界的各种物体中,并没有什么自发的运动,因为这些物体在继续不断地互相起作用,它们所有的变化都是由一些或者可见,或者隐藏的推动它们所造成的。"人的意志暗地里受到一些在人身上造成变化的外在原因的推动或决定"。② 所有的运动都是一样的,"那些最复杂的运动,也只不过是一些组合在一起的简单运动的结果"。③

霍尔巴赫虽然认为一切运动都不是自发的,但他并不是一个外力论者。霍尔巴赫否认事物是自己运动的,然而他也认为事物的运动是有其本身特性的。认为运动是从物质的本质里必然产生的存在方式。他说:

不管事物的本性和组合是什么样的,它们的运动总归有一个倾向或趋势。没有倾向,我们就无法设想运动。这个倾向是每件事物的特性所规定的。只

---

① 拉美特利:《人是机器》,商务印书馆,1959 年版,第 56 页。
② 《西方哲学原著选读》下卷,商务印书馆 1981 年版,第 210—212 页。
③ 《十八世纪法国哲学》,商务印书馆 1963 年版,第 591 页。

要它有一定的特性，它就必然要活动，也就是说，要遵守这些特性所决定的不变的法则；这些特性构成了事物的实质，也规定了它的活动方式，活动方式的永远是存在方式所产生的结果。①

霍尔巴赫在这里阐发了一种有价值的思想观念。因为正是事物的特性所规定的运动倾向，才使事物具有了相互作用的可能性，而相互作用就构成了事物的运动属性。霍尔巴赫说：

由于自然所包罗的一切事物连续不断地作用与反作用，于是产生出一系列的因果或运动，这些运动受永恒不变的法则支配，为每一事物所固有，为它的特殊本性所必需，所涵蕴，永远使它活动或按照一定的方式运动。②

任何事物的运动方式都是确定的，也就是说任何事物的相互作用特点都是相对确定的，因为在霍尔巴赫看来，事物的运动就是一系列的原因与结果。任何原因都要产生结果，任何结果都不能没有原因。一切运动、一切活动方式都是它们的本性、本质、特性、组合所决定的。因此应当做出结论说：

事物的一切运动，或者一切活动方式，既然都是出于某些原因的，而这些原因又只是依照它们的存在方式或根本特性而活动和运动，那么，我说，就应当由此推论出：一切现象都是必然的；自然界的每一件事物，都是处在某些境况之中，并且依照着一定的特性活动的，决不能以任何别的方式来活动。③

霍尔巴赫由此认为任何自然过程都从始至终贯穿着因果，贯穿着铁的必然性链锁。

在自然中一切都遵循着自己的存在规律，是既不能有混乱，也不能有真正

① 《十八世纪法国哲学》，商务印书馆1963年版，第593页。
② 《西方哲学原著选读》下卷，商务印书馆1981年版，第211页。
③ 《十八世纪法国哲学》，商务印书馆1963年版，第594页。

的恶的。在这个自然中，既没有偶然，也没有任何意外的事情。无充分原因的结果是没有的，一切原因都按照固定的、确定的规律来活动。这些规律是它们的本质属性所决定的，也是那些造成它们的永久状态或暂时状态的组合和变动所决定的。①

在霍尔巴赫那里，机械决定论观点通过对“人是一架机器”的论证，一直从自然过程贯穿到社会历史过程。他认为，社会历史也都是物理原因的必然结果。支配物理世界的运动的必然性，也支配着精神世界的运动。“精神世界的各种现象也同样遵循物质世界各种现象的规律。”②霍尔巴赫推断说：

如果我们能够一一查明我们所发现各种后果的全部原因，把那条永恒的因果锁链搞清，而不遗漏其中的任何一个环节；如果我们能够仔细研究那些功业辉煌的英雄豪杰，把推动他们的思想、意志、感情的无形线索摸得一清二楚，理出头绪，我们就会发现，自然用来推动精神世界的秘密杠杆，乃是一些真实的原子，这些眼睛分辨不清的分子突然而又必然地会合在一起，它们的积聚、组合、分布、发酵逐渐地使人发生改变，常常在不知不觉之中不由自主地就以一种一定的、必然的方式思想起来，要求起来，行动起来；他的意志和行动如果影响了很多的别人，精神世界就大大地沸腾起来了。一个狂信者胆囊里过多的苦汁，一个征服者心脏里过热的血液，一个君主胃里的一种消化不良，一个女人心里出现的一种幻想，都是一些充分的原因，足以酿成战争，把千百万人逼上屠场，夷城池为平地，化都邑为劫灰，使国家长期陷于悲惨的境地，饥荒不断，瘟疫流行，地球上一连数百年荆棘遍野，民不聊生的状态。③

这是机械决定论最著名的一段论述。它把复杂的人类心理甚至精神世界进行了简单的还原，试图用物理机制和化学原理来解释社会现象，解释人类历史社会现象。这种机械论倾向，一方面把复杂的社会历史问题简单化了；另一方面又因这种

① 《十八世纪法国哲学》，商务印书馆 1963 年版，第 608 页。
② 《西方哲学原著选读》下卷，商务印书馆 1981 年版，第 224 页。
③ 《西方哲学原著选读》下卷，商务印书馆 1981 年版，第 225 页。

决定论观点的极端化，从反面促进了决定论问题的深入探索。

三、从抽象对立到抽象统一

西方近代哲学史上的机械论倾向，在某种程度上说是由培根和洛克(John Locke,1632—1704)等人将近代科学方法引入哲学带来的。近代科学将事物整体分解成部分来进行研究，"这种考察方法被培根和洛克从自然科学中移植到哲学中以后，就造成了最近几个世纪所特有的局限性，即形而上学的思维方式。"①这种思维方式，在决定论和非决定论问题的研究中导致宿命论。

形而上学的思维方式，首先为德国古典哲学家们所超越。在决定论和非决定论问题的研究中，为了克服十八世纪法国哲学中的宿命论，他们又提出了客观必然性和人的自由的关系问题。这一问题的研究在康德(Immanuel Kant,1724—1804)那里造成了决定论和非决定论的抽象对立，又在黑格尔(Georg Wilhelm Friedrich Hegel, 1770—1831)那里进到了二者的抽象统一。

康德认为，在自然界，客观必然性的存在是毫无疑问的。但只看到这种必然性，必定走向宿命论。除了这种必然性，人作为道德主体还拥有自由，这种自由是与自然必然性相对立的。他说：

> 与作为自由看的原因性概念相区别的那个作为物理必然性看的原因性概念，其所关涉的事物的存在，只是就那种存在可以在时间中被决定的而言的，因而也就是就它们作为现象而与作为自在之物看的它们的原因性相对立而言的。现在我们如果把时间中事物存在的属性认为就是自在之物的属性(这是极普通的表象方式)，那么因果关系中的必然性无论如何也就不能同自由互相调和，而它们彼此就相互矛盾起来了。因为从前一种必然性所得出的结论是：在某个时候发生的每一件事情，并因此还有每一种行为，都是先时曾发生过的事情的必然结果。但是过去的时间既然不是我所能控制的，所以我所实践的每次动作，由于不受我控制的那些决定原理，就都是必然发生的，那就是说，我

① 《马克思恩格斯选集》，中文版，第3卷，北京，人民出版社，1995：360页。

在发生行为的那个刹那永远不是自由的。不但如此，我纵然假设：我的全部存在不依赖于任何一个外来原因(例如神)，因而我的原因性，甚至我的全部存在的决定原理，都完全不在我以外，而这个假设也是丝毫不会把那种物理的必然性转变为自由的。因为我在每一个刹那都是处在必然支配之下被那种不受我控制的东西所决定来从事行动，因而先前的无限事情系列就是一个连续不断的自然锁链，因而原因性也就不是自由；我只可以依照一个先已决定的程序继续这个系列，而自己却永远不会发动这个系列。①

这里，以必然和自由的形式表达出来的决定论和非决定论被割裂开来，二者处于一种抽象的对立中。这种为康德所难以解决的抽象对立，后来在黑格尔的辩证法中得到了抽象的统一。

黑格尔作为哲学史上的一位抽象思辨大师，对因果性、必然性和偶然性，以及自由等范畴及其相互关系进行了深入的研究。并在此基础上达到了对必然和自由的抽象统一的认识。

在黑格尔看来，必然性和因果性是两个密切联系着的范畴，但必然性并不就是因果性，它是事件之间的联系，只是这种联系受着因果性的制约，只能这样而不能不如此罢了。

黑格尔把必然性分成三种：形式的必然性，现实的必然性和绝对的必然性。形式的必然性和现实的必然性是必然性发展的低级阶段，绝对的必然性则是其最高形式，它体现了存在和本质的统一。绝对的必然性表现在作为偶然性的相对必然性之中，因而必然性是绝对和相对的统一。由于必然性的存在，黑格尔认为事物过程具有合乎规律的被决定的性质。虽然个别的局部的因果联系和相互作用可能以各种不同的方式结合起来，使整体呈现杂乱无章的景象，但必然性正是通过这些杂乱的过程为自己开辟道路。在个别局部的相互作用和因果联系上，必然性通过留下自己的痕迹，预先决定它们之间的系统化联系和趋向一定目的的倾向性。

在必然和自由的关系问题上，黑格尔认为自由是对必然的认识，只有在认识活动中才能揭示必然性。因而，人们必须掌握辩证法。黑格尔认为辩证法在认识必

① 康德：《实践理性批判》，商务印书馆1960年版，第96—97页。

然性方面是极为重要的,“辩证法构成科学进展的推动的灵魂。只有通过辩证法原则,科学内容才达到内在联系和必然性。”① 更重要的是,黑格尔还认为“自由是具体的”①,不能把它看作一种抽象规定。否则我们就不能超越必然和自由的抽象对立,达到二者的辩证统一。“自由本质上是具体的,它永远自己决定自己,因此同时又是必然的。……内在的必然性就是自由。”①黑格尔正是由此达到了必然和自由,事实上也是决定论和非决定论的抽象统一。他把这一成果运用到人类历史领域,在对历史必然性和人的自由的相互关系问题上做出了很大的理论贡献。

黑格尔把历史上发展着的国家看作是自由的主体,认为国家从低级阶段向高级阶段的发展,是客观的受制约和必然的历史运动。这种运动过程是有规律的。黑格尔研究了人类历史,认为世界历史进程可以分为三个时期:古代东方历史时期,古希腊罗马社会历史时期,和以日尔曼族为代表的近代历史时期。世界历史的这三个时期是人类社会从只有一个人(专制君主)享有自由,到某些人享有自由,再到一切人都享有自由的发展过程。由此黑格尔认为,一般历史进步的水平决定于自由原则在一个国家实现的程度,国家的法律组织是其重要标志。“世界无非是‘自由’意识的进展,这一种进展是我们必须在它的必然性中加以认识的。”②

黑格尔通过把历史进步与自由实现的程度联系起来,达到了历史必然性和自由主体的活动二者之间的抽象统一。在黑格尔看来,历史必然性既是作为人类行为主观指向性的必然结果,也是作为不依赖意志和意识而形成的客观结果表现出来的。在历史中,活动主体的自由通过其活动的结果变成主体的必然性。由于历史必然性是由主体的自由活动构成的,因而历史必然性也就能够产生。“在历史里面,人类行动除掉产生它们目的在取得的那种结果除掉他们直接知道欲望的那种结果之外,通常又产生一种附加的结果。他们满足了他们自己的利益;但是还有潜伏在这些行动中的某种东西,虽然它们没有呈现在他们的意识中,而且也并不包括在他们的企图中,却也一起完成了。”③黑格尔正是由此达到了历史必然性和主体自由活动的统一:一方面,主体的自由活动构成了历史必然事件链条的环节,构成历史的客观规律;另一方面,这些客观规律是主体自由活动的客观基础,因而又是不

① 黑格尔:《小逻辑》,商务印书馆1960年版,第176,105页。
② 黑格尔:《历史哲学》,三联书店1956年版,第57页。
③ 黑格尔:《历史哲学》,三联书店1956年版,第66页。

以主体的意志为转移的。

从决定论和非决定论的抽象对立到二者的抽象统一,特别是在历史领域,是黑格尔的一大功劳。但是,由于把历史理解为“绝对精神”的展开和实现,导致他又走向了历史目的论甚至宿命论。

在黑格尔那里,世界历史的各个时期都是“绝对精神”的表现,这种“绝对精神”的使命是实现自己的完满状态。因而,理性和精神成了世界的本质,物理世界只是绝对精神向完满的理性发展的形式。在具体的论述中,尽管黑格尔力求把人类历史看作相互联系的统一整体,一个不断变化发展、从低级到高级、从不完善到完善的前进过程。但当他把历史的基础归结为“绝对精神”,把历史进步看作“绝对精神”的活动时,“绝对精神”便成了人类历史中早已潜伏着的终极目的。如此一来,那些伟大的历史人物不过是“绝对精神”实现自己目的的“活的工具”,人类历史不过是这种先定目的的实现过程。尽管黑格尔也认为,我们不能控制也不能对我们生长在其中的文化和历史阶段负责。相反,任何人的特征和行为都是被自己的文化和以前的文化及历史事件所决定的,但由于历史成了绝对精神的表现,人也成了绝对精神的表现和结果,具体的历史主体成了抽象的绝对精神,活生生的拿破仑成了“马鞍上体现出来的世界灵魂”,世界和历史最终是由绝对精神严格决定了的。作为真正历史主体的人只是体现绝对精神的消极材料,只能听命于绝对精神的支配。也就是说,事物过程之所以是被决定的,是因为规律性是作为绝对精神的逻辑必然性预先确定了的。由此可见,黑格尔最后仍然走向了宿命论。

四、从思维抽象到感性具体

无论是抽象对立还是抽象统一,都使历史理论走向抽象普遍性。此后的地理决定论、历史循环论和历史非决定论都试图超越历史理论的抽象统一,但它们并没有达到关于历史规律的思维具体。

地理决定论是这样一种社会理论,它主张地理环境在社会生活和社会发展中起决定作用。早在16世纪,法国思想家J. 博丹(J. Bodin,1530—1596)就认为民族性格、国家形式和社会进步取决于地理环境。他认为,在北方,由于天气寒冷,人们的体格强壮但缺少才智,南方由于天气炎热,人们则有才智而缺乏精力。因此,决定国家统制的因素也就有不同：北方民族靠的是权力，南方民族靠的是宗教，中部民族靠的则是正义和公平。丹博对地理决定论的探索只是初步的，对此作了全面而系统论述的，是18世纪法国哲学家孟德斯鸠。

在18世纪法国哲学史上，孟德斯鸠(Baron de Charles de Secondat Montesquieu, 1689—1755)是个特殊人物。他不同于其他法国十八世纪哲学家，受着当时以机械论为特点的自然科学的直接影响，作为一个曾任政府要职的法学家，他的主要注意力集中在社会历史领域。

孟德斯鸠认为，世界上的一切存在物都有自己的规律，即“法”。“法，就最广的意义来说，就是由万物的本性派生出来的必然事实：在这个意义之下，一切实体都有它们的法，神有神的法，物质世界有物质世界的法，在人之上的天使有天使的法，禽兽有禽兽的法，人有人的法。”由此，孟德斯鸠反对“有一种盲目的命运产生了我们在世界上看到的一切结果”的观点，认为“这种说法是极其荒谬的”。①

孟德斯鸠认为，人及其所组成的社会也是受着“法”的制约的。他说：“人，作为自然实体，是和其他物体一样，受一些不变的法支配的。”②人类社会也是如此，其存在发展也有自身的规律，是被决定的。在孟德斯鸠看来，人类及其社会的存在和发展主要是由社会所处的地理环境所决定的。所谓地理环境，主要包括气候、土壤的肥瘦，以及地形等。孟德斯鸠尤为重视的是气候。他认为气候的影响是一切影响中最强有力的。气候对社会的影响，在他看来主要是由于气候决定了人的精神气质和内在情感，从而影响到民族性格，甚至风俗、宗教和生活方式。他认为，酷暑令人形神皆惫，失去勇气；而在寒冷的地方则有一种身体和精神上的力量使人能够作种种耐久、辛劳、巨大、勇毅的活动。正因为如此，热带民族的勇敢则使他们保持自由，这是一个出于自然原因的结果。因而，寒带国家适于民主制，而热带国家适于奴隶制。土地的肥瘦对社会的影响也很大，因为一个国度土地肥沃，就很自然地养成一种依赖性。构成人民主要部分的乡下人，是不那么渴望自由的，他们太专注于个人的私事，私事也太多了。土地膏腴会因安乐而使人怠惰，而且贪生畏死；土地硗薄则能使人勤勉持重，坚忍耐劳，勇敢善战；土地不肯给予他的东西，他们必须自

① 《西方哲学原著选读》下卷，商务印书馆1981年版，第37—38页。
② 《西方哲学原著选读》下卷，商务印书馆1981年版，第40页。

己取得。因而独裁制度最常见于土地肥沃的国度，而民主制则见于不肥沃的国度。此外，地形地域对社会制度也有很大影响。国度处在平原，国民不能与强者争，因而向强者屈服；一旦屈服，就不能恢复自由的精神了。土地的财产，乃是忠诚的抵押品，但是山区则不然，人们是能够保持其所有物的，他们也没有多少可保持的东西。自由，也就是人们所享有的统治，乃是人们唯一值得保卫的财产。因此艰苦的山区享有的自由，胜于得天独厚的地区。山区保持着一种比较适中的统治，因为它们并不是那么容易受征服的。"另外，海岛民族比大陆民族更重视自由。海岛通常幅员甚狭；很难雇佣一部分居民去压迫另一部分居民；大海把他们与一些大帝国隔开，暴政不能染指，征服者受阻于海，岛民无征服之忧，所以比较容易保持其法律"。①

地理决定论在十九世纪成了一个社会学学派，德国学者 F·拉采尔是该学派的主要代表人物。这个学派认为人们的体质和心理、意识和文化之所以有差异，主要由于地理因素尤其是气候和空间位置不同。各个国家的社会组织、经济发展和历史命运，都是由这些地理因素决定的。由于地理社会学派的影响，19 世纪之交在德国出现地理政治论学派，主要代表人物是 K·豪斯贺费尔。他认为"优等民族"有建立世界"新秩序"的权力，每个国家的"生存空间"都可以由地理政治学来决定。

由于不是从宗教神学，就是从原子层次或外部环境寻找历史发展的决定力量，对于人们来说历史始终笼罩着重重迷雾。说到历史的迷雾，最困扰人们的莫过于历史循环论和历史非决定论。

历史循环论是一种认为人类社会历史的变化是一个简单的重复循环过程的历史理论。

"历史循环"是一种古老的观念。中国古代学者邹衍曾提出"五德终始"说，用当时流行的"五行"解释历史的变迁和王朝的更替。邹衍是战国时期阴阳家的代表，他认为宇宙由土、木、金、火、水五种原素构成；五种原素的"相生相克"是宇宙发展的源动力。在总结早期阴阳、五行学说的基础上，邹衍提出了"五行生胜"的观点。认为木生火、火生土、土生金、金生水、水生木是"五行"的转化形式。这种关系表明事物之间存在统一的关系；"五行"之间不仅存在统一，而且存在对立，即水胜

---

① 《西方哲学原著选读》下卷，商务印书馆 1981 年版，第 46—49 页。

火、火胜金、金胜木、木胜土、土胜水的“五行要胜”的关系。这种五行相生、相胜的性质，不仅表现在自然界的四时变化和万物生息之中，而且体现在人类社会之中。正是由此他提出了“五德终始”循环相生的观点，认为历史就是“五德”的相继更替、周而复始的循环。历史的变迁是由土、木、金、火、水五原素反复循环更替所决定。并认为中国社会“天地剖判以来”的历史，正是按照“五德转移”的顺序，相继经过了黄帝(土德)、夏(木德)、商(金德)、周(火德)的更替过程，并预见此后的社会发展是“代火者必将水”。

在西方，循环论观念也是古已有之。古希腊哲学家亚里士多德就有循环论思想，他认为，“人类的事情以及一切其他具有自己运动和生灭过程的事物的现象都是一个循环。”①“在许多方面，未来将与过去相同。”②而18世纪的意大利思想家维科(G. B. Vico，1668—1744)也有与邹衍相近的理论。维科是最早把历史发展规律的研究作为专题的西方学者之一。他力图在神意之外寻求历史发展的规律，以反对宗教历史观。他认为历史不是神灵任意创造的，而是人们自己创造的，是按照自然的必然性有规律的发展过程。人类社会的变化经过三个阶段的循环：神灵时代，即作为人类童年的原始社会；英雄时代，即作为人类青年的奴隶社会和封建社会；凡人时代，即作为人类成年的资本主义社会。凡人时代是历史发展的顶峰，在此时期出现了民主、平等和科学的繁荣。历史变化经历了这个阶段以后，社会就开始衰落而重新回复到原始时代，因而历史过程的循环又重新开始，如此周而复始，循环不已。以后的一些社会，历史的继续只能是从这个顶点倒退到原始时代这一出发点。后来乃至现代都有不少西方学者赞同并发展了这一观点，尼采就曾提出“永恒还原论”，认为人类社会所经过的历史都会重演。

对于这种历史循环论思想产生的认识根源，英国著名历史学家阿诺尔德·约瑟·汤因比(Arnold Joseph Toynbee，1889—1975))有深入的研究。他认为历史循环的理论是在天文学上得到惊人发现以后的自然结果：

古代巴比伦社会发现了三个显而易见的循环现象——白昼和黑夜、月的

---

① 亚里士多德：《物理学》，商务印书馆1981年版，223b25。
② 亚里士多德：《修辞学》，生活·读书·新知三联书店1991年版，1394a8。

循环和年的循环，他们发现循环现象不仅有关天体的这一些；他们认为还有一种更大范围的天体运动，不仅包括日、月、地球，而且还包括所有的行星；这一种天空的和谐像一个大乐队似的不但处处谐调而且还完整无缺，在这样一个大循环当中，一年四季的循环就显得微不足道了。植物界的一年一度的生死循环显然是由一年四季来主宰的，因此他们就认为在宇宙之间的一切事物都莫不有生死循环的现象。"①

汤因比用车轮的比喻将历史循环论的观点加以改造，承认在组成人类历史活动的各种力量的运动里，明显存在着再现现象。但认为在时间的织机上，当梭子往来飞驰的时候，出现的图案却是随时发展变化的新图案，而不是一成不变的老图案。正像车轮转动一样，在循环的同时还有进展。轮子的运动对于轴来说是一成不变的重复，可是轮子做得同轴合适，只是为了使车子运动。对于车子来说，轮子只是一个组成部分，车子是轮子存在的理由。虽然车子只能靠轮子绕轴的循环运动而移动，但是这并不能迫使车子本身像循环木马一般做圆形运动。汤因比认为像车轮那样重复的运动是次要的，而由这种运动所构成的非重复的前进运动则是主要的，它们所组成的和谐就是我们平常所指的节奏；其中所具有的重要作用不仅存在于车子的运动和现代机器的运动里，而且还可以在生命的有机节奏里看到。一年四季的变换，以及随之而来的植物的消失和出现，使得植物界得以长期进化；出生、传种和死亡的循环，造成了一切高等动物直到人类进化的可能。一个人走路是靠两条腿不断地前后移动的；肺叶和心脏的悸动使动物的生命得以延续；音乐的小节和诗歌的篇章使音乐家和诗人有可能发挥他们的主题思想。所有这些使汤因比得出结论：

我们虽然在文明过程的分析中发现周期的重复运动，但是这并不意味着这个过程的本身是具有循环性的。相反地，如果我们能够得出任何合理的结论，认为那些次要的运动是有周期性的，那么我们毋宁认为由这些次要运动所体现的主要运动却不是重复的而是发展的。人类并不是永远缚在轮子上的伊

① 汤因比：《历史研究》中册，上海人民出版社 1962 年版，第 11 页。

克西翁，也不是个永远推着巨石上山的西西发士，永远往上推，而又无能为力地看着它滚下来。①

历史循环论感觉到了人类历史发展螺旋式上升的循环性质，但没有理解它是一个发展过程。

历史非决定论是一种认为人类社会过程不存在严格的客观规律性和因果制约性的思潮。这种思潮主要兴起于近现代西方学术界。

德国哲学家文德尔班（Wilhelm Windelband，1848—1915）认为，社会现象与自然现象有根本区别，社会现象的特点就是没有重复性，它们永远是一堆孤立的、单个的事件。因而，社会过程没有任何规律可言。“社会历史的规律性”是个矛盾概念，它把社会历史同规律硬凑在一起。② 德国新康德主义弗莱堡学派哲学家李凯尔特（Heinrich Rickert）则认为，历史上的东西是那种仅仅出现一次的，件件都是个别的事物，它是自然科学构成概念的界限。历史进程只是单独的、不可重复的事实和形式的偶然凑合，历史是独一无二的，关于它无法作任何概括的事实，因而人类社会的发展只是一些偶然的、不可预见的力量的游戏。社会科学正是研究个别的、不会重复的历史事件，根据这些事件不可能概括出一般的规律。③ 一些现代学者至今仍抱着这种观点，美国历史学家李茨莱认为：“科学在寻找规律，而历史满足于描述特殊。”④德国学者 P·卡勒塔也认为，“完全和充分地描述人类未来发展的规律是不可能的，因为一切社会过程都是不可重复的。”⑤英国著名科学哲学家卡尔·波普对此有更深入的论述。他认为，社会生活是以个人的精神生活即心理为条件的自然现象，而心理学又以生物学为条件，生物学又以化学和物理学为条件。社会学在学科系统中排在最后，这一事实清楚地表明，涉及社会生活的因素是极端复杂的，即使有不变的社会学齐一性，像物理学领域中的齐一性那样，但由于这种复杂性，我们完全不可能发现它们。如果我们不能发现它们，那就没有什么必要认为它们依然存在。每一历史事件都具有各自非常不同的环境，都不能在精确相似的条件

① 汤因比：《历史研究》中册，上海人民出版社 1962 年版，第 14—15 页。
② Wilhelm Windelband, A History of Philosophy, The Macmillan Company, 1958, p. 278.
③ 参见李凯尔特：《历史上的个体》，《现代西方历史哲学译文集》，上海译文出版社 1984 年版。
④ 转引自华岗：《规律论》，人民出版社 1982 年版，第 171 页。
⑤ 转引自 H. 赫尔茨：《马克思主义哲学与自然科学》，上海人民出版社 1986 年版，第 251 页。

下重复,社会历史中没有与原型相同的重复,所以社会历史没有普遍规律,因而,关于社会过程,我们不能提出普遍规律,历史的特点在于它关注实际的、独特的或特定的事件,而不关注规律或概括。而且,由于任何单独一个规律,甚至任何单独一组规律都不可能描述有因果联系的各个事件之间的实际的或具体的连续,所以既没有连续规律,也没有进化规律。①

事实上,在现代西方哲学中,实用主义、实证主义、存在主义、结构主义等流派的历史理论,由于都坚持用人的理性,人的内在需要,人的情欲、感受等精神因素解释社会历史,因而都在一定程度上否定了社会过程的决定论性质,否定了社会发展的客观规律性,否定了认识和预见历史进程的可能性。费舍(Kuno Fischer, 1824—1907)在其《欧洲史》一书中甚至认为:他所能看到的,只是一个独一无二的,因而关于它无法作任何概括的伟大事实。对历史学家来说,只有一条正确无误的原则:他必须承认人类命运的发展只是一些偶然的,不可预见的力量游戏。

历史非决定论作为一种历史观,无疑将导致与人们自己的理性相悖的结论,但它作为对社会历史领域严格决定论某种意义上的反叛,却由于对社会规律复杂性的重视和探讨,对社会历史规律的研究,对历史之路的探索具有重要意义。

人们对理想社会的寻求和对历史之路的探索,为揭示社会过程的规律性,积累了丰富的资料。虽然由于基本观点上的局限性,这些探寻都未能从整体上对复杂的人类历史加以科学的说明,但它们构成了一个达到正确结论的基础。正是在这个基础上,马克思主义经典作家使人们走出了历史的迷宫,这与马克思把揭示人类社会的发展规律作为哲学的出发点,从而发动了一场哲学革命密切相关。

---

① 参见波普:《历史决定论的贫困》,华夏出版社 1987 年版,第 9,93,114 页。

第3章　马克思的哲学革命及其内在逻辑展开

马克思的哲学革命，不仅启动了当代哲学的实践转向，而且在逻辑上隐含着人类知识发展的整体规律和机制。马克思哲学革命的逻辑展开，可以生成实践的解释学循环，不仅对于当代哲学解释学的困境突破，而且对于人类知识的当代发展都具有重要意义。在马克思哲学革命的逻辑展开中，我们也能更好地理解中国传统知识的发展形态，从而进一步明确中国传统知识当代发展的方向和路径。

一、马克思哲学革命的内在逻辑展开

马克思把科学的实践观引入哲学，把实践的观点当作哲学的首要的、基本的观点，不仅在实践基础上超越了近代哲学主客二分的思维方式和传统思辨形而上学，实现了哲学的革命性变革，而且在实践维度超越了传统哲学的基础主义和本质主义根基，使哲学发展从为解释世界而建立严密理论体系的体系哲学转向为同时改造世界而面向现实生活的实践哲学。

1. 马克思对抽象普遍性终极追寻的批判。在西方哲学史上，由于对抽象观念的先验理解，导致对抽象普遍性的终极追寻。正是马克思的哲学革命，将传统形而上学对抽象普遍性的终极追寻拉回到感性实践。

在马克思看来，“无内容的抽象”就是“抽象的无内容的形式”，它的内容也只能是形式的、抽去了一切内容而产生的内容。因此，这就是普遍的、抽象的，适合于任何内容的，从而既超脱任何内容同时又恰恰对任何内容都有效的，脱离现实精神和现实自然界的抽象形式、思维形式、逻辑范畴。马克思认为，这种抽离了自然界和精神内容的思维形式是“人的思维的普遍异化”。

任何抽象都只能是在被抽象时抽离掉的所有具体条件下，才是普遍有效的。因此，如果把这种抽象的相对性误认为是可以与具体条件相脱离的普遍“本质”，并因而进一步将抽象普遍性“本质”作为哲学的终极追寻，就必定使哲学之舟搁浅在抽象的沙滩。

以抽象普遍性为哲学追寻的最终目的，意味着在现实事物背后有一个在先存在的本质，这正是传统哲学的迷误所在，也正是马克思在谈到经济范畴时所深刻揭示的。马克思在致帕·瓦·安年科夫的信中指出，“经济范畴只是这些现实关系的抽象，它们仅仅在这些关系存在的时候才是真实的。”①马克思并由此揭示了范畴的形成和性质。

在《政治经济学批判》中，马克思进一步谈到：“只要我把具体东西不同于它的抽象东西的一切方面抽掉，那么具体东西当然就成了抽象东西，丝毫没有不同于抽象东西的地方。”②这样，作为实体的具体事物就变成了具有较少具体条件限制，因而具有更大灵活性的抽象概念。这在思维活动中的意义是非同寻常的，正像实物变成具有抽象价值的货币，抽象概念在思维过程中变得十分灵活，同时，也可以比较随意，这既正是人类思维活动中，从具体到抽象的魅力所在，也是其易于走向迷误的重要原因。

抽象概念体系具有普遍性的特征，这对于把我们的认识推升到更高层次的整体是至关重要的，但这种抽象普遍性不仅必须来自对现实的具体个别事物，而且必须用于对相对具体事物的整体观照，从而让相对的局部认识得到进一步深入和到位才有意义。而且这种意义上根本的，因为没有这种更高层次的整体观照，不可能真正理解较低层次的内容，正如马克思所深刻指出的：“人体解剖对于猴体解剖是一把钥匙。反过来说，低等动物身上表露的高等动物的征兆，只有在高等动物本身已被认识之后才能理解。”③这与把抽象普遍性看作不同于具体事物现象的本质的理解全然不同，更与抽象普遍性终极追寻的致思相反。

在西方哲学史上，人们常常把具体事物看作现象，而把从这些具体事物抽象出来的概念看作具体事物的真理和本质，正如马克思和恩格斯在《德意志意识形态》

---

① 《马克思恩格斯选集》第 4 卷，人民出版社 1995 年版，第 536—537 页。
② 《马克思恩格斯全集》第 30 卷，人民出版社 1995 年版，第 205 页。
③ 《马克思恩格斯选集》第 2 卷，人民出版社 1995 年版，第 23 页

中就所有制理论所说的："先从事实得出一个抽象概念，然后宣称这个事实是以这个抽象概念为基础的。"①因而，抽象普遍性如果成了哲学的终极追寻，就会出现哲学与现实相脱离的情况。对脱离现实实践的抽象，马克思和恩格斯的揭示是十分深刻的，因而对它的批判也入木三分。

关于通过对具体事物的概括，并将这种概括产物看作这类事物的本质，从而将事物乃至世界的抽象本质，看作哲学的终极追寻的迷误，马克思和恩格斯在《神圣家族》中也有极为生动的揭示，并由日常事物一直推及黑格尔哲学的本性。

马克思和恩格斯对抽象本质的分析，既是对黑格尔哲学抽象普遍性终极追寻——也就是对传统思辨形而上学的精辟分析和批判，更是对建立在感性实践基础上的哲学的精美阐释。"思辨的理性在苹果和梨中看出了共同的东西，在梨和扁桃中看出共同的东西，这就是'果品'。各种特殊的、现实的果实从此就只是虚幻的果实，而它们的真正的本质则是'果品'这个'实体'。"②马克思和恩格斯把抽象概念看作是"强加于"具体事物的"本质"，而它们只是"观念的本质"。

马克思的哲学革命，正是建立在对抽象普遍性终极追寻的批判基础之上。在对黑格尔哲学的批判继承中，马克思就作了这样一种转换，从而把一个将抽象普遍性作为出发点和最终目的的传统哲学极端化典型，转换为以现实的感性实践为出发点和最终目的的现代哲学，实现了哲学的革命。

2. 马克思的哲学革命及其内在逻辑展开。在逻辑上说，马克思的哲学革命则归根结底是对人类认识的发展从个别具体到普遍抽象，再到思维具体这一过程整体把握的结果。关于这一整体过程，马克思作了既系统又深入的研究。

首先，马克思对从具体到抽象和从抽象到具体两个不同的认识阶段作了周密考察。以"人口"概念为例，马克思对从抽象普遍到思维具体作了非常清晰的论述。他在《政治经济学批判》导言中说："抛开构成人口的阶级，人口就是一个抽象。如果我不知道这些阶级所依据的因素，如雇佣劳动、资本等等，阶级又是一句空话。而这些因素是以交换、分工、价格等等为前提的。比如资本，如果没有雇佣劳动、价值、货币、价格等等，它就什么也不是。因此，如果我从人口着手，那么，这就是关于

---

① 《马克思恩格斯全集》第3卷，人民出版社1995年版，第569页。
② 《马克思恩格斯文集》第1卷，人民出版社2009年版，第276—277页。着重号为引者所加。

整体的一个混沌的表象，并且通过更切近的规定我就会在分析中达到越来越简单的概念：从表象中的具体达到越来越稀薄的抽象，直到我达到一些最简单的规定。于是行程又得从那里回过头来，直到我最后又回到人口，但是这回人口已不是关于整体的一个混沌的表象，而是一个具有许多规定和关系的丰富的总体了。”①

其次，马克思对从抽象上升到具体的过程作了深入探讨。他在《〈政治经济学批判〉导言》中说："具体之所以具体，因为它是许多规定的综合，因而是多样性的统一。因此它在思维中表现为综合的过程，表现为结果，而不是表现为起点，虽然它是现实的起点，因而也是直观和表象的起点。在第一条道路上，完整的表象蒸发为抽象的规定；在第二条道路上，抽象的规定在思维行程中导致具体的再现。”②这就是从抽象上升到具体的方法。马克思深刻地认识到，“从抽象上升到具体的方法，只是思维用来掌握具体、把它当作一个精神上的具体再现出来的方式。但决不是具体本身的产生过程。”在此，马克思还具体论述到作为思维具体的概念的性质：“具体总体作为思想总体、作为思想具体，事实上是思维的、理解的产物；但是，决不是处于直观和表象之外或驾于其上而思维着的、自我产生着的概念的产物，而是把直观和表象加工成概念这一过程的产物。”③

最后，马克思还对从具体到抽象的过程及其产物的性质作了深入研究。马克思明显把从具体到抽象看作是一个初级的认识阶段，他明确指出：“简单范畴是这样一些关系的表现，在这些关系中，较不发展的具体可以已经实现，而那些通过较具体的范畴在精神上表现出来的较多方面的联系或关系还没有产生，而比较发展的具体则把这个范畴当作一种从属关系保存下来。”④

马克思不仅揭示了从具体到抽象认识的阶段性质，而且揭示了抽象概念的历史生成及其性质。并深刻地认识到，合理的抽象总是来自具体的条件中，因而其适用性也不能脱离这些具体的条件。

从具体到抽象阶段是必不可少的，即使在现代认识的前沿也同样如此。实证科学的发展对思辨概念的排斥，结果必定回到 18 世纪的唯物主义，从而使实证科学

① 《马克思恩格斯选集》第 2 卷，人民出版社 1995 年版，第 17—18 页。
② 《马克思恩格斯选集》第 2 卷，人民出版社 1995 年版，第 18 页。
③ 《马克思恩格斯选集》第 2 卷，人民出版社 1995 年版，第 19 页。
④ 《马克思恩格斯选集》第 2 卷，人民出版社 1995 年版，第 20 页。

和思辨哲学(不是思辨哲学体系)之间出现鸿沟甚至断裂。这是人类整体认识过程的断裂。恩格斯深刻地揭示了这种现象,他在《卡尔、马克思〈政治经济学批判。第一分册〉》中指出,“平庸的资产阶级理智这匹驾车的笨马,在划分本质和现象、原因和结果的鸿沟面前当然就一筹莫展了;可是,在抽象思维这个十分崎岖险阻的地域行猎的时候,恰好是不能骑驾车的马的。”①理性之马一旦驾上车,就不再能展翅,理性之翼就不可能奋飞,也就不可能逾越实证(经验)知识的鸿沟。

马克思和恩格斯不仅驾通了人类认识的这一鸿沟,从而揭示了人类认识的整体过程,而且着重就抽象上升到具体过程作了具体探索。可以说,马克思的主要工作,就是在从事这一阶段的研究,他在《资本论》中写道:“以货币形式为完成形态的价值形式,是极无内容和极其简单的。然而,两千多年来人类智慧对这种形式进行探讨的努力,并未得到什么结果,而对更有内容和更复杂的形式的分析,却至少已接近于成功。为什么会这样呢?因为已经发育的身体比身体的细胞容易研究些。并且,分析经济形式,既不能用显微镜,也不能用化学试剂,二者都必须用抽象力来代替。而对资产阶级社会说来,劳动产品的商品形式,或者商品的价值形式,就是经济的细胞形式。在浅薄的人看来,分析这种形式好像是斤斤于一些琐事。这的确是琐事,但这是显微解剖学所要做的那种琐事。”②可以说,马克思的《资本论》这部巨著,就是对作为思维具体的“资本”范畴的刻画。这与从具体存在抽象出“资本”,得到抽象的“资本”概念是完全不同的两回事。从马克思的《资本论》,我们既可以看到一个哲学世界观整体观照的经典案例,更可以看到从抽象普遍到思维具体的光辉典范。

马克思哲学革命的性质,在某种程度上说,就是将以黑格尔为典型代表的传统形而上学的头足倒置重新“颠倒”了过来。而将黑格尔的做法重新颠倒过来,就从传统形而上学的抽象普遍性终极追寻回到了现实的人的存在,这正是马克思所要得到的结论。在《黑格尔法哲学导言》中,马克思指出,“人不是抽象的蛰居于世界之外的存在物。人就是人的世界,就是国家,社会。”③因此抽象普遍性追寻的最终目标应当回到感性实践,回到现实的人。抽象普遍性追寻的最终目的是给我们对

---

① 《马克思恩格斯选集》第2卷,人民出版社1995年版,第40—41页。
② 马克思:《资本论》第一卷,人民出版社2004年版,第7—8页。
③ 《马克思恩格斯选集》第1卷,人民出版社2012年版,第1页。

具体事物的认识提供整体观照，使我们能更好地认识具体的个别事物。在这样的哲学致思中，即便我们的抽象思辨离现实再远，也会像恩格斯在《谢林和启示》中所说的，“让自然界的新鲜气息吹进抽象思想的空间”①，而这正是马克思哲学革命的重大意义所在，哲学出发点和目的都(应当)回到现实的感性实践。

这意味着，马克思的哲学革命把哲学的最终目的从寻求理论上的抽象普遍性，推进到思维中的具体个别性，使哲学致思从普遍抽象进到思维具体，达到人类认识过程整体机制的贯通：从感性具体(个别具体)到思维抽象(普遍抽象)再到思维具体(理性具体)。这一整体过程蕴含着整个人类认识发展的内在逻辑，进一步展开这一内在逻辑，我们可以看到人类知识发展的重要机制。

二、人类认识发展三阶段及具体机制

马克思哲学革命的内在逻辑展开，呈现出人类知识发展的三个重要阶段。

1. 关于具体事物的个别性知识。在人类认识之初，人们认为可以对现实中的具体事物进行直接的个别性把握，这种把握是感性的、个别化的。由于任何事物都处于与其他事物的普遍联系之中，都处于世界的整体关联中；由于缺乏对事物整体联系的把握，这种局限于个别具体事物的研究主要甚至完全是局部性的。在缺乏整体关照的情况下，完全局部性的研究只能是关于个别事物的具体同时又是孤立的认识，结果所反映的不可能是该事物的真实或根本性质，因为该事物事实上与其他事物处于普遍联系因而在一个整体中。这种对个别事物完全局部的认识，不可能对对象有一个基本的把握，因而人们在这一阶段的认识活动主要局限于在实践活动中使用具体事物的经验层次。这种情况下的认识和实践活动还处于原始的统一状态，这一阶段的知识是实践的直接产物。

正是在实践活动中使用，使认识活动具有最为明确的目的。作为实践解释学哲学的主要代表，美国哲学家约瑟夫·劳斯(Joseph Rouse)深谙此中之道：“应该追问的是可供使用的是什么，我们在使用过程中必须考虑的是什么，我们的目标是什

① 《马克思恩格斯全集》第2卷，人民出版社2005年版，第390页。

么。”①但劳斯没有注意到，也正是在实践活动中的使用，隐含着对于实践解释学来说至关重要的发展契机，它使我们能够有效扩展解释学循环的重要作用，深化对人类认识中解释学循环机制的认识。

在人类认识中，特别是在外部对象的解释中，一个关键的机制是解释学循环。它不仅是理解的机制，而且是事物本身相互联系的整体机制。因而解释学循环机制不仅涉及理解，还涉及生成；不仅是理解机制，而且是生成机制。涉及包括理论建构在内的所有认识过程，既包括描述认识论，也包括程式认识论②，更重要的是涉及人的生存活动本身。

根据经典解释学循环的原理，要在事物的普遍联系或在更高层次整体中把握具体的个别事物，在完全没有相应整体把握的情况下，关于任何具体事物的个别性研究都不可能得以真正推进，因而总是要在当时的认识条件下寻求整体性把握，以便为关于个别事物的局部认识提供整体观照，也就是在与其他相关事物的联系中对个别事物进行认识。在进行这种整体性把握时，如果缺乏必要的形式逻辑手段，就必须借助当时条件下可能得到的任何方式达到某种程度的整体性把握，否则对个别事物的认识就不可能有实质性的推进。在这里，对于主要在形式逻辑基础上发展起来的西方知识来说，长处和短处相辅相成。西方哲学中的传统解释学循环不能完全解释人类认识发展的机制问题，但西方哲学形式逻辑基础的长处则使其在抽象普遍性寻求中独领风骚。

2. 关于事物特性的抽象普遍性知识。当形式逻辑得到系统发展，就像感性经验的逻辑整理，对于事物特性的抽象普遍性追求就不可避免。这给人类认识带来了无限广阔的空间，同时也带来了新的困境。

在认识的最初阶段，人们以为能够通过机械地反映直接把握具体的个别事物，好像可以把具体事物像信息那样直接搬进大脑中处理。

由于要在事物的普遍联系——也就是要在世界整体中，更有效地把握具体的个别事物，人类认识发展到抽象普遍性追寻阶段。正是通过对抽象普遍性的追寻，

---

① Joseph Rouse, Merleau-Ponty and the Existential Conception of Science, Synthese, Vol. 66, No. 2 (Feb., 1986),

② 参见 Johnl Pollock, Procedural Epistemology, Terrell Ward Byhum and James H. Moor, Ed., The Digital Phoenix: How Computers are Changing Philosophy, Blackwell Publishers, Ltd, 1998, p. 17.

人们对事物整体乃至世界的整体性开始有了建立在形式逻辑基础上的把握。而且,要超越对具体事物个别认识的局限性,也必须经过对事物普遍特性进行抽象的把握,从而形成对事物的抽象普遍性认识,这样才能真正为知识发展的解释学循环提供层次不断提升的整体观照。

诚然,抽象可以由多种方式达到,但最有效而且能走得最远的则是形式逻辑基础上的概念认识。这种对抽象普遍性的追寻在哲学的开端就已经开始,而且在传统认识论中成了认识的主要任务甚至唯一目的。由此在人类认识发展中的现代性阶段,它作为基本层面之一构成了所谓"现代性"。最终,作为实践直接产物基础上的思维抽象结果,知识的抽象普遍性追求走向极端,走进死胡同,导致现代哲学的实践转向。马克思的感性实践观和维特根斯坦前后期哲学的转折,正是这一实践转向的两座里程碑。

在西方哲学中,越是抽象甚至严密的思辨形而上学体系,离现实生活和实践越远。这一点越来越明确地晓示着:对抽象普遍性的追寻并不是认识的真正目的。由于误将抽象普遍性的追寻看作是认识的最终任务,人类知识越来越远离实践而迷失于抽象的理论。作为对这种极端追求的本能性反叛,当代哲学开始了回归个别事物的具体性研究。事实上,整个现代哲学的实践转向正是这种本能性反叛的时代交响乐。在这时代交响曲中,传出越来越多类似马尔库兹称之为"具体哲学"的音符。

3. 关于在抽象普遍性联系中把握个别事物的思维具体性知识。从整个知识发展的历史和逻辑进程看,抽象普遍性认识的目的应当是在具体事物的个别性研究基础上,达到在抽象普遍联系的整体中对个别事物的全面把握,因而下一个自然的进程必定是在事物的抽象普遍性联系中把握具体事物。

人们对抽象普遍性的追寻,使对世界事物整体性的逻辑把握成为可能。这不仅为人们在世界的整体联系中把握具体的个别事物提供了逻辑和认识基础,不仅使人们有了整体把握事物共同特性的方法、手段和具体成果,而且使人们的观念从对个别事物的具体的局部性认识,上升到在事物或世界整体性联系中把握具体事物的阶段。这是一个既不同于把个别事物当作孤立认识对象的简单感性认识,也不同于对事物的抽象普遍性把握的阶段,而是在知性把握的基础上,将对具体事物的个别性认识上升为在思维所建立的抽象普遍性整体联系中把握个别事物。这就使人类的认识从对特殊事物个别存在的直观，在思维抽象的基础上进入对事物的思维具体把握。这种思维具体之所以拥有具体事物的全部丰富性，就在于它对个别事物的具体把握是在其与其他事物的抽象普遍性整体联系乃至在抽象的世界整体图景中进行的。这是在抽象普遍性知识基础上对具体事物研究的思维丰富。

这里发生了一个重要转折，那就是从存在到思维，从个别事物的存在到对个别事物的思维，即从对现实的个别事物的存在的感性直观把握，到在抽象普遍性联系中对个别事物的理性(思维)把握——在抽象的普遍性联系中把握具体事物。这意味着从存在的具体进到了思维的具体；意味着从存在实在论意义上的把握到某种类似依赖思维的实在论意义上的把握；意味着把握的结果从只是事物真理性的客观写照到还有具有实践回应的理论模型。正是在这里，我们一方面可以看到马克思哲学革命的深层逻辑展开，另一方面又可以看到这种展开呈现出的问题。而解决这些问题的钥匙，仍然在马克思的感性实践中。

由马克思哲学革命的逻辑展开展示的知识发展三阶段及具体机制，可以进一步看到展开马克思主义基本原理的内在逻辑的路径。

三、在历史整体进程中展开马克思主义历史理论

在马克思主义基本原理与中国具体实际相结合的进程中，越是核心的理论，对中国特色社会主义实践的意义越大。相应地，随着社会实践的发展，实践中出现的问题越多、越根本，越需要展开马克思主义基本原理的内在逻辑加以解决。正因为如此，马克思主义基本原理与时俱进的时代要求给马克思主义基本原理时代化提出了重要而迫切的任务。对于马克思主义基本原理研究来说，马克思主义基本原理时代化特别重要。而马克思主义基本原理的时代化，必须在历史整体进程中推进。从人和社会的需要和发展出发，整体理解历史进程，我们就能更好地展开马克思主义的基本原理内在逻辑。

作为前无古人的事业，中国特色社会主义实践必然遇到前人未遇到过的问题。这些问题既需要通过深入研究马克思主义经典作家的学说，更需要在历史整体进程中，通过将马克思主义基本原理时代化发展解决。只有在历史整体进程中进一步展开马克思主义基本原理的内在逻辑，中国特色社会主义市场经济中资本生产

方式所引发的一系列实际问题才能得到真正解决。

在资本主义社会中，资本生产方式的悖论在于：在残酷的市场经济中，资本必须最大限度追逐剩余价值，但这样一来又相应缩小了消费空间，从而形成相对过剩性经济危机。这就表明，生产力的进一步解放必须更自觉地从人和社会的需要和发展出发。

从社会历史整体进程看，物质生产、精神生产和人的生产是一个整体过程。在这一整体进程中，所有制不是简单的要么公有要么私有，只有财产在这个整体过程中为人和社会的发展发挥着积极的作用——不仅不导致劳动的异化，而且在推动人的发展方面起着重要作用，所有制才是适合生产力发展的所有制。从而不仅社会生产过程中的资本收益不是剥削，而且资本本身是社会有效生产的因素。同样，在这个意义上，剩余价值也就不仅仅意味着剥削。作为扩大社会再生产的部分，剩余价值生产更意味着整个社会生产的重要方面。

从狭义的“生产”看，生产力和生产关系的概念都是或主要是单纯的经济观点，只有把精神生产和人的生产与物质生产作为一个社会生产的整体理解，才可以看到作为人的生产的重要方面，“消费”就是一个至少与“社会物质生产”同样重要的环节。“消费生产着生产”就使“消费”成了一个比“生产”更高层次的社会活动，或者是整个社会生产的重要部分。“消费生产生产”就和“生产生产消费”构成一个良性循环。而这样的所有制和剩余价值都是增加劳动的量，提高劳动的质的重要力量。

正是在这个意义上，社会主义从人和社会的需要出发，就能将资本主义生产的高效和社会主义制度的公正很好地衔接起来，进一步展开马克思主义所有制理论的内在逻辑，达到社会生产整体理解中的社会效率和正义的统一。

在历史整体进程中，进一步展开马克思主义基本原理的内在逻辑，无论对于理论还是实践问题的解决都是至关重要的。在马克思主义时代化过程中，马克思主义基本原理研究承担着基础性的任务。面对原理与实践冲突的问题，马克思主义基本原理研究不仅不能回避，而且必须抓住问题。抓住这些问题，就是抓住马克思主义基本原理发展的机会。问题本身就是机遇，就是马克思主义理论发展的契机。在马克思主义基本原理研究领域，特别是在社会实践高速发展的时代，对一些前沿问题存在不同观点是理论发展非常正常的形态，不是这样反而不正常了。马克思主义基本原理研究应当突出问题意识，淡化体系意识；直面现实问题，解答实践问题。

马克思主义基本原理研究有一个重要任务，那就是支撑“马克思主义基本原理概论”课教学。而这门课的最重要功能是解释理论和实践问题，不解决问题远不只是课程边缘化，而是更根本地关系到中国特色社会主义事业。重大理论和实践问题特别是理论与实践冲突的问题得不到相应解释，甚至没有任何说法，这是在教学中不应当出现的现象。“马克思主义基本原理概论”课不能回避学生的问题。什么样的理论问题都应当可以给出解答，只要区分问题的性质，只要加强对马克思主义基本原理特别是其核心问题的研究。而无论对于马克思主义基本原理的核心问题，还是社会实践中出现的具体现实问题，都应当在历史的整体进程中、从人和社会的需要和发展出发进行研究。在历史整体进程中理解和推进马克思主义时代化，在历史整体进程中解决社会实践提出的理论问题，应当正是上海马克思主义基本原理研究进一步强化的方向。为此，总结上海马克思主义基本原理研究的上述三项进展，对于今后的研究当有特殊启发意义。

深入分析马克思主义所有制理论的新探索、剩余价值学说的新理解和劳动价值论的新刻画，马克思主义基本原理核心内容研究的三项进展在逻辑上具有系统性，其中有部分但还不完全是协同研究的成果。可以想见，如果加强上海马克思主义基本原理的协同研究，成效肯定更为显著。更为重要的是，协同研究更有利于在历史整体进程中对马克思主义基本原理内在逻辑的系统展开。本文既力图对上海学界马克思主义基本原理研究成果进行整合，更希冀为后续协同研究的开始做力所能及的工作。

作为中国特色社会主义的重要窗口，上海向来以制度优势构建改革开放新优势。上海的开发面向全世界，浦东成为“中国改革开放的象征”。上海学者有责任在上海实践的基础上，通过进一步加强协同研究，不仅探索中国特色社会主义建设的新经验，而且在对这些经验进行理论总结的基础上，在马克思主义基本原理层次提升，为整个中国特色社会主义发展提供借鉴和参考，在历史整体进程中进一步展开马克思主义基本原理的内在逻辑，为中国特色社会主义实践解决不断出现的实际问题，不断推进马克思主义时代化，推进经济、社会和文化等的全面协调可持续发展，同时在当代科技和社会发展中使马克思主义历史理论内在逻辑得以更充分地展开。

马克思之所以发动了哲学革命，就因为他的哲学出发点和最终目的从西方传统形而上学的抽象普遍性历史性地转向了对人类社会发展规律的具体探索，从而超越了自然和历史的对立。

第4章　超越自然和历史的对立

马克思主义以前的历史理论，未能对人类历史加以科学的说明，使人们迷失于自然和历史的对立，在历史领域长期处于云山雾海之中。马克思的哲学革命，为走出历史迷宫寻到了出发点。

一、走出历史迷宫

在谈到唯物主义历史观时，列宁曾经说过，以往的历史理论，只是考察了人们历史活动的思想动机，而没有研究产生这些动机的原因，没有探索社会关系体系发展的客观规律性，没有发现物质生产发展程度是这种关系的根源；他们总是从人们变动着的思想中寻求历史变动的最终原因，并认为在一切历史变动中，最重要的，能决定全部历史的是政治变动。但是对于更基本的问题，对于人的思想从何而来，政治变动的动因又是什么，却未加过问。从而不仅没有说明人民群众的活动，更没有以自然史的精确性去考察群众生活的社会条件以及这些条件的变更。而只是积累了片断收集来的未加分析的事实，描述了历史过程的个别方面。① 马克思和恩格斯也早就指出：

> 迄今为止的一切历史观不是完全忽视了历史的这一现实基础，就是把它仅仅看成与历史过程没有任何联系的附带因素。因此，历史总是遵照在它之外的某种尺度来编写的；现实的生活生产被描述成某种史前的东西，而历史的东西则被说成是某种脱离日常生活的东西，某种处于世界之外和超乎世界之

① 参见《列宁选集》第2卷，人民出版社1995年版，第425页。

上的东西。这样,就把人对自然界的关系从历史中排除出去了,因而造成了自然界和历史之间的对立。①

的确,过去的一切历史观,不是完全忽视了社会过程的经济方面,就是把社会过程的经济方面看作是与历史过程无关的因素。只有当马克思和恩格斯把目光投向社会实际生活,这一倾向才有了根本的改观。

当马克思和恩格斯从思想观念转向实际生活时,他们认识到,不能用精神的发展来解释自然界的发展,恰恰相反,要从自然界,从物质中找到对精神的解释,从经济关系及其发展出发理解政治及其历史。他们正是由此发现了唯物主义历史观。唯物主义历史观的创立使人们得以超越自然和历史的对立,走出历史的迷宫。

马克思和恩格斯把唯物主义运用于社会现象,实现了整个历史观的变革。他们证明:在全部纷繁复杂的政治斗争中,问题的中心无疑始终是社会阶级的政治统治,即旧的阶级要保持统治,新兴的阶级要争得统治。但是这些阶级的产生和存在,是由于当时存在的物质的、可以实际感觉到的条件,即该时代社会借以生产和交换必要生活资料的那些条件。封建统治依靠的是自给自足的小规模的农民公社的经济几乎所有消费品都是这种公社自己生产而公社中几乎没有交换关系,它们不具有民族的或者至少是政治的联系。当城市产生,而独立的手工业和最初在国内后来在国际上的商业流转也随之产生的时候,城市资产阶级就发展起来了,这种资产阶级早在封建社会中,就已经在反对封建主的斗争中争得了在封建制度内同样作为一个特权等级的地位。随着世界交往的不断扩大,资产阶级得到了一个广大得多的通商地区,从而也得到发展自己工业的新刺激;在一些最重要的生产部门中,手工业被已经具有工厂性质的工场手工业所排挤,而工场手工业又被大工业所排挤。大工业则反过来影响商业,排斥落后国家里的旧式手工劳动,而在比较发达的国家里,建设起现代的新式交通工具轮船、铁路和电报。这样,资产阶级日益把社会财富和社会权力集中在自己手里,虽然政权仍然操在封建主和贵族手里,它在长时期内还未能取得政权,但到了一定的发展阶段,它把政权也夺到手了,于是它对于无产阶级和小农说来就成了统治阶级。从这个观点来看,在充分认识了该阶

① 《马克思恩格斯选集》第1卷,人民出版社1995年版,第93页。

段社会经济状况的条件下，一切历史现象都可以用最简单的方法来说明，而每一历史时期的观念和思想也同样可以极其简单地由这一时期的生活的经济条件以及由这些条件决定的社会关系和政治关系来说明。

历史第一次被置于它的真正基础上，一个很明显而以前完全被人忽略的事实，即人们首先必须吃、喝、住、穿，就是说首先必须劳动，然后才能争取统治、从事政治、宗教和哲学等等，——这一很明显的事实在历史上的应有之义此时终于获得了承认。①

唯物主义历史观，为对各种社会经济形态的产生、发展和衰落过程进行全面而周密的研究开辟了道路。它把社会的矛盾运动归结为可以确切判明的社会各阶级的生活和生产条件中去，从而使人们在解释历史时避免了以往所难以摆脱的主观主义和武断态度，揭示了社会生产力的状况是一切思想的最终根源的事实。人们自己创造自己的历史，但人民群众的动机由什么决定，各种矛盾思想或意向间的冲突由什么引起，人类社会中所有这些冲突的总和究竟怎样，这些条件的发展规律又是怎样的，对于这些问题，马克思在《〈政治经济学批判〉序言》中都作了精辟而且是高度概括的回答：

法的关系正像国家的形式一样，既不能从它们本身来理解，也不能从所谓人类精神的一般发展来理解；相反，它们根源于物质的生活关系，这种物质的生活关系的总和，黑格尔按照公元18世纪的英国人和法国人的先例，概括为“市民社会”，而对“市民社会”的解剖应该到政治经济学中去寻求。人们在自己生活的社会生产中发生一定的、必然的、不以他们的意志为转移的关系，即同他们的物质生产力的一定发展阶段相适合的生产关系。这些生产关系的总和构成社会的经济结构，即有法律的和政治的上层建筑竖立其上并有一定的社会意识形式与之相适应的现实基础。物质生活的生产方式制约着整个社会生活、政治生活和精神生活的过程。不是人们的意识决定人们的存在，相反，

---

① 《马克思恩格斯选集》第3卷，人民出版社1995年版，第40—41页。

是人们的社会存在决定人们的意识。社会的物质生产力发展到一定阶段，便同它们一直在其中活动的现存生产关系或财产关系(这只是生产关系的法律用语)发生矛盾。于是这些关系便由生产力的发展形式变成生产力的桎梏，那时社会革命的时代就到来了。随着经济基础的变更，全部庞大的上层建筑也或慢或快地发生变革，在考察这些变革时，必须时刻把下面两者区别开来，一种是生产的经济条件方面所发生的物质的可以用自然科学的精确性指明的变革，一种是人们借以意识到这个冲突并力求把它克服的那些法律的、政治的、宗教的、艺术的或哲学的变革，简言之，意识形态的形式。我们判断一个人不能以他对自己的看法为根据，同样，我们判断这样一个变革时代也不能以它的意识为根据；相反，这个意识必须从物质生活的矛盾中，从社会生产力和生产关系之间的现存冲突中去解释。无论哪一个社会形态，在它们所能容纳的全部生产力发挥出来以前，是决不会灭亡的；而新的更高的生产关系，在它的物质存在条件在旧社会的胎胞里成熟以前，是决不会出现的。所以人类始终只提出自己能够解决的任务，因为只要仔细考察就可以发现，任务本身，只有在解决它的物质条件已经存在或者至少是在生成过程中的时候才会产生。①

正如列宁所说，历史唯物主义理论确实是天才的思想，它第一次使人们有可能极科学地对待历史问题和社会问题。一方面，它从探究像生产关系这样简单和原始的关系入手探讨和研究政治法律形式，发现了人的社会思想本身的起源，得出了思想的进程取决于事物的进程的唯物主义结论。另一方面，它把社会关系归结于生产关系，把生产关系归结于生产力的高度，从而成功地把社会形态的发展看作一个自然历史过程，使人们对社会历史的研究走上了科学的道路。

在这以前，社会学家在错综复杂的社会现象中总是难于分清重要现象和不重要现象的区别(这就是社会学中主观主义的根源)，找不到这种划分的客观标准。唯物主义提供了一个完全客观的标准，它把生产关系划为社会结构，并使人有可能把主观主义者认为不能应用到社会学上来的重复性这个一般来

① 《马克思恩格斯选集》第2卷，人民出版社1995年版，第32—33页。

> 说是科学标准，应用到这些关系上来。当他们还局限于思想的社会关系（即通过人们的意识而形成的社会关系）时，他们不能发现各国社会现象中的重复性和常规性，他们的科学至多不过是记载这些社会现象，收集社会素材。一分析物质的社会关系（即不通过人们的意识而形成的社会关系：人们在交换产品时彼此发生生产关系，甚至都没有意识到这里存在着社会生产关系），立刻就有可能看出重复性和常规性，把各国制度概括为社会形态这个基本概念。只有这种概括才使人有可能从记载（和从理想的观点来评价）社会现象进而以严格的科学态度去分析社会现象，譬如说，划分出一个资本主义国家和另一个资本主义国家的不同之处，研究一切资本主义国家的共同之处。①

正是对社会生活和生产条件的具体分析，对社会经济形态概念的确定，以及对社会形态的发展是一个自然历史过程的发现，才终于使人类历史云消雾散，呈现出清晰的逻辑；使人们得以在长期的摸索和迷失之后，终于找到走出自然和历史的对立，走出历史迷宫的路标。

二、人类历史的第一个前提：个人的存在

恩格斯在马克思墓前的演说中，曾经对马克思的功绩作过一个非常简要同时又极为朴素的总结：

> 正像达尔文发现有机界的发展规律一样，马克思发现了人类历史的发展规律，即历来为繁芜丛杂的意识形态所掩盖着的一个简单事实。人们首先必须吃、喝、住、穿，然后才能从事政治、科学、艺术、宗教等等。所以，直接的物质的生活资料的生产，对一个民族或一个时代的一定的经济发展阶段，构成基础。人们的国家设施、法的观点、艺术以至宗教观念，就是从这个基础上发展起来的，因而，也必须由这个基础来解释，而不是像过去那样做得相反。②

① 《列宁选集》第1卷，人民出版社1995年版，第8页。
② 《马克思恩格斯选集》第3卷，人民出版社1995年版，第776页。

这的确是一个再简单不过的事实：人们首先必需吃、穿、住……但它又是这样一个极为重要而又很容易为人们所忽略的事实：

> 全部人类历史的第一个前提无疑是有生命的个人的存在。因此，第一个需要确定的事实就是这些个人的肉体组织以及由此产生的个人对其他自然的关系。①

人作为有生命的存在物，具有能动的生命力。这种生命力作为欲望，作为需要，存在于人身上。因而人的生命力存在的第一个表现，就是人的需要。

人具有需要，因而人才进行有意义的活动，因而人才能创造历史。

关于人的需要，美国心理学家马斯洛的人本主义心理学仍然标志着这一领域的最新进展。他的需要层级理论，包含着使历史唯物主义研究进一步具体化的丰富养料。

马斯洛的需要层级理论，是很有价值的成果，只是他对需要的分类略显混乱。他的需要分类，可以纳入一个更合理的框架。从人的发展的观点看，人的需要应当分为生理需要、心理需要和精神需要三种。

诚然，人的需要是极为复杂的，在很多情况下，三种需要并不能决然区分开来。这是任何分类都不可避免的问题。而生理需要和精神需要的区分不仅有必要，而且是可能的。对这两种不同的需要做出必要的区分也有充分的根据，一个简单的事实是：动物不仅有生理需要，而且有心理需要，但动物还没有精神需要。只有人才有精神需要，精神需要是人类社会特有的产物。

人的生理需要是人的生理欲望或要求，是维持人的肉体生存的需要。人的吃、穿、住等的需要，是人最基本的生理需要，只有在这些需要得到基本满足的条件下才能维持人的肉体生存。这就意味着：人的生理需要的满足是人类历史的第一个前提。

马斯洛的动机理论表明，生理需要在人的所有需要中占据着绝对的优势。在具体生活中，如果一个人的所有需要都没有得到满足，那么与其他需要相比，生理

---

① 《马克思恩格斯选集》第1卷，人民出版社1995年版，第67页。

需要最有可能成为他活动的主要动机。一个同时缺乏食物、安全、爱和尊重的人，对于食物的需要最为强烈的可能性最大。如果所有需要都没有得到满足，并且机体因此而受生理需要的主宰，那么，其他需要可能会全然消失，或者退居幕后。在这种状态下，整个有机体的特点就是饥饿，因为人的意识会几乎完全被饥饿所控制，这时候，人的能力也都全部投入到满足饥饿的活动中去。感受器、效应器、智力、记忆和习惯等等，都可能仅仅是满足饥饿的工具。因而人的能力的发挥状态几乎完全为满足饥饿这一目的所决定。对于达到这一目的没有用处的能力会处于休眠状态或者被隐蔽起来。

当人们还处在发展的原始时期，人的需要还主要甚至仅仅表现为生理需要的时候，人的一切活动一般地说便都集中在生存的水平上。只要物质条件不容许人有从事其他活动的可能，人的更高级的需要就不可能产生和得到发展。事实上，即使在人的更高级需要得到一定发展的时候，当客观条件把人逼到只能维持生存的活动水平，已经得到发展的高级需要也不仅会受到影响，而且可能被改变甚至完全被压抑。马斯洛的研究表明，当人的机体被某种需要主宰时，人关于未来的人生观也有变化的趋势。对于一个长期极度饥饿的人来说，乌托邦就是一个食物充足的地方。他往往会这样想，假如确保他余生的食物来源，他就会感到绝对的幸福，并且不再有任何其他奢望。生活本身的意义就是吃，其他任何东西都是不重要的。自由、爱、公众感情、尊重、哲学，都被当作无用的奢侈品弃置一边，因为它们不能填饱肚子。可以说，这种人仅仅是为了面包而活着。

当个人的生存需要都处于匮乏状态时，“人只为面包而活着”就毫不奇怪。当然这只有在没有面包时才是事实。只有当面包充足，并且人们腹中长期有食时，即只有当个人的生存需要基本得到满足时，更高级的需要才会出现，机体才不会继续被生理需要所主宰，而是开始为新的更高级的需要所控制。当这些新的需要满足后，又有更新、更高级的需要出现。人类的基本需要正是由此构成一个相对的优势层级。

由此可见，对人的需要来说，满足和匮乏具有同样重要的意义。需要的满足将机体从相对更强的生理需要的控制下解放出来，从而允许更社会化的目标出现。生理需要以及它们的局部目的在长期得到满足时，就不再是行为的活跃的决定因素和组织者了。它们只是以潜能的方式存在，即如果遭受挫折，它们会再次出现，并控制机体。然而满足了的需要就不再是需要。“机体的控制者和行为的组织者只能是未满足的需要。如果饥饿得到满足，它在人的目的原动力中就变得无足轻重了”。① 因而一方面，只有个人的基本生理需要不断得到满足时，个人才能存在；另一方面，也只有在基本生理需要得到长期满足的条件下，人才可能发展更高级的需要，才可能进行超出维持个人生存需要的更高层次的活动。正是在这个意义上说，个人生理需要的满足，也就是说，个人的存在是人类历史的第一个前提。没有个人基本生理需要的满足，没有个人的存在，就不可能有人类历史。也正是由于个人基本生理需要满足的社会寻求，构成了人类的第一个历史活动。

三、第一个历史活动：物质生活本身的生产

人类历史的第一个前提，蕴含着人类的第一个历史活动。人为了生存所必须满足的基本需要的性质，意味着人并不是消极地“处在”某一种关系中，而是在积极地活动着，通过活动来取得一定的外界物，从而满足自己的需要。为了满足自己的需要，人必须到自然界去寻找现成的外界物，并占有它们，或者用在自然界发现的东西进行制造，即开始运用工具进行物质资料的生产。生产物质生活本身，正是人类的第一个历史活动。因此马克思和恩格斯指出：

> 我们首先应当确定一切人类生存的第一个前提，也就是一切历史的第一个前提，这个前提是：“人们为了能够‘创造历史’，必须能够生活。但是为了生活，首先就需要吃喝住穿以及其他一些东西。”因此第一个历史活动就是生产满足这些需要的资料，即生产物质生活本身。而且这是这样的历史活动，一切历史的一种基本条件，人们单是为了能够生活就必须每日每时去完成它，现在和几千年前都是这样。②

能够通过生产来满足自己的需要，正是人类与动物的本质区别所在。动物最

① 马斯洛：《动机与人格》，华夏出版社 1987 年版，第 44 页。
② 《马克思恩格斯选集》第 1 卷，人民出版社 1995 年版，第 78—79 页。

多是搜集,而人则能从事生产。“一当人开始生产自己的生活资料的时候,这一步是由他们的肉体组织所决定的,人本身就开始把自己和动物区别开来。人们生产自己的生活资料,同时间接地生产着他们的物质生活本身”。①

通过社会生产满足自己的需要,使人开始摆脱动物的生存境况。社会生产的发展,为整个人类开辟了广阔的前景,它在一定阶段上会达到这样的高度:能够不仅生产生活的必需品,而且生产奢侈品。虽然最初还只是为少数人生产,但只要社会生产不断发展,人类最初同动物一样所不得不进行的为生存而斗争,就必定会逐渐变成为享受而斗争。到了这个阶段,人们的活动也便不再是单纯为了生存资料,而是也为了发展资料。发展资料的获得,使人类进入了一个全新的境界。人类历史便自然而然地出现了一个新的事实:新需要的产生和发展。

四、人类历史的第二个事实:人的需要的发展

为了生存,人们必须通过社会生产得到基本的物质生活资料,而基本生理需要的相对满足,以及为了这种满足所进行的生产活动,必定促进人的发展。由于人的本性就是人的需要,人的发展最初就表现为人的需要的发展。因而人类历史的第二个事实是,已经得到满足的第一个需要本身、满足需要的活动和已经获得的为满足需要而用的工具又引起新的需要,而这种新的需要的产生是第一个历史活动。②需要的不断满足和新需要的不断产生,便构成人的需要的发展。

严格说来,人的需要是由于社会产生的,因此具有社会的性质,是一种类的需要。在社会生活中,一个人的需要可以用另一个人的产品来满足,反过来也一样;一个人能生产出另一个人所需要的对象,每一个人在另一个人面前作为这另一个人所需要的客体的所有者而出现,这一切表明,每一个人作为人超出了他自己的特殊需要等等,他们是作为人彼此发生关系的;他们都意识到他们共同的类的本质。③正是这种社会性,才使人类有了在简单的生理需要的基础上产生出复杂的心理需要和高级的精神需要的可能性。

① 《马克思恩格斯选集》第 1 卷,人民出版社 1995 年版,第 67 页。
② 《马克思恩格斯选集》第 1 卷,人民出版社 1995 年版,第 79 页。
③ 《马克思恩格斯全集》第 30 卷,人民出版社 1995 年版,第 197 页。

如果说，简单的心理需要只需简单的交往就可能产生，那么，复杂的心理需要和高级的精神需要就非有相应的社会条件不可。需要越高级，越是社会的产物。

从发生学的观点看，人的心理需要可以依次划分为安全需要、爱和感情的需要、归属需要，以及尊重需要等。

安全需要比较复杂，包括安全、稳定、依赖、免受恐吓、焦躁和混乱的折磨，对体制、秩序、法律、界限的需要，以及对于保护者实力的要求等等。这是在生理需要得到相对充分的满足后，紧接着出现的一整套新的需要。把它们归为安全需要类，只是大致的划分，事实上安全需要本身也可以相对于三种基本需要区分三个层次。

心理需要具有生理需要所具有的一切特点，不过不象后者那么强烈。它们同样可以完全控制机体，几乎可能成为行为的唯一组织者，调动机体的全部能力来为其服务。当某种心理需要控制机体时，我们可以将整个机体描述为一个寻求安全的体系，感受器、效应器、智力以及其它器官和能力则主要是寻求安全的工具。正如在饥饿者那里表现的一样。这个压倒一切的目标不仅对于他目前的世界观和人生观，而且对于他未来的人生观都是强有力的决定因素。在这种状态中，一切都不如安全重要，有时由于被满足而不再受重视，甚至生理需要都会被置于次要的地位。假如这种状态走向极端并持续得足够长久，那么处于这种状态中的人可以被描述为仅仅为了安全而活着。①

安全需要的范围是极为广泛的，从喜欢一种安稳的程序或节奏，到需要一个可以预见的有秩序的世界，都是安全需要的表现。从稚童到智叟，都需要一个有组织、有结构的环境，一个安全、可以预料、有组织、有秩序、有法律的世界。只有这种世界才不会发生出人意料、无法应付、混乱不堪或其它有危险的事情，因而是他们所可以依赖的。

在我们所处的世界上寻求安全和稳定，还有一些涉及面更广的努力。从生活中常见的对熟悉的事物或已知的事物的偏爱，那种想用某一宗教或者世界观把宇宙和宇宙中的人组成某种令人满意的和谐的和有意义的整体的倾向，多少都是出于对安全的寻求。甚至在某种程度上说，科学和哲学也可以部分地看作与安全需要的寻求有关。当然，科学、哲学或者宗教方面的努力同时还有别的促动因素。这

① 马斯洛：《动机与人格》，华夏出版社 1987 年版，第 44 页。

里表现了心理需要与精神需要的在需要发展过程中的密切联系。

当生理需要和安全需要都得到相当程度的满足，爱、感情和归属的需要就会产生。这种需要占支配地位时，会使个人空前强烈地感到缺乏朋友、心爱的人、妻子或孩子。也就是说，他一般渴望同人们有一种充满深情的关系，渴望在他的团体和家庭中有一个位置，他将为达到这个目标而做出努力。他将希望获得一个位置，胜过希望获得世界上的任何其他东西。他甚至可以忘掉，当他感到饥饿的时候，他把爱看得不现实，不必需和不重要了。此时，他强烈地感到孤独，感到在遭受抛弃、遭受拒绝、感到举目无亲、浪迹人间的痛苦。

尊重需要同情感需要几乎是同时产生的。社会上所有的正常人都有这样一种需要，希望人们对他们有一个稳定的、牢固不变的以及通常是较高的评价。这是一种自尊、自重和来自他人的尊重的需要。这种需要有两类，一类是对于实力、成就、优势、胜任、面对世界时的自信、独立和自由等需要；另一类是对于名誉或威信，即来自他人对自己的尊敬或尊重的欲望，以及对于地位、声望、荣誉、支配、公认、注意、重要性、高贵或赞赏等的需要。

自尊需要的满足导致一种自信的感情，使人觉得自己在这个世界上有价值、有力量、有能力、有位置、有用处和必不可少。然而这些需要一旦受到挫折，就会产生自卑、弱小以及无能的感觉。我们很容易明白拥有基本自信的必要性，并且能够理解为什么没有这种自信时人们会感到无依无靠。

精神需要是在心理需要的基础上发展起来的。它主要包括自我实现的需要、认知需要和审美需要等。

自我实现的需要是人对于自我发挥和完成的欲望，也就是一种使它的潜力得以实现的倾向。它是一个人越来越成为独特的那个人，成为他所能够成为的一切的需要。自我实现的需要，一般是在生理需要和心理需要得到满足的基础上出现的。这是一种在较低级的需要都得到满足的条件下，由于新的不满足和不安而迅速发展起来的一种更高层次的精神需要。在生理需要和心理需要都得到相对满足时，一个人除非正在以自己独特的方式干着他所适合干的事情，比如一位作曲家必须作曲，一位画家必须绘画，一位诗人必须写诗，否则他便始终无法安静。一个人能够成为什么，他就必须成为什么，他必须忠实于他自己的本性。这就是自我实现的需要。

认知需要是人不断了解、理解和解释自己身处其中的这个世界的欲望和要求。

这种需要不仅在人的幼年晚期和童年期就表现出来了，而且常常比成年期表现得更强烈。这是成熟的自然产物。

认知和学习的能力是人的一整套适应性工具，它们有满足我们的基本需要的作用。如果我们的基本需要遭到任何威胁，被剥夺或者被阻碍，甚至会对基本需要构成间接的威胁。这就是为什么人们总是有好奇心，总是有对于知识、真理和智慧的追求以及解释宇宙之谜的无穷欲望的原因。①

如果我们所获得的事实是孤立的或者原子式的，它们往往不能说明任何问题。要理解和解释它们，就要建构理论，因而就必须对它们进行分析和综合，这就是寻求意义的过程。人所具有的理解的欲望、系统化的欲望、分析的欲望、寻找联系和意义的欲望，以及创立一个价值系统的欲望……，这些都是人的认知需要。它们组成又一个层次系列，其中了解的欲望优先于理解的欲望。

认知需要对人的精神生活极为重要。当认知需要受挫折时，很有可能产生真正的心理变态。那些对生活失去热情，兴味索然，自我厌恶，压抑身体的功能，逐步破坏理性生活和各种趣味等变态现象，往往发生在感到生活乏味、工作枯燥的智者身上。而认知冲动的满足则能使人主观上感到满意，并且产生终极体验。在所有人的生活中，洞察都可能常常是一个令人感到欢快、幸福、激动的平台，甚至可能是人的一生中很高的一个平台。

基本认知需要的存在，可以从克服困难的现象，从那些一旦遭受挫折便会出现变态的现象，从一些跨人种、跨文化的普遍现象，还有那种虽然微弱但永不消失的持续的压力，个人早期历史上的自然产物，以及人们把满足认知需要作为全面发展人类潜力的一个前提等等得到说明。

审美需要则是人们感受美好事物的欲求。对于有些人来说，审美需要会表现得如此强烈，以致丑会以一种特殊的方式使他们致病，而身临美的事物则会使他们痊愈。他们积极地热望着，只有美才能满足他们的热望。这种现象几乎存在于所有健康儿童的身上。这种审美冲动可以在所有文化，所有时期，甚至在洞穴人时代找到证据。

审美需要与认知需要常常是重叠的。对秩序的需要，对称性的需要，完备性的

---

① 参见马斯洛：《动机与人格》，华夏出版社 1987 年版，第 51—54 页。

需要,行动完美的需要,规律性的需要以及结构的需要,都既是认知的需要,也是审美的需要。

由于人的需要的极端复杂性,不仅不同的需要会相互重叠,而且需要层级也可能相互颠倒。在一些天生具有创造性的人身上,创造驱力比其他任何因素都重要。他们的创造性并不是作为基本需要满足基础上的自我实现的表现,而是表现为基本需要的满足处于匮乏状态的自我实现。

尽管不同层级的需要会出现颠倒的现象,但人的高级需要总是建立在低级需要的基础上。人的需要总是由低到高顺序发展的。一个需要得到满足,这个需要本身便被平息,而一个更高级的需要便会产生。需要越低级,一方面越部位化,越可触知,也越有限度;另一方面要求满足的欲望也表现得越强烈,越不容易被剥夺。因而一个极为重要的事实是:低级的需要没有得到满足,高级的需要便不可能得到发展,甚至不可能产生。人的生理需要没有得到相对满足,心理需要和精神需要的发展就是一句空话。人的需要从低级到高级的不断满足,既是社会发展的结果,更是社会发展的原动力。

五、人类历史的第三种关系:人口生产

人口生产即人类自身的生产,它是生物学意义上的人种繁衍及人的身体素质和精神素质的生产,主要包括生育(生殖和养育)和形形色色的训练和教育等。

人口生产是人类历史的又一个基本前提。它和个人的存在,物质生活本身的生产以及人的需要的发展,构成社会活动的几个重要方面。这些方面不是人类历史的几个不同的发展阶段,而是从历史发展的最初时期起,在第一批人出现的同时出现的,而且一直到现在还同时存在着并仍然在历史上起着作用。

人口生产也是历史发展过程中一种重要的关系,马克思把它看作“一开始就进入历史发展过程的第三种关系”。它是“每日都在重新生产自己生命的人们开始生产另外一些人。即繁殖。这就是夫妻之间的关系,父母和子女之间的关系,也就是家庭。”①恩格斯则把人口生产看作历史中的一个决定性方面。当他谈到直接生活

① 《马克思恩格斯选集》第1卷,人民出版社1995年版,第80页。

的生产和再生产时指出：

> 历史中的决定性因素，归根结底是直接生活的生产和再生产。但是，生产本身又有两种。一方面是生活资料即食物、衣服、住房以及为此所必需的工具的生产；另一方面是人自身的生产，即种的蕃衍。一定历史时代和一定地区内的人们生活于其下的社会制度，受着两种生产的制约：一方面受劳动的发展阶段的制约，另一方面受家庭的发展阶段的制约。①

家庭是重要的社会关系，而且起初是唯一的社会关系。后来，由于社会生产的发展，其他更复杂更重要的社会关系得以形成，家庭逐渐变成从属的关系。因而马克思指出，生命的生产，无论是通过劳动实现的劳动者自己生命的生产，还是通过生育实现的他人生命的生产，从它出现时起，就立即表现为双重的关系：一方面是自然关系，另一方面是社会关系。社会关系的含义是指许多个人的合作，至于这种合作是在什么条件下、用什么方式和为了什么目的进行的，则是无关紧要的。由此马克思得出下述结论：

首先，一定的生产方式或一定的工业阶段始终是与一定的共同活动的方式或一定的社会阶段联系着的，而这种共同活动方式本身就是"生产力"；

其次，人们所达到的生产力的总和决定着社会状况，因而，始终必须把"人类的历史"同工业和交换的历史联系起来研究和探讨；

最后，人们之间一开始就表现出来的物质联系，是由需要和生产方式决定的，它的历史和人的历史一样长久；这种联系不断采取新的形式，因而就呈现出"历史"，它完全不需要有专门把人们联合起来的任何政治的或宗教的呓语。② 这样，在人类历史的研究中，生产关系就显得尤其重要。

六、人类历史的第四个方面：生产关系的形成

人的需要的发展，既是社会生产发展的结果，又是社会生产发展的原因。一方

① 《马克思恩格斯选集》第4卷，人民出版社1995年版，第2页。
② 《马克思恩格斯选集》第1卷，人民出版社1995年版，第80—81页。

面，社会生产的发展，人的需要的满足过程消费，极大地促进了人的需要的发展；另一方面，人的需要是社会生产的动因，人们之所以要进行物质生活本身的生产，是因为要满足自己的需要。正如马克思所指出的：

> 消费创造出新的生产的需要，也就是创造出生产的观念上的内在动机，后者是生产的前提。消费创造出生产的动力；它也创造出在生产中作为决定目的的东西而发生作用的对象。如果说，生产在外部提供消费的对象是显而易见的，那末，同样显而易见的是，消费在观念上提出生产的对象，把它作为内心的图像、作为需要、作为动力和目的提出来。消费创造出还是在主观形式上的生产对象。没有需要，就没有生产。而消费则把需要再生产出来。①

从人的需要的发展看，"需要是同满足需要的手段一同发展的，并且是依靠这些手段发展的。"②而从社会生产的发展看，生产又是随着人的需要的发展而发展的。当人们通过社会生产满足自己不断发展的需要时，人的需要便作为社会生产的动力起着决定性的作用。在社会生产中，它在一定程度上既决定人和物的关系，又决定人和人的关系。

人和物的关系，更确切地说人和自然的关系即生产力，是以生产工具为表征的。生产工具是人和自然关系必不可少的中介。

> 没有生产工具，哪怕这种生产工具不过是手，任何生产都不可能。没有过去的、积累下来的劳动，哪怕这种劳动不过是由于反复操作而积聚在野蛮人手上的技巧，任何生产都不可能。③

生产工具也是社会生产的时代特征。在人类历史的初期，除了经过加工的石块、木头、骨头和贝壳外，被驯服的，也就是被劳动改变的、被饲养的动物，也曾作为劳动资料起着主要的作用。劳动资料的使用和创造，虽然就其萌芽状态来说已为

---

① 《马克思恩格斯选集》第2卷，人民出版社1995年版，第9页。
② 马克思：《资本论》第1卷，人民出版社2004年版，第585—586页。
③ 《马克思恩格斯选集》第2卷，人民出版社1995年版，第3页。

某几种动物所固有，但是这毕竟是人类劳动过程独有的特征，所以富兰克林给人下的定义是"a tool making animal"，制造工具的动物。各种经济时代的区别，不在于生产什么，而在于怎样生产，用什么劳动资料生产。劳动资料不仅是人类劳动力发展的测量器，而且是劳动借以进行的社会关系的指示器。在劳动资料中，机械性的劳动资料，比只是充当劳动对象的容器的劳动资料，更能显示一个社会生产时代的具有决定意义的特征。①

人和人的关系，更确切地说人们在社会生产中结成的社会关系即生产关系，则是以生产力为表征的，其核心内容是对生产资料的占有。从归根结底的意义上说，人们的需要决定人们之间的关系，人类的社会需要就决定人们的社会关系。人类社会就是人类需求谋得的必然结果。而人类需要的谋求，又是通过社会生产进行的。

在社会生产中，人们不仅仅同自然界发生关系，他们还必须以一定方式结合起来共同活动并互相交换其活动，才可能进行生产。由此可见，正是为了进行生产，人们便彼此发生一定的联系和关系；只有在这些社会联系和社会关系的范围内，才会有他们对自然界的关系，才会有生产。他们相互之间发生的这些社会关系，以及他们借以互相交换其活动和参与共同生产的条件，是由生产力的性质所决定的。

总之，人们借以进行生产的社会关系，即社会生产关系，是随着物质生产资料，随着生产力的发展而变化和改变的。生产关系总合起来就构成社会关系，构成社会，构成一个处于一定历史发展阶段上、具有不同特征的社会。古代社会、封建社会和资产阶级社会都是这样的生产关系的总和，而其中每一个生产关系的总和同时又标志着人类历史发展中的一个特殊阶段。②

因此，道理很简单：

> 不论生产的社会的形式如何，劳动者和生产资料始终是生产的因素。但是，二者在彼此分离的情况下只在可能性上是生产因素。凡要进行生产，就它们就必须结合起来。实行这种结合的特殊方式和方法，使社会结构区分为各

---

① 马克思：《资本论》第1卷，人民出版社2004年版，第210页。
② 参见《马克思恩格斯选集》第1卷，人民出版社1995年版，第344—345页。

个不同的经济时期。①

正是对人类历史上的这些不同经济时期，以及它们相互交替机制的深入探讨，完成了把马克思主义决定论原则贯穿到社会历史过程的时代任务。

① 马克思：《资本论》第 2 卷，人民出版社 2004 年版，第 44 页。

第5章　马克思主义决定论：从自然到社会

马克思主义决定论，建立在因果关系深刻理解的基础之上。

一、恩格斯对因果关系的理解和因果结构

在《自然辩证法》一书中，恩格斯对因果关系曾经有一段深刻的论述。他指出：

> 相互作用是事物的真正的终极原因。我们不能比对这种相互作用的认识追溯得更远了，因为在这之后没有什么要认识的东西了。……只有从这种普遍的相互作用出发，我们才能达到现实的因果关系。①

从这段论述，不难理解原因和结果的简单结构和复合结构。

因素的相互作用构成一定的原因，它是一个过程。在这一相互作用过程中，每时每刻都伴随着一定的效应。由于因素的相互作用过程就是效应不断产生的过程，同时也就是其痕迹累积的过程，因而原因与结果的产生实际上是同一过程的两个方面。正是在这个意义上说，罗伯特·迈耶认为"原因即结果"的确可以看作是因果原理的最普遍的严格表述"。② 也正是在这个意义上，人们认为"因果不仅互为前提，不可分离，而且直接等同，因即果，果即因。"③原因和结果之间的联系，确切地说并不是一个过程，不存在孰先孰后的问题。因果结构的过程性，实际上是因素相

---

① 《马克思恩格斯选集》第4卷，人民出版社1995年版，第328页。
② 见罗森菲尔德：《因果性概念的演化》，《哲学与科学》1985年第1期。
③ 林永宽：《对因果定义和时间顺序性问题的探讨》，《贵州社会科学》1986年第8期。

互作用的过程性；而原因的能动性，则源于因素活动的始发性。原因和结果作为同一过程的两个方面，它们之间的联系是必然的；而因素和结果间的联系在描述主体看来则是或然的。

原因作为因素的相互作用过程，与结果具有确定不移的联系。只有这样，世界才是可以理解的。这一点，无论在爱因斯坦还是波尔看来，都是不容置疑的。爱因斯坦认为“思想的基础是信仰无限制的因果性”①，波尔则认为，大家都会同意牛顿所说的：“科学的终极基础是可以预期大自然在相同的条件下将给出相同的效应。”②这方面已越来越引起了学术界的注意。即使在非决定论思潮占主导地位的西方学术界，时至今日仍有人主张“全面回到因果关系古老的决定论观点”，③这绝不是偶然的。但原因和结果之间关系的必然性，并不意味着回到传统的机械决定论。原因和结果间联系的必然性作为我们把握客观世界过程的基本规定，只是对事物运动的决定性环节的一种抽象；而因素和结果间联系的随机性，则说明在主体看来，或然性是世界过程更根本的特性。也正是在这种理解的基础上，我们才能理直气壮地说，几率性并不取消因果联系，而机械决定论的“因果性”只是上述因果结构在极为简单情况下的一种特例。④

从上述因果简单结构，可以得到很有利于深入理解事物过程性质的因果复合结构：具体事物过程中实际上只存在一个因素相互作用对另一个因素相互作用的影响，而任何两个相互作用之间都并不是完全的原因和结果的联系，而只是一个相互作用所产生的某种结果，作为新的因素影响（而不是决定）另一个相互作用过程。而且，这种影响并不是以一个恒定的量贯穿于事物过程的始终的。任何一个因素，一个原因（相互作用）的结果，与其后续过程或结果之间的联系强度随过程的进行而递减。其递减率取决于所介入的新因素的数量和质量。在事物过程中有多种因素存在，这些因素对后续过程中的其他因素的影响与新因素加入的数量和所加入的因素的性质的差异成反比。因而，因果性并不意味着严格的决定论。它是事物过程中具有丰富内容的环节。

---

① 《爱因斯坦文集》第3卷，商务印书馆1977年版，第476页。

② Niels Bohr, *Atomic Physics and Human Knowledge*, John Wiley & Sons, New York, 1958, p9.

③ D.帕皮纽：《概率与原因》〔美〕《哲学杂志》1985年第2期。

④ 详见王天思：《试论因果结构兼评哥本哈根学派的因果观》，《中国社会科学》1991年第1期。

因果结构是我们理解和解决决定论和非决定论问题的基础。

二、决定性与非决定性

我们关于决定论和非决定论问题的讨论表明,“决定论”和“非决定论”这两个基本概念本来是彼此对立的,事实上常常不能加以必要的区分。它们不能用来适当地描述这个问题上的不同立场。这不仅是因为随着决定论和非决定论之争的发展,两种对立的观点在相互靠拢以致产生了许多中间形态的观点,而且还有其更深刻的认识根源。

决定论和非决定论问题所讨论的,是事物过程的性质。任何形式的“决定论”和“非决定论”都是人们对事物过程性质的一种看法或观点。它们是用来描述事物过程的性质本身的概念。用描述人们对事物过程性质的看法或观点的概念来描述事物过程的性质本身,不可避免地会造成这一领域的概念混乱。在这种情况下,人们既难以对事物过程的性质有一个科学的认识和清晰的表达,更不可能把对事物过程的认识和对事物过程的描述必要地区分开来,从而使问题的解决难以有根本的进展。

描述事物过程性质本身的两个基本概念,应当是“决定性”和“非决定性”。“决定性”和“非决定性”作为描述事物过程性质的基本概念,与“必然性”和“偶然性”同类而处于不同层次。“必然性”和“偶然性”描述具体事件发生几率的两个互补方面,而“决定性”和“非决定性”则具体描述客观过程中在先的事件与在后的事件之间的联系性质。这种联系既有确定性的一面,又有非确定性的一面;既有决定性也有非决定性,是决定性和非决定性的对立统一。因而,“决定性”和“非决定性”与“必然性”和“偶然性”一样,并不孤立地存在于事物过程中,它们都是人们对事物过程的特性进行概念分割的产物。只有采用“决定性”和“非决定性”这对概念,我们才可能理清决定论和非决定论问题争论的头绪。

决定论和非决定论都是对事物过程的决定性和非决定性及其相互关系的看法或观点。机械决定论观点只承认事物过程的决定性一面,认为在事物过程中根本不存在非决定性;统计决定论及其他属于温和决定论的观点都不同程度地承认事物过程既具有决定性的一面也有非决定性的一面(自觉或不自觉地)。但它们一般都强调决定性的一面，只是根据各自对非决定性一面在事物过程中的地位的不同认识而冠以不同的限定词。而一些所谓的“非决定论”，则侧重于事物过程的非决定性一面；其中有的是鉴于机械决定论的盛行而特意强调事物过程的非决定性一面，而不是要完全否定事物过程的决定性，愚蠢地违背客观现实和思维逻辑进行无效思索。

马克思主义决定论揭示了事物过程（尤其是社会历史过程）决定性与非决定性的对立统一。它既肯定事物过程的决定性，又不否认事物过程的非决定性，这种辩证观点是理解事物过程的决定性和非决定性关系的理论前提。而进一步的任务是使这方面的认识具体化，以揭示决定性与非决定性辩证统一的具体机制和形态。

三、从抽象对立到具体统一

只要对决定论和非决定论问题的研究作历史的考察，我们就会发现，人们对事物过程决定性和非决定性的认识，经历了一个从抽象对立到抽象统一的过程，并在开始寻求二者的具体统一。

认识客观过程中事物或现象之间相互联系的性质，是人们了解过去、认清现实和预见未来（不管在什么程度上）的基本前提。在这方面人们作了不懈的努力，正一步步逼近事物相互联系的真实图景。

人类试图把握事物过程的历史，而且一般地说，人类的发展史，就是自身从自然中争取自由的历史。人们对事物相互联系性质不断深入的认识正是这一历程的反映。从把简单力学条件下的因果决定形式绝对化的机械决定论，到引入概率概念的统计决定论；从认为现在由过去所严格决定，未来总是以某种方式包含在过去之中，到“一个偶然性的宇宙观念”①的形成，都反映了人类自身能力与大自然神秘力量对比的变化。

人类自身能力与大自然神秘力量对比的变化，是科学和社会发展的直接结果。科学和社会的发展，逐渐使人们在事物的变化发展过程中，感觉到越来越不可忽视的非决定性。到 20 世纪，量力物理学的发展给机械决定论原理带来了致命的冲击。

① 维纳：《人有人的用处》，商务印书馆 1978 年版，序言。

人们逐渐认识到，有许多事物的变化发展是真实的，但不是铁的必然性的结果，更不是预先决定了的。

在现代世界图景中，客观事物的变化发展过程无可置疑地存在随机性。机械决定论要求过去直线地、严格地决定未来，因而不能正确地说明复杂事物的演化。拉普拉斯的“全知精灵”，终究只是人类幼年的臆想，人们不仅不可能“把宇宙中最大物体的运动和最轻原子的运动都包括在一个公式里”，也未能把过去和未来都一览无余。然而，尽管机遇不仅作为物理学的数学工具，而且作为其部分经纬存在，却绝不能由此便否定事物过程的因果联系性和规律性，而得出世界是纯粹偶然的结论。正如波普所正确地强调的，把绝对的偶然性即完全无原因的行动作为根据，是得不到任何东西的。①

事实上，完全的非决定论是从来没有过的，这不是理智健全的人所会得出的结论。只是事物过程非决定性一面的发现和强调，在人们的观念上造成了决定性与非决定性的抽象对立。正是这种抽象的对立，使人们看到严格决定论和非决定论各自的片面性。无论科学的发展还是社会的进化都使人确信，在事物过程中同时存在着决定性和非决定性；或者说我们必须用“决定性”和“非决定性”去描述事物过程。任何形式的决定论和非决定论的对立都只是局部的。人们近年来对“决定论”和“非决定论”观点的各式各样的“综合”或“超越”，都是人们在以各种方式谋求二者的结合。在这方面，人们通过持续的努力取得了不少进展。一个越来越普遍的信念是：在事物变化发展过程中，决定性和非决定性是对立面的统一。

认识到决定性和非决定性在事物过程中是对立统一的关系，无疑是人类认识的一大飞跃。但是这种统一是抽象的。这种抽象的统一，还只达到了对事物过程决定性与非决定性的关系的一般认识。而对现实实践来说，光达到这种一般性的认识还不够。正如恩格斯在《反杜林论》中就“否定的否定”所说的：

关于大麦粒从发芽起到结了实的植株逐渐死亡的特殊发展过程，如果我说这是否定的否定，那么我什么也没有说。因为积分也是否定的否定，所以，我如果作出这种对立的论断，那只会肯定这样一个谬论：大麦植株的生活过程

---

① 参见洪谦主编：《逻辑经验主义》下卷，商务印书馆1984年版，第580页。

就是积分，或者，我也可以说这就是社会主义，……仅仅知道大麦植株和微积分属于否定的否定，既不能把大麦种好，也不能进行微分和积分，正如仅仅知道靠弦的长短粗细来定音的规律还不能演奏提琴一样。①

辩证法的基本原理是关于自然、社会和思维运动发展的最一般规律，它们是高度概括和抽象的，几乎不涉及任何具体条件。这些原理对于认识的进一步深化具有不可或缺的重要方法论意义，但它们不能代替对事物过程的具体认识（不是对具体事物过程的认识，那是具体科学的任务）。要深入认识客观过程中事物或现象之间的联系性质，要把握事物过程的根本特性，不仅要达到决定性与非决定性的抽象统一，还要达到二者的具体统一。而要达到决定性与非决定性的具体统一，则必须揭示决定性与非决定性具体统一的机制。

四、决定性与非决定性具体统一的机制

通过对因果结构的考察分析，我们看到事物过程的两个重要环节或方面：原因作为因素的相互作用过程，与结果具有确定不移的联系。有什么样的因素相互作用过程，就有什么样的结果。只要因素及其组合，以及它们的相互作用方式是确定的，结果便是确定的。而一定的因素进入相互作用，就意味着因素组合与相互作用方式的确定化。一定因素进入一定方式的相互作用，必定参与构成一定的原因，从而必定产生一定的结果。这是事物过程的确定性环节或方面。正是由于作为因素相互作用过程的原因与结果之间具有这种确定不移的联系，世界才可能为人类理性所理解。没有这种确定不移的联系，便没有科学，没有人类认识。但是，当因素尚未进入相互作用，而以潜在的形态存在时，它们并不构成现实的原因，不会引起现实的变化，而只是构成特定的可能性空间。潜在因素在进入相互作用之前，总是以一定的组合形式存在的。这种潜在因素的体系构成因素相互作用的可能方式和事物变化发展的可能趋势。在事物的具体发展过程中，因素体系构成的可能性空间中的诸多可能性，并不会随着因素进入相互作用过程而全部得以现实化，而是只

① 《马克思恩格斯选集》第3卷，人民出版社1995年版，第484—485页。

有某种可能性变成现实。在一定可能性空间中,到底哪一种可能性最终转化为现实,即究竟特定因素体系以什么样的方式进入相互作用,就主体看来,在进入具体的相互作用之前并不是完全确定的。因而,一定的因素与什么样的结果相联系,在它进入某一具体相互作用以前,具有一定范围内的或然性质。由于任何事物变化发展都是在一定的可能性空间中展开的,因而任何事物的变化发展过程在主体看来都具有这种或然性。或然性是一个可以用 0 和 1 之间的概率作表征的连续系列。这个连续系列由必然性和偶然性两个互补的方面构成。

总之,在具体事物过程中,原因和结果之间的联系是确定的,这是事物过程的决定性方面,而因素和结果间的联系则是非确定的,这是事物过程的非决定性方面,二者构成事物运动过程的决定性和非决定性的具体统一。现在,我们再进一步探讨这种统一的具体机制。

如上所述,一切事物都处在普遍的相互联系之中。处于普遍联系中的任何事物,都可以是一定原因的潜在的因素。这些潜在因素在没有进入相互作用以前,它们之间的关系构成特定的可能性空间。在可能性空间中,因素组合和相互作用方式不是完全确定的。也就是说,事物变化发展的趋势呈现出一种在一定范围内的或然状态。在这种状态中,一定因素将会与什么样的结果相联系不是完全确定的,取决于因素组合和相互作用的具体情形。换句话说,什么因素及其怎样参与从而构成什么样的相互作用,是随机过程,其中充满了机遇。但是另一方面,在一定的时空域中,作为潜在因素存在的事物,它们组成的体系,以及所构成的可能性空间却是相对确定的。在可能性空间中,所存在的各种可能性在任何特定瞬间都有确定的可能度。而且这些可能度随着因素(事物)进入相互作用的过程的推进(即可能性空间)收缩而不断变化。在可能性空间收缩进程中,随着因素组合关系的变化和一些新的可能因素的介入,一些可能性的可能度逐步衰减,其现实化的或然率向零趋近,而其中的某种可能性的可能度则不断增大,其现实化的或然率向 1 趋近。因素体系越接近特定的相互作用,事物过程越趋确定。这是一个事物过程确定化的进程。当因素体系进入具体的相互作用过程时,由于不可逆的相互作用造成因素在特定时空流中的"凝结",新因素介入的可能性随之消除,其组合和相互作用方式完全确定。结果是大多数可能性最后被排除,只有某种可能性得以现实化。在这一过程中,正如亚里士多德所言,每一种进化在展现某种潜在性的同时,"摘去了许多其他可能性的蓓蕾”①，特定可能性空间收缩成单一自由度的线性领域。事物过程的或然性则由于所构成的偶然性趋近于0、必然性趋近于1而变成完全的确定性，事物过程进入确定性的环节。这一过程表现为特定的因素相互作用造成既定结果，实现了事物一定形式的具体变化发展，并创造了事物后续过程的新的可能性和可能性空间。因而，因素的相互作用过程，就是事物的决定性过程。

由此可见，就一定因素体系中作为一定因素的事物怎样进入相互作用，即与什么样的其他因素具体结合在一起、从而构成一个怎样的具体相互作用而言；就直到因素的“凝结”都可能有新因素介入而言，事物过程是非决定性的。而就在特定时空域中，作为因素存在的一定事物所构成的可能性空间是相对确定的，其所包含的可能性在原则上是一定的，事物过程不可能超出这一可能性空间范围而言；就一定的因素进入相互作用必定构成一定的原因，从而必定造成特定的结果，也就是使事物过程确定化而言，事物过程又是决定性的。这就把单纯因果支配的世界和纯粹偶然统治的世界统一了起来。实际上，任何事物过程都存在这样两个不可分割的方面。它们共存于具体的事物过程中，构成事物过程决定性与非决定性的具体统一。这种具体统一的基本机制在任何性质的事物过程中都是一样的，只是由于不同事物过程所涉及的因素及其体系的复杂程度不一样，这种具体统一表现出不同的形态。

五、决定性与非决定性具体统一的形态

在上述考察中，我们始终把事物过程所涉及的因素体系看作类似质点的事物的简单组合，而实际上，因素及其体系可以是很复杂的。当我们把因素体系以及因素本身的复杂性纳入考察范围时，便可以看到在不同的事物过程中，决定性与非决定性的具体统一具有不同的形态。

由于所涉及的因素体系的复杂程度不一样，不同事物过程具有不同的性质。在简单的宏观因素体系中，由于体系及其所构成的内部关系极为简单，因素之间不

---

① 转引自贝塔朗菲：《一般系统论：基础、发展、应用》，中国社会科学文献出版社1987年版，第58页。

存在任何随机干扰,所有因素参与某一特定相互作用与否,以及采取什么样的相互作用方式,都是唯一的,从而是完全确定的。它们所构成的可能性只有一种,这种可能性的可能度恒等于1。此类事物的相互作用是线性的,其过程可以用线性方程加以描述。这正是"机械决定论"当作世界根本过程描述的情形。这种情形是事物过程决定性与非决定性具体统一的一种特殊形态。从原则上说,它只存在于相对封闭的理想经典力学简单体系中,在现实中往往只存在于条件严格控制的场合。在这里,人们之所以认为世界是严格决定论的,而没有看到事物过程非决定性的一面是因为把这种简单因素体系看作是封闭的,并且忽略了一些次要的因素。而事实上,一方面始终存在新因素介入的可能性;另一方面,其他被忽略的次要因素对相互作用的结果实际上具有影响,这种影响也会造成结果形态即事物过程一定的涨落,只是这种涨落可以有效地控制和消除,或者相对于人类认识和实践目的而言太微不足道,以致可以完全忽略罢了。而在复杂因素体系中,这种控制是不可能的,忽略也是不容许的。

在复杂的宏观因素体系如热力学体系中,由于因素体系的复杂性而存在随机干扰,在主体看来,因素的组合和相互作用方式便不是唯一的,而是存在多种乃至无数种可能性。这些可能性都有特定的可能度。在相似因素体系的多次可看作"重复"的相互作用过程,这些可能性以与自身可能度等值的几率得以现实化,从而使因素相互作用的总体效应在主体面前表现为统计性的。这则是考察多体问题(包括共时的和历时的两种情况,前者如气体压力,后者如掷骰子。)的经典"统计理论"所描述的情形。在这种描述中,事物过程的非决定性一面已隐约可辨,人们事实上以统计规律性的理论形态将主体眼里事物过程的非决定性一面考虑了进去,这也是相对于人类认识和实践的目的而不得不加以考虑的。只是由于经典统计理论仍然站在纯客观的立场上,认为多因素体系中的任何个体都仍然遵守动力学规律,这种过程的不完全确定性并不表明事物过程本身具有任何非决定论性质,而只是人们对事物过程缺乏深入了解的结果,因而尽管对复杂的宏观事物过程不能作严格的决定论的描述,但事物过程本身完全决定论性质的再次确认,使人们未能从描述论立场出发,看到事物过程的非决定性一面。

如果说,经典统计理论仍然使人们笼统地相信事物过程是完全决定性的而未能使人们从描述论的立场出发看到其非决定性的一面,那么,量力理论所描述的事物过程的统计性(机率性)，则不仅使人们不自觉地从主体的立场出发看到事物过程中的非决定性一面，而且使一些人，甚至是著名的科学家和科学哲学家怀疑以至否定事物过程具有决定性的一面，这是因为量子领域因素体系的复杂性不同于宏观领域。

在微观领域，所观测到的(确切地说是观测所介入的)任何因素体系都必须包括主体观测本身。主体观测不仅始终参与因素的相互作用过程，而且不同的观测会给整个因素体系的相互作用带来不同的影响，从而使相互作用的结果造成不可控制、更不可忽略的大改变，使其出现明显的涨落。正如波尔就电子行为所说的："对于原子中电子行为的任何观察，都会带来原子态的一种改变。"①正是这种对微观过程的观测干扰，使一些量子物理学家认为微观粒子具有不可区分性，单个粒子的行为特征是不可能识别的。在量子领域，单个事件的涨落是一种没有任何原因的纯粹机遇。微观粒子的运动不服从任何动力学规律。并由此认为决定论描述的真正基础消失了，微观领域的事物过程是非决定论的。这即是现代物理学中的所谓"非决定论"所描述的情形。

的确，由于对量子现象每个可确定的再分都要求改变实验条件，从而引起各个个体现象的出现，因而对量子现象的严格决定论描述便不可能了。但由此并不能得到微观领域事物过程完全非决定的结论，因为我们不能认为单个电子的运动是完全非确定的。即使从描述论的立场看，虽然我们可以认为微观粒子的运动是机率性的，也不能否定其决定性的一面。既然电子以某种方式运动具有一定的机率，它的运动便具有一定的确定性。即使我们可以断言"对微小的粒子这些物理客体来说，是没有决定性的"，我们也仍然可以同时肯定，"对它们出现的机率来说则是决定性的。"②问题的关键在于：几率性并不是纯粹的偶然性。机率性(或然性)是必然和偶然这两极间的一个连续系列。③ 几率并不意味着完全非确定，而只意味着非完全确定。一定的几率就意味着一定的确定性。以一定几率发生的事物过程，即有非决定性的一面，也有决定性的一面。因而，正是几率性标志着事物过程决定

① 波尔：《原子论和自然的描述》，商务印书馆1978年版，第57页。
② 玻恩：《我这一代的物理学》，商务印书馆1964年版，第121页。
③ 详见王天思：《必然性和偶然性：一个连续系列的两个互补方面》，《江西师范大学学报》1992年第3期。

性与非决定性具体统一的典型的形态。

事物过程中决定性与非决定性具体统一的形态不仅与因素体系的复杂程度有联系，而且与所涉及的因素本身的复杂性密切相关。

经典力学和量子力学都把作为因素的事物看作是某种类似质点的东西，这对于事物基本过程的描述是允许的，而且对于人类一定阶段的认识来说，也是不得已甚至必要的。但如果把这种描述绝对化，并附会于高级事物过程，就会走向极端。从描述论的观点来看，机械决定论的错误根源，除了把简单宏观因素体系当作世界过程的因素体系，还在于把所有事物过程的因素都看作是只具坐标和冲量的质点。而事实上，作为因素的事物可以看作随着事物的发展不断复杂化的系统。因素本身复杂的程度的增加，会相应使事物过程复杂化。正是因素本身复杂程度的不同，造成了自然过程和社会过程的本质差异。

在自然过程中，任何因素的活动都是盲目的、不自觉的。自然过程从根本上说总是盲目自发地进行着，事物的变化发展完全由被动因素的自发相互作用所推进。作为因素的事物越简单，发展阶段越低，越具有这种盲目、自发的性质。随着事物的发展，作为因素的事物由较低级的系统发展为较高级的系统。当自组织系统出现时，情况便有所不同。自组织系统作为因素，对其所处因素体系中的其他因素就具有不同于简单因素所能产生的影响。当自组织系统发展到具有自觉意识的人；当具有自觉意识的人作为因素参与相互作用时，情况便发生了根本的变化。具有自觉意识的人所参与的事物过程，与自然过程有本质区别。正如恩格斯所指出的：

> 在自然界中（如果我们把人对自然界的反作用撇开不谈）全是没有意识的、盲目的动力，这些动力彼此发生作用，而一般规律就表现在这些动力的相互作用中。在所发生的任何事情中，无论在外表上看得出的无数表面的偶然性中，或者在可以证实这些偶然性内部的规律性的最终结果中，都没有任何事情是作为预期的自觉的目的发生的。相反，在社会历史领域内进行活动的，是具有意识的、经过思虑或凭激情行动的、追求某种目的的人；任何事情的发生都不是没有自觉的意图、没有预期的目的的。①

① 《马克思恩格斯选集》第4卷，人民出版社1995年版，第247页。

这就使社会历史过程既有与自然过程相同的一面，同时又有完全不同的一面。事物过程的决定性与非决定性的具体统一，在社会历史领域也便表现出不同的形态。

六、社会过程中的决定性方面

从社会形态的发展是一个自然历史过程看，任何社会过程都具有与自然过程相同的决定性联系。这种决定性联系从三个方面加以说明。

首先，人类历史就是人们活动的历史，是人们按不同方向活动的愿望及其对外部世界的各种各样影响所产生的结果。就每一个具体的人来说，他的活动总是在追求他自己的、自觉期望的目的，却不管他所参与的历史过程的结局如何。因而从马克思的观点看，到他那个时代为止的整个历史进程都是不知不觉地完成的，也就是说，这些事件及其所引起的后果都是不以人的意志为转移的。历史事件的参与者要么直接希求的不是已成之事，要么这已成之事又引起完全不同的未预见到的后果。① 而在恩格斯看来，历史是这样形成的：最终的结果总是从许多单个的意志的相互冲突中产生出来，而其中每个意志，又是由于许多特殊的生活条件，才成为它所成为的那样。这样就有无数互相交错的力量，有无数个力的平行四边形，而由此就产生出一个总的结果，即历史事变，这个结果又可以看作一个作为整体的、不自觉地和不自主地起着作用的力量的产物。因为任何一个人的愿望都会受到另外任何一个人的妨碍，而最后出现的结果就是谁都没有希望过的事物。所以以往的历史总是像一种自然过程一样地进行，而且实质上服从于同自然过程一样的运动规律。在这一总的社会过程中，各个人的意志都达不到自己的愿望，而是融合为一个总的平均数，一个总的合力。诚然，这些意志决不是等于零，因为每个意志都对合力有所贡献，都包括在这个合力里面，包括在整个社会过程的交互作用中，但对于任何一个具体的个人来说，社会过程始终是一个自然历史过程。

其次，经济关系是社会历史的决定性基础。在整个社会过程的交互作用中，归根到底是经济运动作为必然的东西通过无穷无尽的偶然事件向前发展。这些偶然

① 《马克思恩格斯文集》第10卷，人民出版社2009年版，第691页。

事件的内部联系非常疏远和难于确定,以致不会引起人们的注意甚至看不到它们的存在,这就使社会过程总是显得十分复杂。但不管多么错综复杂,社会上层建筑归根结底总是决定于社会的经济基础,决定于社会的生产方式。恩格斯指出:

生产以及随生产而来的产品交换是一切社会制度的基础;在每个历史地出现的社会中,产品分配以及和它相伴随的社会之划分为阶级或等级,是由生产什么,怎样生产以及怎样交换产品来决定的。所以,一切社会变迁和政治变革的终极原因,不应当到人们的头脑中,在人们对永恒的真理和正义的日益增进的认识中去寻找,而应当在生产方式和交换方式的变更中去寻找;不应当在有关时代的哲学中去寻找,而应当在有关时代的经济学中去寻找。对现存社会制度的不合理性和不公平、对"理性化为无稽,幸福变成苦痛"的日益清醒的认识,只是一种征兆,表示在生产方法和交换形式中已经不知不觉地发生了变化,适合于早先的经济条件的社会制度已经不再同这些变化相适应了。同时这还说明,用来消除已经发现的弊病的手段,也必然以或多或少发展了的形式存在于已经发生变化的生产关系本身中。这些手段不应当从头脑中发明出来,而应当通过头脑从生产的现成物质事实中发现出来。①

综观人类历史,物质生活的生产方式总是制约着整个社会生活、政治生活和精神生活的过程。一切历史事变,一切观念变化的主要因素,都只能在一定历史时期的物质经济生活条件中才能找到。毫无疑问,任何形式的阶级斗争乃至社会阶级本身,都是历史的直接影响因素,但它们无一例外地都是生产关系和交换关系的产物,都是自己时代的经济关系的产物;毫无疑问,任何形式的政治、法律、哲学、宗教、文学、艺术等等,都会相互作用并对经济基础产生重大影响,但它们的发展始终是以经济的发展为基础的,它们的相互作用也始终是在经济必然性的基础上的相互作用。因而,每一个历史时期由法律设施和政治设施以及宗教的、哲学的和其他的观点所构成的全部上层建筑,归根到底都决定于这一时代的社会经济结构所形成的现实基础。也就是说,社会历史过程各个方面的相互作用,社会生活中的一切

① 《马克思恩格斯选集》第3卷,人民出版社1995年版,第740—741页。

现象，都决定于直接生活的物质生产，决定于现实的生产方式，决定于作为整个历史基础的经济关系。

再次，生产关系的性质决定于社会的生产力。马克思早就发现，自然界中的一切现象都决定于物质，同样，人类社会的发展也是由物质力量即生产力的发展所决定的。

如前所述，社会历史过程决定于社会的经济基础，决定于社会的生产方式。而生产方式又是生产力和生产关系构成的统一体。生产方式的变化发展，是生产力和生产关系相互作用的结果。在这个相互作用中，归根结底是生产力决定生产关系的性质。社会关系同社会生产的产品一样，也是人们生产出来的：

> 社会生产和生产力密切相连。随着新生产力的获得，人们改变自己的生产方式，随着生产方式即谋生的方式的改变，人们也就会改变自己的一切社会关系。手推磨产生的是封建主的社会，蒸汽磨产生的是工业资本家的社会。①

人们在生产人类必需的产品时彼此所发生的关系，以生产力的发展为转移。社会制度中的任何变化，所有制关系中的每一次变革，都是同旧的所有制关系不再相适应的新生产力发展的必然结果。生产力是社会发展的最终决定力量。

最后，人们创造历史的活动本身，决定于他所处的自然和社会环境。人们固然自己创造自己的历史，但是他们是在十分确定的前提和条件下进行创造的。这些前提和条件，包括政治、宗教甚至那些存在于人们头脑中的社会传统；包括前人遗留下来，决定着产品的交换方式和分配方式，决定着阶级的划分，决定着统治和从属关系等等的生产力要素；包括影响一个社会经济发展的地理基础以及一定社会所处的其他外部条件。

总而言之，归根结底物质生活本身的生产，是人类历史中最为重要的方面。没有物质生活本身的生产，就不仅没有人类历史的发展，甚至没有人类社会本身。在人类历史所涉及的所有因素中，物质生活本身的生产是决定性的因素。正如恩格

---

① 《马克思恩格斯选集》第1卷，人民出版社1995年版，第141—142页。

斯早就指出的:“历史中的决定性因素,归根结底是直接生活的生产和再生产。”①这也充分表明,任何社会过程都毫无疑问地具有决定性的一面。

社会历史过程即有决定性的一面,同时也有非决定性的一面。与自然过程相比,后者不仅在描述论意义上而言,而且是实在的,因为在社会过程中,作为描述主体的人是其中的主要因素。

人作为因素参与因素体系的相互作用,能根据自己的目的,通过对其他因素进行调节、控制和改造,影响包括自身在内的因素体系的组合和相互作用方式。而对因素组合和相互作用方式的有自觉目的的主动影响,就意味着在可能性空间中对诸可能性进行能动的选择。社会过程自身具有选择的机制,便使它成了与自然过程完全不同的选择的过程。这便是“历史选择论”所描述的情形。这种情形十分复杂,在此所要简单指出的是:社会过程中人的选择既不意味着对“自由意志”的肯定,也不意味着对客观过程必然性的否定,它只是表明决定性与非决定性的具体统一进到了一种更高级的形态。在这种形态的统一中,事物过程由自在的自然过程进到了自为的社会过程,出现了一种极为重要的新质:选择性。

① 《马克思恩格斯选集》第4卷,人民出版社1995年版,第2页。

第6章　历史的必然和人的自由选择

在选择性与决定性和非决定性之间,具有比几率性与决定性和非决定性复杂得多的联系。

一、从自由到选择

“选择”的观念无疑来自现实实践,但作为一种系统的思想,却最早形成于宗教学说中。《旧约》中就有关于人的选择的思想。上帝派他的使者先知带着三个使命:给人指示一定的目标;向人揭示他选择的结果;反对错误的决定。正是人,才能做出自己的选择。人可以做出选择,连上帝也不能挽救他。上帝所唯一能做的只是使人们面临各种基本的选择:生存和死亡。并鼓励他去选择生存。早期宗教中的这些关于“选择”的思想,在中世纪宗教哲学家托马斯·阿奎那(Thomas Aquinas,1225—1274)那里得到系统发挥,逐步形成了所谓“宗教选择论”。

阿奎那在人类认识史上第一个对“选择”作了较系统的研究。他探讨了三种不同事物的运动。一种是非生命物体的运动,其动因不是选择,而是由于其他事物的作用,如箭是被射箭人射向靶子的:一种是非理性动物的运动,这种运动产生于选择,但并不是自由选择,如山羊见了豺狼就逃,是出于一种判断,它认为狼对于它是有害的,这样的判断并不是一个自由的选择,而是由自然灌输的;还有一种判断则是具有理性的主体的行为,只有这种行为才能根据一个判断来行动,这一判断“在领悟好处的共同特征时是自由的,由此它可以判断这件事或那件事是好的。因此,

"哪里有理性,哪里就有自由选择。"①

阿奎那认为,追求自由是人的特点。人具有理性和自由意志,因而能自己选择自己的行为并对之负责。人在自己的行为中遵循理性的判断,因而知晓善恶,能自觉进行选择并做到操行善良。他认为人拥有自由选择的权利。否则忠告、规劝、命令、禁止、奖赏和惩罚均将毫无意义。自由选择是它本身运动的原因,因为人通过他的自由选择使自己行动。② 阿奎那还认为人负有自由选择的权利。他说,"指令和禁令只应当下达给那些能执行或不执行的人;否则令不行,禁不止,无济于事。但是禁令和指令却神圣地被加诸人类。因此,人便具有执行或不执行的力量。于是他就被赋予自由选择的权利。""谁也不应当因为他无能力去做的事情受到惩罚或得到奖赏。但是人因为自己的行为而受到上帝公正的惩罚和奖赏。因此,人可以做亦可以不做某事,于是他被赋予自由选择的权利。"③

在某种意义上说,宗教中的"选择论"思想,是通过莱布尼茨的逻辑导入哲学的。莱布尼茨(Gottfried Wilhelm Leibniz,1646—1716)在自己的哲学中引入了上帝的选择自由的观念,从而在自己的体系中容下了自由意志。罗素曾就此指出:"神的行为有同样一种自由。神永远怀着最良善的意图而行动,但是神所以如此并没受一点逻辑的强制。莱布尼茨和托马斯·阿奎那有同见,认为神不能做违反逻辑定律的行为,但是神能够敕命做从逻辑上讲是可能的任何事情。神因此便有很充裕的选择自由。"④莱布尼茨认为必然性"建筑于上帝之纯粹的理解之上",即出于上帝的绝对命令和安排,相反的东西不可能成立。而偶然性则"建筑于上帝的自由选择之上",上帝从多种可能性中自由地选择一种,使其变为现实。上帝在自由选择时,也遵循一定的规则,那就是从一切可能性中选取最好、最圆满的。

对人的选择的探讨与对人的自由的探讨是密切联系在一起的。哲学中关于"选择"的理论主要形成于西方人本主义学说中。人本主义哲学对人的自由的探讨,必然导致对人的选择的发现和研究。可以说,从人的自由到人的选择,是现代西方人本主义哲学研究的主要特点之一。

---

① Thomas Aquinas, Summa Theologica, Part I (Prima Pars),59,3.
② Thomas Aquinas, Summa Theologica, Part Ⅱ (Prima Pars),83,1.
③ Thomas Aquinas, De Veritate,XⅩⅨ,1.
④ 罗素:《西方哲学史》下卷,商务印书馆 1982 年版,第 111 页。

这里主要对 F. C. S. 席勒(Ferdinand Canning Scott Schiller,1864—1937)、让·保罗·萨特(Jean-Paul Sartre,1905—1980)和弗洛姆(Erich Fromm,1900—1980)三位代表人物的有关思想作一简要考察。

席勒是一个将人本主义赋予特殊含义的实用主义者。由于对自由的研究,他在人的选择自由,从而在决定论和非决定论问题上作过一些有益的探讨。他在《人本主义研究》一书中指出,我们的直接经验至少给我们呈现了各种选择道路和各种决择作用的现象,如果不信任这个现象,我们就会对我们的认识过程产生一种怀疑。我们将很难给它设立界限。因此,我们的直接经验清楚地提出了一个看来与决定论的假设不可调和的非决定的实在,而直接经验是不能否定的。因而实在的自由包括非决定性,人的自由为宇宙引入了非决定性。但是席勒又不同意非决定论的观点,认为如果我们承认非决定论,那将是致命的,随之而来的将是敲起天文学并且最后是一切科学的丧钟。因为这样我们是永远不得不面临着行星会不期而然地脱离轨道的偶然性,所以这个事件永远能否定我们最细心的计算和我们最有力的推断。当一切认识的基础都被弄得根本不可知的时候,再去努力认识任何事物都毫无用处。为此,席勒一方面极力反对一切被预先决定了的观点,认为这种观点把一个尽管有各种缺点却似乎是能塑造和可改进的世界变成了一个"任意地和过多地折磨着可怜无助的'有限'的存在物的绝望的地狱,这些有限存在物的劫数是永恒地预先注定了的!"这种观点为席勒所忍受不了。对他来说,宁可要一个被偶然性毁坏了的宇宙也不要这样的一种确定性。因为即使在那种情况下,"偶然"也意味着改进的偶然机会。另一方面,席勒又认为决定论是一个"科学的设准",它证明我们寻找特殊的规律并先验地拒绝把事件归之于无规律的和不能预计的偶然性的作法是正确的。科学之作为科学是离不开决定论这个设准的。但科学与自由并不矛盾,科学对一种关于自由的学说的异议要反对的是使事件变为不可推算的非决定论,而不是对自由本身的信念。因而,我们所要做的,就是去寻找一个允许我们推算"自由"事件的自由的概念,一个最后导致多重的可推算的各种选择的可能性的自由概念。①

要寻找这样一个自由概念,席勒认为既不能通过决定论,也不能通过非决定

① 参见 F. C. S. 席勒:《人本主义研究》,上海人民出版社 1986 年版,第 82—85,103 页。

论,而必须走它们以外的第三条道路。他是这样走的:决定论者主张事物的进程如果不是严格决定的,就必然是完全非决定的;如果不是绝对可推算的就是根本不能推算的。这种断言显然不妥,因为还存在这样一种情况:在这种情况下各种可供选择的进程似乎同样是可以推算的。并且,在这里我们遇到了这样一种性质,它实际上是非决定的,但是事实上它又可以用显得同样自由和同样可理解的各种可供选择的方法来加以决定,因此,决定论便被弄得莫衷一是了。通过驳倒这种理论所得出的结论,便不再是我们必须放弃推算和理解事物的过程。如果事物的本性致使事物在不同点上产生实在的各种选择道路的话,事物将会产生多重的可理解的可能性。在这些可能性之间的选择将构成一种真正的"自由",而不致带来决定论与非决定论同样会得出的可怕的后果。这样,我们就既不必推翻科学的祭坛,也不必把自己牺牲在这祭坛上:只要自然只有一个似乎是合理的、可理解的和可推算的进程,自由似乎便丧失了;当我们承认有两个或多个进程,这些进程由于同样自然和可推算而能够显得是可理解的话,自由便又重新得以树立。这样一来,我们便能满足可推算性的科学设准而不致否定我们的道德本性,似乎既需要又加以证实的选择道路的实在性。因为我们能够放心大胆地规定:决不会出现一个事件,在它已经发生后会显得与它的前提没有可理解的关系。因此,即使这个推论会有点虚幻,也可以认为事件是可以推算的。因为即使我们知道得足够多,以致可以把这个事件作为一个实在的可能性推算出来,我们也不能肯定真正会实现的真是这个而不是任何其他可能性。这样,决定论作为科学设准并未受到威胁。作为形而上学的信条,它像所有这类终极假设一样,自行归结为一个自由选择的问题。①

进一步,席勒还探讨了人的选择在事物进程中的地位和意义。他说,由于人具有在各种道路之间作选择的能力,事物的进程将必然按照人做这件事与否而有所不同,不管人之外的世界是完全决定性的还是具有某种自发的选择力量。在一组不变的前提中引进一个可变因素,其结果将必然有所不同。在一组自身即是可变的前提中引进另一个可变因素,即使原有因素竭尽全力理智地抵制这个因素的影响,从而得到一个不变的最终结果,这一进程的居间过程也会有所不同。因此无论在哪种情况下,都将有可供选择的多种历史进程,并且有一种实在的非决定性存在

① F. C. S. 席勒:《人本主义研究》,上海人民出版社 1966 年版,第 90—91 页。

于一个包含着自由动因的宇宙之中。在历史和现实中,人的目的在世上留下了印迹,就充分表明了这一点。关于人的选择活动在事物进程中到底具有怎样的地位和意义,席勒的下述五方面回答是很有意义的:

(1) 我们的主动性并非由于其不能控制宇宙中诸天体就必然是可以忽视的;

(2) 我们的兴趣主要限于地球的表面,这在我们能不能操纵宇宙天体这一点上毫不重要;

(3) 我们能够改变事物进程的程度取决于我们能够使事物成为可塑的以适应我们的目的的程度;

(4) 借助于大胆与研究工作,我们可能发现这个世界比我们过去敢于去设想的更有可塑性;

(5) 甚至开始时极小的选择上的差别也可能导致逐渐增长的分歧,并且最后构成一个我们能在其中平安生存的世界,这个世界与我们在其中被毁灭的世界之间的一切不同。①

席勒从主体与客体的关系角度,对人的自由选择及其在事物过程中的地位和作用问题作了十分有意义的探讨。但他只是就事物过程中诸多可能性的共存阐述了自主选择的客观基础,还没有从主体的内在可能性出发探讨选择的具体机制。这后一方面,我们可以在让·萨特(Jean-Paul Sartre)的存在主义哲学和艾·弗洛姆(Erich Fromm)的人本主义心理学中看到进一步的成果。

萨特也是从人的自由出发,对选择性进行研究的。他认为,人和物不同,物是自在存在,而人作为一种单纯的主观性的存在,则是一种自为存在。也就是说,人就其主观意识而言,是一种自为存在,其最大特点是"虚无",它不受包括自身在内的任何东西束缚,完全是自主的、自由的。人和物的一个重大区别是,对于物来说,本质先于存在,而对于人来说,则是存在先于本质。即是说,与物的本质不同,人的本质是人自己选择的结果。

人之初,空无所有,是无所谓本质的,因此不可能予以定义,他只存在着,没有任何规定性。只是后来,他按照自己的主观意志,经过自己的自觉选择才获得自己稳定的规定性,获得自己的本质。也就是经过生活中一连串的事件和遭遇,人本身

① F. C. S. 席勒:《人本主义研究》,上海人民出版社 1966 年版,第 96—97 页。

才变成某种东西。他或者成为一个无神论者,或者一个基督教徒;或者一个资本家,或者一个无产者。人是按照自己的意志而造成他自身,因而一个人不仅就是他自己所设想的人,而且是自己所志愿变成的人。人的本质由自己选择,人的未来是自己造就的,人的前途和命运是自己决定的。"人首先是一种把自己推向将来的存在物,并且意识到自己想象成未来的存在"。正因为如此,萨特把"存在先于本质"看作"存在主义的第一原理"。① 可能这只是一种情况。

既然存在先于本质,人们就无法用一个定型的现成的人性来说明的人行动,所以就"不容有决定论。人是自决的,人就是自由"。② 由于在萨特看来,人的自由就是"选择或否定选择的自主权",其基础是自我,而其目的则在自身,因而人的自由是绝对的。萨特论证说,在一个人愿意付出他的生命的前提下,不管前提和外部的决定条件怎样,每个道德的要求都是可能的,因为每个人最深刻的可能性在于他放弃自己的生命而服从一个道德命令。这样,一个命令就预定了一个人总是能面对一个以自己的生命为界限的因果系列而采取另一种行动方式。这个对外部决定因素的绝对拒绝,意味着承认行动者有一种内在的力量,这力量高于外部原因的力量,并决定着他的行为。③ 事实上,"自我"就是一种自主的、偶然的、能够自己安排自己命运的个人。它的根本特征在于其"自主性",即它的"意志的绝对自由"。有了自由,人才能在许多可能性中进行选择,创造自己的本质。而且,正因为人是自由的,人也必须进行选择。

萨特的存在主义是无神论存在主义。在这种理论看来,由于上帝不存在,人不再可能到客观理念或天国中去寻求自己的价值,也没有普遍的人性(因为没有一个能够产生人性概念的上帝),因而人必须借助自己的主观意志,在各种可能性中自己选择、自己决定。正是在这个意义上,萨特认为"事实上,我们就是进行选择的自由,并非选择自由的状态。我们被判处了自由这样一种徒刑"。④ 由此萨特把人对自己行为的自由选择的可能性看作人最重要的本性和人性最基本的事实。并从而极力倡导"自由选择"、"自由创造"。以致有人把"选择的可能性"看作是一个可以

① 萨特:《存在主义是一种人道主义》,《存在主义哲学》,商务印书馆 1963 年版,第 337 页。
② 萨特:《存在主义是一种人道主义》,《存在主义哲学》,商务印书馆 1963 年版,第 342 页。
③ 萨特:《决定论与自由》,《现代外国哲学》第四集,人民出版社 1983 年版,第 314 页。
④ 萨特:《存在主义是一种人道主义》,《存在主义哲学》,商务印书馆 1963 年版,第 342 页。

构成整个存在主义学说的课题。这个课题包括存在主义者们所提到的三方面内容：第一，选择无时不在，无处不在，人的一切行动都意味着选择；第二，选择没有先验的标准，尽管在人的许多行动中，选择是受标准支配的，但其所用的标准本身也是选择得来的，而对标准的选择并没有正当的理由；第三，人的选择无法用因果性来解释，没有任何客观必然性束缚人的自由选择。①

如果说，存在主义哲学家萨特只是抽象地对人的选择的自由进行了本体论的探讨，那么，人本主义心理学家艾·弗洛姆则对人的选择的主观结构进行了深入的研究。弗洛姆反对抽象地谈论人的自由，认为关于意志自由的传统讨论的错误之一，是习惯于说一般意义上的人的选择自由，而不是指具体的个人的选择自由。自由选择不是人们既可"有"，也可"没有"的一种形式上的抽象的能力；毋宁说，它是人的性格结构的一种功能。通过对人的性格结构的心理学考察，弗洛姆得出下述结论：人的行动总是由某些欲望引起的，这种欲望(通常是无意识地)在人的个性中起作用的力量。如果这些力量达到一定的紧张状态，它们就会变得如此强烈，以致于不仅能引起人的欲望，而且能使人听命于它们的摆布因此，人就没有选择的自由。但是，如果矛盾着的欲望在个性中有效地发生作用，人便是有选择的自由的。这种选择的自由为现实的可能性所制约，而那些现实的可能性又为整个形势所限制，人的自由表现为他在现存的现实可能性之间进行选择的可能性。从这个意义上来说，自由可以被定义为在认识选择及其后果的基础上的行动，而不是根据"对必然性的认识来行动"。由此可见，非决定论是永远不存在的；有时存在着决定论，有时存在着以认识这一唯一的人类现象为基础的选择论。也就是说，每一事件的发生都是有原因的。但是，在事情发生以前的总的原因中，可能存在着一些成为下一事件原因的动机。然而，哪一个是这些可能的原因中的有效原因，也许得依赖于人对那个决定时刻的认识。没有一件事情的发生是无缘无故的，但就"决定论"的最严格的意义而言，并不是每一事物都是被决定的。②

席勒、萨特和弗洛姆都是就人的自由论及人的选择的，而有些学者则进一步从社会历史角度探讨了人的选择的问题，提出了"历史选择论"的概念。早在七十年

---

① 参见：《近现代西方主要哲学流派资料》，商务印书馆1986年版，第209—210页。
② E.弗洛姆：《人心》，商务印书馆1989版，第131—132页。

代,匈牙利哲学家卢卡奇就从决定论角度对历史唯物论做出了自己的解释。他认为在历史实践的客观进程中,经济发展虽然是决定性基础,但与自然界不同,社会领域的任何决定作用实际上都是通过人的主动选择实现。“任何目的性的设置都是实践的主体在两种(或者更多的)可能性之间进行一种自觉的选择,结果是被选择的可能性通过特定的实践得以实现。”社会中发生的任何一种选择决定“都不是抽象逻辑意义上的、在真空(实际上是非决定)中的选择,而是在具体的,在自由经济发展所决定的具体可能性范围中的选择。马克思把选择决定看作是某种由社会存在的普遍存在方式所引起的现象。这个在《共产党宣言》中就已经表现出来了”。①

关于人的自由和选择的上述研究成果,为我们进一步探讨社会历史过程中人的处境和人的选择的地位创造了条件。

关于“选择论”,近来我国一些学者也进行了系统深入的研究。以下是具代表性的三种依次递进的观点。

有的学者指出,从总体趋势上看,现代科学思想是一种在或然性空间中选择的思想。这可以称这为“选择论”。这种选择论主要建立在由量子论确立的或然性思维方式和由系统科学确立的有机论思维方式的基础之上。或然性规律的确立,使人们认识到存在着一个和已有的客观世界结构观念迥然不同的新世界,即可能性世界,这些可能性的集合便构成一个可能性空间。在一定条件下,这种潜在的可能性进入具体的“时空流”,生成为现实性。这意味着在无限多可能的世界中选择了一个。所以现实性是某种选择的结果。有机的联系则是一种合乎目的的、有选择的联系,它在要素多种多样的可能的关系、组合中,选择这样一种关系或组合,使整合体能够协调、组织成为有序的整体,以此自我保持、发挥功能和发展。选择是复杂系统自身固有的行为。它是价值导引的合目的性和合规律性相统一的过程。选择是作用于或然性空间的一种限定,这种限定受到必然性的制约。因而,作为把握客观世界普遍规律的不同范畴体系,决定论和选择论是互相补充的。按照洞察对象、过程本质的深度,选择论高于决定论。

另一种观点把选择论看作是非决定论和决定论的新的综合。这种观点认为,

① 卢卡奇:《社会存在本体论导论》,华夏出版社1989年版,第16—17;276页。

选择起因于微观个别事物变化的随机性。选择伊始,在很多方面,随机涨落起着决定作用,系统可能向一系列方向发展。但随着系统的发展,机遇的作用越来越小,规律和类似规律性的东西的作用越来越大。当选择最后完成时,机遇的作用就丧失了。这时在宏观整体上会形成概率稳定的规律性,决定论的机制又占统治地位。因而,选择是以非决定论和决定论为始态和终态的相互转化的过程。如果说,非决定论是偶然状态的多样选择,选择就是从多样向单一转化的过程。

还有一种观点则认为,历史唯物论也可以归结为历史选择论,它既不是完全的决定论,也不是完全的非决定论;它既包含着决定性因素,也包含着非决定性因素。在人的社会活动中,原因和结果之间插入了目的环节。作为原因的社会历史条件只是决定了历史发展的若干可能性的总和,这个总和形成了历史必然性。而在现实中到底实现哪一种可能性,则是由人的主观目的决定的,这表现了人的历史偶然性。把二者统一起来的正是选择。因而历史选择论既是对决定论和非决定论的综合,又是对决定论和非决定论两极对立的超越。

二、人的自觉目的性和能动选择性

诚然,社会过程所涉及的因素极为复杂;而且,由于体系的复杂性,因素分类也必然是多层次的。但这仍然不影响我们认为:社会过程区别于自然过程的根本所在,是具有人这一重要因素。人作为社会过程的主要因素,具有其他因素所没有的诸多特点。其中最为重要的是自觉的目的性和能动的选择性。

目的性是发展到一定形态的系统所具有的基本特性,它反映了系统自身存在的需要。系统的目的性最初导源于其稳定性及自我保持的本性。

系统的目的对于系统过程有重要影响,它制约甚至控制系统的行为,使其趋于某一方向而同时排斥其他可能方向。系统的目的性使系统的当前行为在相当大的程度上受其所趋最终状态的支配,因而事物过程所面临的可能性空间中诸可能性被赋予以价值的属性。

系统实现一定的目的的手段是信息反馈,其机制则是自组织。系统的反馈和自组织能力是随着系统的发展而增强的。在无机界,系统的自组织能力很有限,而生物系统则具有无机系统所没有的环境适应和新陈代谢、自我更新的自组织能力。

但是,在具有自觉意识的系统出现以前,任何系统的目的都不是自觉的。只有处于复杂社会关系之中,高度信息化并具有自觉意识的人,才具有这种自觉的目的性。这使得人不仅具有高度自我调控的能力,而且能够引发、调控甚至创造其他因素,从而具有能动选择的能力。

具有能动选择能力的人作为事物过程的主要因素,使人所参与的事物过程具有选择性。这种选择性的存在,一方面由于存在具有选择能力的因素,另一方面也由于存在使选择得以进行的客观基础:呈现于主体面前的事物过程的或然性,为人的选择提供了无限多样的可能性。根据因果结构,原因的形成及其存在本身原则上是可控过程,在因素未进入特定的相互作用时促成或中断特定因素的相互作用,可以促使一定结果的产生,或阻止进一步结果的出现。通过改变因素的相互作用方式,可以改变原因的性质,从而得到不同的结果。在一定的可能性空间中,具有选择能力的因素可以通过对其他因素的组合及相互作用方式的调控,对事物变化发展诸可能性进行能动的选择,从而达到一定程度上对客观进程有效选择的目的。这种选择的可能性,随着人对客观世界认识的深化而不断增大。

能动的选择性作为有自觉意识的人所独具的重要特性,是随着系统自组织程度的提高而逐渐获得的。就广义的选择而言,系统具有目的性就意味着某种选择性的同时存在。无机系统具有寻求稳定和自我保持的定向选择以及对其他因素的抵制和反作用能力,而有机的联系本身就是一种有选择的联系。只是在低级系统中,这种选择不是基于自觉的目的,因而远不是能动的,严格说来还不是真正意义上的选择。有自觉目的的能动的选择,是具有自觉能动性的因素在一定体系中组合和相互作用方式多样化存在的基础上自主活动的必然特点,而自觉能动性则是自组织系统发展到具有自觉意识的人的产物。具有自觉意识"使人成了地球自然界所有系统当中独一无二的系统",他"可以同最不可几环境条件结合在一起,使人享有很好地进行选择的优势"。① 由于人具有选择的优势,人类历史便成了选择的历史;由于选择包含了创造,因而人类历史也是自我创造的历史。这一点与自然史完全不同。马克思早就指出,"人类史同自然史的区别在于,人类史是我们自己创

① 拉兹洛:《用系统的观点看世界》,中国社会科学出版社 1985 年版,第 865 页。

造的，而自然史不是我们自己创造的。”①马克思和恩格斯正是由此揭示了历史与人的活动的关系：“并不是‘历史’把人当作手段来达到自己——仿佛历史是一个独具魅力的人——的目的。历史不过是追求自己目的的人的活动而已。”②

只有人才创造自己的历史。而人们创造历史本身，又是一个不断发展的过程。在这一发展过程中，人们的自觉目的性和能动选择性在不断加强。恩格斯在其《自然辩证法》一书中对此有深入的研究。

恩格斯指出：

随同人，我们进入了历史。动物也有一部历史，即动物的起源和逐渐发展到现在这样的状态的历史。但是这部历史对它们来说是被创造出来的，如果说它们自己也参与了创造，那也是无意识的。相反地，人离开狭义的动物越远，就越是有意识地自己创造自己的历史，未能预见的作用、未能控制的力量对这一历史的影响就越小，历史的结果和预定的目的就越加符合。但是，如果用这个尺度来衡量人类的历史，即使衡量现代最发达的民族的历史，我们就会发现：在这里，预定的目的和达到的结果之间还总是存在着极大的出入。未能预见的作用占据优势，不能控制的力量比有计划运用的力量强大得多。只要人的最重要的历史活动，这种使人从动物界上升到人类并构成人的其他一切活动的物质基础的历史活动，即人的生活必需品的生产，也就是今天的社会生产，还被未能控制的力量的意外的作用所左右，而人所期望的目的只是作为例外才能实现，而且往往适得其反，那末情形就不能不是这样。

我们在最先进的工业国家中已经降服了自然力，迫使它为人们服务；这样我们就无限地增加了生产，现在一个小孩所生产的东西，比以前的一百个成年人所生产的还要多。但结果又怎样呢？过度劳动日益增加，群众日益贫困，每十年发生一次大崩溃。达尔文并不知道，当他证明经济学家们当作最高的历史成就加以颂扬的自由竞争、生存斗争是动物界的正常状态的时候，他对人们，特别是对他的同胞作了多么辛辣的讽刺。只有一种有计划地从事生产和

---

① 马克思：《资本论》第1卷，人民出版社2004年版，第429页。
② 《马克思恩格斯文集》第1卷，人民出版社2009年版，第295页。

分配的自觉的社会生产组织，才能在社会方面把人从其余的动物中提升出来，正像生产一般曾经在物种方面把人从其余的动物中提升出来一样。历史的发展使这种社会生产组织日益成为必要，也日益成为可能。一个新的历史时期将从这种社会生产组织开始，在这个时期中，人自身以及人的活动的一切方面，尤其是自然科学，都将突飞猛进，使已往的一切都黯然失色。①

随着科学技术的进步，人类活动及自身在活动中的发展使人类选择的可能性空间扩大。在人类选择的可能性空间不断扩大的同时，意味着会有越来越多历史过程的继承。

三、历史过程中的继承和选择

历史作为人的活动，意味着人的特性对社会过程具有很大的影响。由于作为社会过程主要因素的人具有自己的主观愿望和活动意志，或者说人的主观愿望和活动意志可以看作是社会因素体系中一定层次上的因素，因而社会历史作为有这些因素参与的相互作用的结果，在一定可能性空间范围内，即在其因素及其可能相互作用方式既定存在的条件下，可以说是以人的主观愿望和活动意志为转移的。或者，确切地说，人的主观愿望和活动意志通过人的能动选择对社会过程具有深刻的影响。正因为如此，从人类史是由人通过能动的选择创造的，是具有主观愿望和意志的人的活动本身看，社会过程毫无疑问具有某种非决定性（当然也是站在主体的立足点上说）。只是这种非决定性仅仅是社会过程的一个方面，由此并不能得出社会过程不存在决定性的结论。因为人在社会过程中的能动选择尽管是有主观愿望和意志参与的，但实质上仍然是与其他因素的相互作用，它不可避免地受制于参与相互作用的其他既定因素。

人在社会过程中有主观愿望和意志参与的选择或创造活动，是物质的以及建立在物质基础上的精神的活动。作为主要因素的人本身也是物质和精神的统一体，这就决定了人的活动与其所处因素体系中其他既定因素（即包括他人在内的外

① 《马克思恩格斯选集》第4卷，人民出版社1995年版，第274—275页。

部存在)具有不可分割的联系。对此,马克思主义经典作家这里有精辟的论述。

“人直接地是自然存在物。人作为自然存在物,而且作为有生命的自然存在物,一方面具有自然力、生命力,是能动的自然存在物;这些力量作为天赋和才能、作为欲望存在于人身上;另一方面,人作为自然的、肉体的、感性的、对象性的存在物,和动植物一样,是受动的、受制约的和受限制的存在物,也就是说,他的欲望的对象是作为不依赖于他的对象而存在于他之外的;但是,这些对象是他的需要的对象;是表现和确证他的本质力量所不可缺少的、重要的对象。”①

其次,虽然在任何情况下,个人总是“从自己出发”,但由于从他们彼此不需要发生任何联系这个意义上来说他们不是唯一的,由于他们的需要即他们的本性,以及他们求得满足的方式,通过两性关系、交换和分工等把他们联系起来,所以他们必然要发生相互关系。而且,由于他们相互间不是作为纯粹的我,而是作为处在生产力和需要的一定发展阶段上的个人而发生交往的,同时由于这种交换又决定着生产和需要,所以正是个人相互间的这种私人的个人的关系,他们作为个人的相互关系,创立了并且每天都在重新创立着现存的关系。他们是以他们曾是的样子而互相交往的,他们是正如他们曾是的样子而从“自己”出发,关于他们曾有什么样子的“人生观”,则无所谓。这种“人生观”总是由他们的现实生活所决定。显然,由此可以得出结论:

一个人的发展取决于和他直接或间接进行交往的其他一切人的发展;彼此发生关系的个人的世世代代是相互联系的,后代的肉体的存在由它们的前代所决定,后代继承着前代积累起来的生产力和交往形式,这就决定了他们这一代的相互关系。总之,我们可以看到,发展不断地进行着,单个人的历史决不能脱离他以前的或同时代的个人的历史,而是由这种历史决定的。②

① 马克思:《1844年经济学哲学手稿》,人民出版社2000年版,第105页。
② 《马克思恩格斯全集》第3卷,人民出版社1956年版,第515页。

总之,我们可以看到,发展不断地进行着,单个人的历史决不能脱离他以前的或同时代的个人的历史。而是由这种历史决定的。正是这种联系,构成了社会过程决定性的一面。

人的选择和创造活动与既定外部存在的有着不可分割联系,不仅表现在个人作为生物学意义上的存在物必然依存于物质生活条件,还表现在个人作为人类的成员必须彼此发生关系,而且在他的活动受制于从前人那里继承下来的社会条件,他的选择和创造是有限的。马克思指出:

> 人们自己创造自己的历史,但是他们并不是随心所欲地创造,并不是在他们自己选定的条件下创造,而是在直接碰到的、既定的、从过去承继下来的条件下创造。一切已死的先辈们的传统,像梦魇一样纠缠着活人的头脑。①

马克思和恩格斯进一步指出:

> 历史不是作为"产生于精神的精神"消融在"自我意识"中而告终的,而是历史的每一阶段都遇到一定的物质结果,一定的生产力总和,人对自然以及个人之间历史一形成的关系,都遇到前一代传给后一代的大量生产力、资金和环境,尽管一方面这些生产力、资金和环境为新的一代所改变,但另一方面,它们也预先规定新的一代本身的生活条件,使它得到一定的发展和具有特殊的性质。由此可见,这种观点表明:人创造环境,同样,环境也创造人。②

上述既定存在说明,人是所处因素体系中的一定因素。人作为社会过程的主要因素,是在与其他因素的相互联系中活动的,或者说人的活动就是与其他既定相关因素的相互作用。而由此创造出来的历史并不是孤立的人的活动的历史,而是人与其他因素相互作用的结果。在这个相互作用过程中,人作为社会历史过程的主要因素,不仅在一定的可能性空间范围内调节和控制其他因素的活动,而且他本

① 《马克思恩格斯选集》第1卷,人民出版社1995年版,第585页。
② 《马克思恩格斯选集》第1卷,人民出版社1995年版,第92页。

身的活动也受其他因素(包括他人)的影响和制约。正如马克思和恩格斯所说：

人本身是他自己的物质生产的基础，也是他进行其他各种生产的基础。因此，所有对人这个生产主体发生影响的情况都会在或大或小的程度上改变人的各种职能和活动，从而也会改变人作为物质财富，商品的创造者所执行的各种职能和活动。①

事实上，正如我们在第四章所谈及的，人们为了能够“创造历史”，首先必须能够生活，但是，为了生活，人们就必须吃、喝、住、穿，这是人类生存的第一个前提，也就是一切社会历史的第一前提。因此第一个历史活动就是生产满足这些需要的资料，即生产物质生活本身。正是在这个意义上，恩格斯认为历史过程中的决定性因素归根到底是现实生活的生产和再生产，即经济是社会历史发展的决定性因素。

正是认识到经济是社会历史过程的决定性因素，马克思和恩格斯才发现了历史过程的规律性。但经济因素并不是唯一的决定性因素，进一步的考察表明，社会过程是作为主要因素的人与社会过程中其他因素的相互作用决定的。马克思就认为，任何形式的社会都“是人们交互活动的产物”。② 恩格斯在 1890 年 9 月 21 日致希洛赫的那封著名的信中，也曾明确反对经济因素是唯一决定性因素的看法，认为社会历史过程表现为诸因素的交互作用，他写道：

历史中的决定性因素归根到底是现实生活的生产和再生产。无论马克思或我都从来没有肯定过比这更多的东西。如果有人在这里加以歪曲，说经济因素是唯一决定性的因素，那么他就是把这个命题变成毫无内容的、抽象的、荒诞无稽的空话。经济状况是基础，但是对历史斗争的进程发生影响并且在许多情况下主要是决定着这一斗争的形式的，还有上层建筑的各种因素：阶级斗争的各种政治形式及其成果——由胜利了的阶级在获胜以后确立的宪法等等，各种法的形式以及所有这些实际斗争在参加者头脑中的反映，政治的、法

① 《马克思恩格斯全集》第 2 卷，人民出版社 1957 年版，第 300 页。
② 《马克思恩格斯选集》第 4 卷，人民出版社 1995 年版，第 532 页。

律的和哲学的理论，宗教的观点以及它们向教义体系的进一步发展。这里表现出这一切因素间的相互作用，而在这一相互作用中归根到底是经济运动作为必然的东西通过无穷无尽的偶然事件（即这样一些事物或事变，它们的内部联系是如此疏远或者是如此难于确定，以致我们可以认为这种联系并不存在，忘掉这种联系）向前发展。①

由此可见，认为马克思主义社会历史理论是"经济决定论"，显然是一种误解。其原因之一是恩格斯早就提到过的由于当时在特殊情况下对经济方面的"过分看重"。恩格斯在同一封信中说：

青年们有时过分看重经济方面，这有一部分是马克思和我应当负责的。我们在反驳我们的论敌时，常常不得不强调被他们否认的主要原则，并且不是始终都有时间、地点和机会来给其他参与相互作用的因素以应有的重视。但是，只要问题一关系到描述某个历史时期，即关系到实际的应用，那情况就不同了，这里就不容许有任何错误了。可惜人们往往以为，只要掌握了主要原理——而且还并不总是掌握得正确，那就算已经充分地理解了新理论并且立刻就能够应用它了。在这方面，我是可以责备许多最新的"马克思主义者"的；而他们也的确造成过惊人的混乱……②

即使在今天，恩格斯的责备也仍然应当引以为戒。

四、决定性、非决定性和选择性

综上所述，社会历史与自然历史一样，都是诸因素相互作用的结果。在社会过程诸因素进入相互作用以前，它们所构成的是一个特定的可能性空间。只是在社会过程中，由于作为主要因素的是具有自觉意识和能动性的人，他们可以根据自己

① 《马克思恩格斯选集》第4卷，人民出版社1995年版，第695—696页。
② 《马克思恩格斯选集》第4卷，人民出版社1995年版，第698页。

的主观愿望，通过引发、调节、控制、改造甚至创造其他相关因素，从而通过改变因素的组合和相互作用方式，对可能性空间中诸可能性进行能动的选择。因而，就人可以根据自己的主观愿望和活动意志在可能性空间中对诸多可能性进行能动的选择，社会过程不是严格确定的，具有非决定性的一面。但就人们“是在十分确定的前提和条件下”活动、选择和创造而言，就人本身也是既定的存在而言，社会过程又是确定的，具有决定性的一面，正是这两个不可分割的方面构成了社会过程决定性与非决定性的具体统一。在这种统一中，选择具有独特的地位，它既反映了事物过程的决定性一面，又反映了其非决定性一面。

由于选择意味着既定事实或确定性因素的存在，它具有决定性的一面。人们诚然可以在一定程度上根据自己的主观愿望将这些确定性因素任意组合，以得到自己所希望的相互作用方式，从而得到所想得到的结果。但这一过程同时受着这些既定事实或确定性因素的制约，因为既定因素的组合和相互作用方式虽然不是单一的，但在原则上是一定的。而且，由于社会过程所涉及的有些因素具有很强的历史性，它们在很多情况下是没有选择余地的。譬如：

> 人们能否自由选择某一社会形式呢？决不能。在人们的生产力发展的一定状况下，就会有一定的交换[Commerce]和消费形式。在生产、交换和消费发展的一定阶段上，就会有相应的社会制度、相应的家庭、等级或阶级组织，一句话，就会有相应的市民社会。有一定的市民社会，就会有不过是市民社会的正式表现的相应的政治国家。……人们不能自由选择自己的生产力——这是他们的全部历史的基础，因为任何生产力都是一种既得的力量，是以往的活动的产物。可见，生产力是人们应用能力的结果，但是这种能力本身决定于人们所处的条件，决定于先前已经获得的生产力，决定于在他们以前已经存在、不是由他们创立而是由前一代人创立的社会形式。后来的每一代人都得到前一代人已经取得的生产力并当作原料来为自己新的生产服务，由于这一简单的事实，就形成人们的历史中的联系，就形成人类的历史，这个历史随着人们的生产力以及人们的社会关系的越益发展而越益成为人类的历史。由此就必然得出一个结论：人们的社会历史始终只是他们的个体发展的历史，而不管他们是否意识到这一点。他们的物质关系形成他们的一切关系的基础。这种物质关

系不过是他们的物质的和个体的活动所借以实现的必然形式罢了。①

由于人们可以对继承下来的社会条件进行改造,选择又具有非决定性的一面。人们虽然不能选择像生产力这样从前人继承下来的社会条件,但他们可以根据自己的意愿对它们进行一定程度的改造。正如马克思和恩格斯所指出的“历史不外是各个世代的依次交替。每一代都利用以前各代遗留下来的材料、资金和生产力;由于这个缘故,每一代一方面在完全改变了的环境下继续从事所继承的活动,另一方面又通过完全改变了的活动来变更旧的条件。”②例如,为了不致丧失已经取得的成果,为了不致失掉文明的果实,人们在他们的交往方式不再适合于既得的生产力时,就不得不改变他们继承下来的一切社会形式,一切旧的经济形式、一切和它们相适应的社会关系、曾经是旧社会的正式表现的政治国家等等。事实上,人们赖以进行生产、消费和交换的经济形式是暂时的和历史性的。“随着新的生产力的获得,人们便改变自己的生产方式,而随着生产方式的改变,他们便改变所有不过是这一特定生产方式的必然关系的经济关系。”③因此,从主体的立场看,选择也终究意味着多自由度、多种可能性的存在。人们可以在可能性空间中选择一定的可能性,并凭借自己的活动意志,通过自由度的控制收缩使所选择的可能性得以现实化,从而在不断更新的可能性空间中选择社会发展的具体途径。

选择是人作为主要因素参与相互作用的社会过程的一个重要环节,选择性本身在比几率性更高的层次上体现了决定性与非决定性的具体统一。

五、社会历史过程的规律性

规律作为对相似因素(事物)或其体系与其相互作用结果之间决定性联系的反映。④ 在不同事物过程中具有不同的特点,其原因有两个,一是不同事物过程所涉及的因素(事物)体系的复杂程度不同;二是不同事物过程中因素本身的复杂性,特别是

① 《马克思恩格斯选集》第4卷,人民出版社1995年版,第532页。
② 《马克思恩格斯选集》第1卷,人民出版社1995年版,第88页。
③ 《马克思恩格斯选集》第4卷,人民出版社1995年版,第533页。
④ 详见王天思:《在过去和未来之间决定性与非决定性》,江西人民出版社1993年版,第9章。

因素的个体性有很大区别。社会规律之所以不同于自然规律，根源就在于后者。

作为因素的事物可以是很复杂的，它们可以看作是随着事物的发展不断复杂化的系统。从自然界简单的原子到社会领域作为高度复杂自组织系统的人，事物的复杂程度和性质具有很大差别。事物(系统)越复杂，发展进化水平越高，个体性越强，而相互之间的相似性则越差。对于宏观主体来说，简单的事物(如原子)是没有什么个体性的，同类原子可以看作是完全不能区分的全同粒子，它们的特点及相互作用效应几乎没有个体差异。而人则与此不同，几乎每一个人都有自己的独特之处和个性，任何两个人之间都具有很大差别，他们的相互作用效应也因人而异。人的个体性极强，面对同样的环境，不同的人反映大不相同。在特定因素体系的相互作用过程中，作为因素之一的同类原子可以互换，而可以认为不影响相互作用的结果，但不同的人如果互换，则可能带来完全不同甚至相反的结果。在具体事物过程中，事物的这种区别无疑会使规律的形式更加复杂化。

如前所述，规律是对相似因素(事物)或其体系与其相互作用结果之间决定性联系的反映，这种反映应当是概括的。人们正是通过对特殊事物过程决定性联系的认识，概括出一般的规律性的东西。也正因为如此，人类认识才有一个从特殊到一般的过程。但概括作为对事物共同特点的抽象归结，其严密程度与其所概括的事物的复杂程度或个体性强弱密切相关。因为概括建立在事物相似性的基础之上，而事物之间的相似性是有程度差异的。的确，世界上不存在两个完全相同的事物。但没有完全相同的事物并不能否定事物之间的相似性。只是不同事物之间的相似程度有差异罢了。任何两个事物之间都存在某种层次上的相似性，因而对任何两个事物都可以做出概括的结论。事物越简单，个性越弱，这种概括的准确程度便越高；或层次越具体，而事物越复杂，其进化水平越高，因而个性越强，越有特点，这种概括的准确程度便越低，或层次越抽象。因而，规律的严格程度和具体程度，因所涉及的事物的复杂程度而异。所涉及的事物越复杂，个体性越强，过程的规律便越不严格或越抽象；反之，事物越简单，个体性越差，过程的规律也便越严格，越具体。正因为如此，才有所谓自然规律和社会规律的区别。

就具体事物过程而言，自然规律是对不包含具有自觉意识和能动性的人的因素或因素体系与其相互作用结果之间的决定性的联系的描述。由于在自然过程中，任何因素的活动都是盲目的，不自觉的，自然规律是自发地表现出来的。在自然界中，全是彼此发生相互作用的盲目的动力,而一般规律正表现在这些动力的相互作用中。①只是由于所涉及的事物的复杂程度不同,规律的严格性有一定的差异。由于所涉及的因素的个体性并不很强,自然规律一般是比较严格的,总是重复有效。

就具体事物过程而言,社会规律则是对人作为主要因素的社会过程中,通过人的主动选择作用而形成的因素或其体系与其相互作用结果之间的决定性联系的描述。在社会过程中,一方面,作为主要因素的人具有自觉的意识,不仅其活动具有目的性,而且由于具有能动性而能对其他因素进行调节、控制和改造,甚至创造出新的因素,从而能够对因素的组合和相互作用方式进行能动的选择,使社会过程成了与自然过程不同的选择的过程,社会规律也成了与自然规律不同的自为的规律。另一方面,人作为主要因素,是一个高度复杂的自组织系统,具有极强的个体性。由于社会过程具有比自然过程更为明显的时间性,相互之间的相似性较差或其层次较抽象,对他及其他因素所构成的体系与其相互作用结果之间的决定性联系所做出的概括往往不是很严密的,普适性较差。正是基于这种认识,一些西方学者倾向于完全否定社会过程的规律性。

诚然,随着事物的复杂化,规律的形态也会相应变化,社会过程的规律就与自然过程的规律有很大区别。在社会过程中,事物的质的多样性随着其发展而增加,以致在社会领域不能像在自然领域那样,可以把属于同类的每一事物大量非本质的特点加以抽象化,并把它们看作是同一的质。在社会领域,作为主要因素的是个人,而每个人都具有自己精神上和肉体上的特点,并呈现为特殊的质。不同的历史事件,不同社会集团之间在不同时期中的相互关系等等都同样是不可重复的。因而非函数的因果关系在社会中比在其他任何现象领域都更常见。但是根据由事物的复杂性带来相似性程度的降低,并不能得出社会过程不存在任何规律性的结论。如前所述:事物无论怎样复杂,相互之间总存在着某种层次上的相似性,而只要因素及其相互作用方式相似,总会发生类似的事情,得出类似的结果。只不过由于这种相似性随着事物的复杂程度的增加而更加抽象,由此概括得到的规律性认识不如简单情况下严密罢了。

事物过程存在某种规律性是毫无疑问的,因为任何事物过程都有某种程度的

---

① 《马克思恩格斯选集》第4卷,人民出版社1995年版,第247页。

确定性。但根据因果复合结构，事物过程的规律绝不是像一条铁的锁链那样贯穿于整个事物过程的东西，而只是事物过程中相续环节之间的决定性联系的反映。认为任何事物过程都是由一条或若干条规律支配的，规律似乎与事物过程具有某种重合性，这是一种根深蒂固的误解。

综上所述，世界上不存在两个完全相同的事物，也不存在两个完全没有相似性的事物。正是事物的相似性为人们通过概括从特殊认识一般提供了基础。只是由于事物间的相似性具有层次上的差异，因而据以得到的一般概括有具体和抽象之别。社会过程同自然过程一样，也具有规律性，只不过由于作为主要因素的人具有不同于自然因素的诸多特点，因而呈现出不同的形态。

六、自由是拥有选择的能力

在谈到历史的必然和人的自由时，恩格斯认为黑格尔第一个正确地叙述了自由和必然之间的关系，即自由是对必然的认识，必然只是在它没有被了解的时候才是盲目的。恩格斯由此引发出来，认为自由不在于从幻想中摆脱自然规律而独立，而在于认识这些规律，从而能够有计划地使自然规律为一定的目的服务。这无论对外部自然的规律，还是对支配人本身的肉体存在和精神存在的规律来说都是一样的。这两类规律，我们最多只能在观念中把它们互相分开，而不是在现实中。因此，“意志自由只是借助于对事物的认识来作出决定的那种能力”。[①] 这也就是说，自由是在对必然的认识的基础上拥有能动选择的能力。在这里，恩格斯从黑格尔的自由观即对必然的认识，进到了更高层次的认识。

拥有选择的能力，必须要有对事物规律性的认识作基础。没有对事物规律性的认识，就谈不上任何能动的选择。恩格斯进一步指出：

> 人对一定问题的判断愈是自由，这个判断的内容所具有的必然性就越大；而犹豫不决是以不知为基础的，它看来好像是在许多不同的和相互矛盾的可能的决定中任意进行选择，但恰好由此证明它的不自由，证明它被正好应该由

① 《马克思恩格斯选集》第3卷，人民出版社1995年版，第455页。

它支配的对象所支配。因此,自由就在于根据对自然界的必然性的认识来支配我们自己和外部自然;因此它必然是历史发展的产物。最初的、从动物界分离出来的人,在一切本质方面是和动物本身一样不自由的;但是文化上的每一个进步,都是迈向自由的一步。①

把自由看作在认识的基础上拥有能动选择的能力,我们对决定论和人的道德良心以及决定论与个人在历史上的作用的矛盾问题,就有了一个更有说服力的解释。在这一思想的基础上,我们就更好理解列宁的一段话:

决定论思想确认人的行为的必然性,摒弃所谓意志自由的荒唐的神话,但丝毫不消灭人的理性、人的良心以及对人的行动的评价。恰巧相反,只有根据决定论的观点,才能做出严格正确的评价,而不致把什么都推到自由意志上去。同样,历史必然性的思想也丝毫不损害个人在历史上的作用:全部历史正是由那些无疑是活动家的个人的行动构成的。②

所以,人的自由恰恰是在一个相对确定的框架内选择的能力。人的选择的能力集中表现在社会物质生产系统过程中人的选择的作用。

① 《马克思恩格斯选集》第3卷,人民出版社1995年版,第456页。
② 《列宁选集》第1卷,人民出版社1995年版,第26页。

第 7 章　社会物质生产的系统过程和人的选择作用

社会生产是一个大系统。这个大系统包含物质生产、人口生产和精神生产三个分系统。

物质生产即社会所需物质资料的生产，它是整个社会生产得以进行的基础。人口生产即人自身的生产，其产品是社会生产的主体，精神生产则主要是信息生产，它是通过人脑所进行的对自然界、社会以及思维的信息的开发利用活动，其产品是自然信息和人工信息。

物质生产、人口生产和精神生产作为社会生产大系统的三个分系统，虽然具有相对独立性，但从根本上说是密切联系、不可分割的，整个社会生产正是在这三个分系统的有机联系和相互协调下运转的。物质生产为自身以及人口生产和精神生产提供必不可少的物质条件，人口生产为自身及物质生产和精神生产提供生产主体，精神生产则为自身及物质生产和人口生产提供必要的信息。整个社会生产系统的正常运转，以三个分系统运转的动态平衡为必要条件，任何一个分系统运转失控，都会严重影响甚至威胁整个社会生产系统的正常运转，同时也会波及其他两个分系统功能的正常发挥。

我国社会主义初级阶段由于特定的历史条件，整个社会生产大系统的运转更突出地涉及三个分系统的相互协调问题。在这个特定的历史阶段，由于整个社会的物质生产水平较低，严重影响了精神生产的发展。而且反过来又使人口生产在数量上失控，在质量上达不到整个社会生产发展的要求，从而形成了一种恶性循环，限制了作为整个社会生产基础的社会物质生产的发展速度。

这里主要在三个分系统的相互有机联系中讨论社会物质生产的系统过程，文中凡未限定的术语均指社会物质生产系统而言。

一、生产力和生产关系概念的系统理解

任何概念都具有其历史性,这是由人类认识的本质所决定的。作为人类认识的工具的概念体系,这是一个不断进化的动态系统。人类对客体系统认识的深化,使相应概念不断完善和更新。

系统观点带来了人类认识方式的飞跃,它们为人类对自身社会生产认识的进一步深化创造了条件。

这里试图在把生产力和生产关系分别看作社会生产系统的功能和结构理解的基础上,对二者的相互作用机制作一新的探讨,以期为这方面的研究提供一条系统思路。

一方面,在社会生产系统过程中,现实的生产力作为生产系统要素相互作用的结果,表现为系统的整体功能。

生产力理论,是我国理论界研究较为活跃的领域之一。70 年代后期,在生产力要素论的基础上,提出了“生产力系统论”,这无疑是生产力理论研究朝系统化方向所迈出的重要一步,但也正如有人所指出的,①这一理论本身的非科学性也是显而易见的。

“生产力系统论”是把生产力要素直接系统化的结果。把劳动者和生产资料等实体要素所构成的系统当作生产力系统,这就明显把生产力实体化了。把生产力实体化,便会不可避免地导致一系列难以解决的理论困难。事实上,劳动者和生产资料要素所构成的,应当是生产系统而不是生产力系统。

“生产力系统论”把生产系统当作生产力系统描述从而造成生产力的实体化,并不意味着必须否定生产力的系统性。生产力作为生产系统的重要属性,其系统性正蕴含在生产系统中。

按照马克思的观点,社会生产是人和自然之间的物质变换过程。根据这种理解,可以把社会生产表述为人与自然之间物质、能量和信息交换的社会形式。这种交换过程的重要结果之一是自然界物质、能量和信息的不断开发利用。生产系统

① 张守民、郭宝平《“生产力系统”概念质疑》,《北京大学学报》1987 年第 1 期。

就是由作为生产主体的劳动者及其所开发利用的自然界物质、能量和信息所构成的系统。生产力则是这个系统为人类生存、享受和发展提供物质条件的综合能力。这种综合能力在生产过程中所显现的效用,即是生产关系的整体功能。由于生产力总是现实的,它只有在生产过程中才能得以表现,因而它总是表现为生产系统的总体功能。

另一方面,生产关系作为生产过程中人和人,物和物以及人和物之间关系的总体,即是生产系统的整体结构。

我们一般把“生产关系”归结为人们在生产过程中所结成的一种社会关系。应当说这只是狭义的生产关系概念。

生产关系概念应当有广义和狭义之分。广义的生产关系应该像这一概念所直观表明的那样,包括生产过程中生产要素之间以及要素群内部中所发生的一切关系。它不仅包括人和人之间(即劳动者之间),人和物之间(即劳动者和生产资料之间)的关系。严格地说,还应当包括物和物之间(即生产资料之间)的非技术性,甚至某些技术性关系,如生产布局和产业结构所涉及的生产资料之间的关系等。

广义生产关系的三方面基本内容是一个不可分割的整体,其核心是劳动者和生产资料之间的关系。它分别以劳动方式和生产资料所有制形式与生产资料之间的关系和劳动者之间的关系互相有机衔接。

生产资料间的关系是人与物关系的物质表现形式和基础。它表征着人对自然物质、能量和信息的开发利用程度及水平,其内容主要是生产资料之间的相互配套联系和作用方式,包括生产系统中物质要素的适应性及比例和规模等。

劳动者之间的关系则是人与物关系的社会表现形式。内容主要是在生产资料所有制基础上,人们在生产过程中的地位,以及产品的交换、分配和消费关系,也包括劳动生产组织和分工协作方式等。这种生产过程中的人与人关系即是狭义的生产关系。这种意义上的生产关系,只是整个生产关系的一部分,它只包含了生产系统中劳动者要素群内部间的关系的内容。而作为一个有机整体,广义生产关系应当包含生产系统要素群内部及其相互之间的所有关系,它应当是生产系统要素在数量上和时空上的整个关系体系。这个作为整体存在的广义生产关系体系,实际上就是生产系统的总体结构。

对生产力和生产关系的上述理解,无疑有利于进一步科学地揭示这对重要概念的内涵,在理论上具有许多优越性。其中最为明显的,就是为揭示生产力和生产关系相互作用的内部机制开辟了一条系统思路。

二、生产力和生产关系相互作用的系统机制

综上所述,在生产系统中,结构的内容即是广义的生产关系,而功能则是生产力在系统过程中显现的效用。因而生产力和生产关系在相互作用过程中便表现为生产系统的功能和结构的关系。

结构和功能的关系在自组织系统中具有特别重要的意义。按照系统论观点,任何系统都是结构和功能的统一体。结构是功能的基础或内在根据,功能则是结构的外在表现。结构和功能的关系在自组织系统中,不仅相互依存相互制约,而且相互转化。一方面,系统的结构制约着系统的功能;另一方面,功能是相对活跃的因素,是系统有序化进程的内在动力,它在环境影响下自身不断发生变化,而对结构起最终的决定作用。结构和功能是自组织系统演化的两条腿,它们的相互交替发展推动着系统的进化。

社会生产是一个自组织系统,其结构和功能的关系由于生产要素中劳动者的能动性而具有更复杂的内容。运用结构功能方法对生产力和生产关系的相互作用进行具体分析,可以揭示这一复杂过程的主要机制。

一方面,生产力对生产关系的作用是通过生产要素等中介进行的,这是一个间接然而能动的过程。

任何系统都是要素、结构和功能的统一体。在自组织系统的演化过程中,三者的相互作用构成从功能到要素再到结构,最后又回到功能的螺旋式无限上升循环。生产力对生产关系的作用是通过生产要素并以其作为中介进行的。生产力对生产关系的作用之所以是一个能动的过程,这一方面是因为系统功能比系统结构相对活跃,另一方面还由于这一过程赖以进行的中介本身具有能动性。

生产力作用于生产关系中介的能动性,集中体现在生产主体上,它使中介本身成为一个随着生产的发展而不断发展的关键环节。在简单社会生产条件下,生产力主要是以直接的形式影响生产要素,再由生产要素作用于生产关系的。随着社会生产的发展,生产力水平不断提高所提供的日益丰富的物质条件,促进了人口生

产和精神生产的发展。人口生产和精神生产的发展,则主要分别以教育和科学技术对生产要素发生积极的影响,从而极大地强化了生产力对生产关系的能动作用。

另一方面,生产关系总体作为生产系统的结构,使生产要素构成生产力,这是一个受动然而直接的过程。

毫无疑问,生产关系的发展归根结底是由生产力的水平和进一步发展的要求所决定的。但作为生产系统结构的生产关系是生产力的内在根据,它对生产力的变化发展具有直接的制约作用。

生产关系对生产力的作用机制是直接构成。生产关系的任何变化,都必然同时影响到生产力的状况。诚然,生产力是以生产要素的质和量为基础的,劳动者是生产系统的决定性因素,而生产资料则决定了劳动者的自然活动空间,及其与自然界物质、能量和信息的交流范围。但生产要素要构成生产力,必须有一定的结构,而且,在生产系统要素的质量和数量一定的情况下,生产系统的功能状态取决于其结构的优化程度。生产过程中表现出来的生产力生产系统整体功能的优化,有赖于生产系统结构生产关系的优化。从这个意义上说,虽然生产关系本身是受动的,但由于其直接构成生产力而对生产力具有决定性的重要意义。

生产关系对生产力作用的重要性,是随着社会生产复杂化程度的增加而增加的。当生产系统处于低质状态时,生产关系不复杂,生产力可以为生产要素的简单组合所决定。生产系统复杂化的增加,使生产的系统结构变得如此重要,以致它既可以使各生产要素的分功能得到最充分的发挥,从而创造出在质上大大优于要素功能的系统总体功能;从而为生产系统功能的演进创造了良好的条件,也可以使要素功能间发生相互抵消现象而使系统总体功能小于要素功能的总和;从而不仅会严重限制生产系统要素功能的发挥,使必须通过结构变化发生的系统进化难以进行,还会阻碍整个社会生产系统功能的正常演进,即阻碍生产力的发展。因而,优化社会生产系统的结构,是解放和发展生产力的重要措施。

在我国目前社会发展形势下,优化社会生产系统结构的根本措施是体制改革。改革就是调整生产系统的结构,使生产系统既有潜在功能得到充分发挥。因而改革也是解放生产力。

体制改革对于生产诸要素的合理结合,对于保证生产系统的高速运行,具有极为重要的作用。体制改革不仅是一场另一种形式的革命,而且是现代社会发展的经常性措施。它不仅要打破僵化的旧体制,充分调动劳动者的积极性,而且要优化管理。现代生产系统已发展为高度分工而又高度综合的有机整体,这种复杂系统在客观上要求具有完善的调控机制。由于社会生产系统总是处于运行状态,这种运行经常引起生产要素之间固有协调和平衡的破坏,固有平衡和协调的打破会降低生产系统的总体功能水平甚至使系统运转失灵。这些都需要通过生产管理来调控,需要人们根据生产系统总体结构运行规律的要求,对生产系统的结构设计和时序安排等进行统畴规划。通过协调生产系统过程中各要素的关系,使每一群体要素内部关系科学合理地组织起来,以达到生产系统的优化结构,从而使生产系统达到最佳状态,提高生产系统的功能水平。

由此可见,生产力和生产关系的相互作用机制实质上就是社会生产系统演化的主要内在机制。这种机制的深入分析,对于促进社会生产的发展具有重大意义。

诚然,社会生产是一个极其复杂的过程,远非以单纯的系统方法予以分析所能全面。但它终究是一个系统过程,因而通过这种分析又无疑可以得到一些有益的启示:

首先,社会生产系统的功能对其结构的作用必须经过生产要素这一中介,因而生产关系的性质不仅不可能超前于一定生产力的发展水平,而且必然存在滞后现象。只有生产关系的具体形式才可能出现这种“超前”,这是由于生产关系的具体形式不是由生产力直接决定,而是自觉不自觉地通过人为过程判定的。生产关系具体形式超前于生产力发展水平,也是不适合其实际内容的表现。生产关系是否适合生产力发展的水平和要求,不是生产关系具体形式的理想化程度问题,而是生产要素的结构优化问题。

其次,由于社会生产系统的功能对其结构的作用必须通过中间环节,必然产生时间滞后现象,使这一过程存在一个时间效应问题。为使生产系统功能对结构的作用尽快实现,尽量缩短生产关系的发展滞后于生产力发展的时间差,以加速生产发展的良性循环,应加强生产系统功能作用于其结构过程的优化控制问题的研究,以充分发挥这一过程中中介的能动性。

再次,社会生产作为一个有人参与的系统,管理在其结构和功能的相互作用机制中处于特别重要的地位。管理方法应产生于一定的生产力发展基础之上,与相应生产力发展水平相适应。应按生产力本身发展规律的要求制定具体管理方法,进行生产管理,用科学的管理方法调整生产关系,而不是让科学管理方法迁就不适合生产力发展要求的旧生产体制。

最后,由于生产系统的结构对其功能的作用是直接而受动的。因而一方面,对不适合生产力发展要求的生产关系的调整,能迅速有效地改变生产系统的整体功能,发挥更大的组织效应,直接推动生产力的发展;另一方面,生产系统结构的及时调整,是一个不可缺少的环节,这说明经济体制改革应是一项经常性的变革措施。但无论调整还是改革,都必须以生产系统的整体功能的优化为根本着眼点和指导原则,才能切实加速生产力和生产关系的良性循环,从而有效地促进社会生产系统的不断进化。

三、社会物质生产系统的发展及其功能状态

结构和功能是社会物质生产系统两个不可分割的基本方面。生产要素的结合形成生产系统的结构,而一定的结构必然具有一定的功能,研究系统的结构,归根结底是为了认识和改善系统的功能。

系统的功能是系统与外部环境相互联系和作用过程的秩序和能力。社会物质生产系统的功能,就是该系统进一步开发利用自然界物质、能量和信息的综合能力。

社会物质生产系统的功能主要由以下四方面所决定:

(1) 构成生产系统要素的性质。即劳动者的各方面素质,生产工具的特性,生产资源及生产信息的特点。

(2) 生产系统各要素的数量。即劳动者、生产工具、生产资源和生产信息分别作为群体要素的规模。

(3) 生产系统的内在结构。即劳动者,生产工具及生产资源等生产要素相互联系、相互作用的方式。

(4) 生产系统的具体环境。分自然环境和社会环境两方面。前者指的是可被开发利用的自然资源的特点;后者指政治、文化、宗教和习俗等,也包括由此造成的社会经济负担(过剩人口和人口老龄化等)。

由于我国社会主义初级阶段,直接由半封建半殖民地社会脱胎而来,也由于人

口众多国土辽阔，社会发展不平衡，生产要素在数量和质量上总的来说都比较落后，社会生产系统的结构也不尽合理，这些都严重影响了整个生产系统功能的优化。

在尚处于社会主义初级阶段的我国社会生产系统中，作为生产主体的大部分劳动者只能从事机械生产和手工业生产，能够与现代电子技术相适应的劳动者为数很少，只在少数尖端产业中存在，专门人才严重缺乏；在边远地区，甚至还存在从事猎狩采集的原始劳动者。与此相应，以机器为主要特征的工具虽然占有一定比重，但就整个生产系统的要求而言，数量远远不能满足进一步发展的要求。交通、通讯等基础设施和原材料供应都不能适应发展的需要。以电子技术为标志的现代工具更是不足，在广大农村甚至部分城市，大量存在的是以金属工具为主的手工工具，甚至存在未被金属工具取代的粗糙的石刀、石斧、石矛、棍棒。在生产系统的环境方面，自然资源虽然丰富，品种也较齐全，但除煤炭以外的多数资源，包括可耕地资源、森林资源、水资源和矿产资源，人均占有量并不大，且分布很不均匀；更为严重的问题在于过多的人口负担，由于没有及早重视计划生育，过剩人口和人口的社会化为生产系统功能水平的提高带来特殊困难。据统计，直到20世纪末，我国人口中文盲仍占28%，70%的劳动力集中在以手工工具为主的农村，全国四分之三的劳动力从事手工生产，他们只创造三分之一的工农业总产值。在生产系统结构方面，不仅因为劳动者素质差，生产工具落后，生产要素间的组合方式极为简单，而且由于传统文化和旧的习惯势力的影响，思想趋于保守，生产体制僵化，管理被动，缺少及时调整生产系统结构的合理机制，致使生产要素的功能没有得到充分发挥，甚至相互冲突和抵消，这些都严重影响了生产系统功能水平的提高。

要改善我国社会主义初级阶段生产系统的总体功能，首先必须调整生产系统的结构，使生产系统现有的潜在功能得到发挥。这方面，除了进行所有制改革，以改变目前生产要素性质与生产资料所有制不相适应的状况，改变不合理的分配制度和纠正不同性质劳动者在生产系统中地位不合理的现状，还必须使生产管理科学化，使改革溶化在具体的生产管理过程中，从而变成经常性的社会措施。

在生产系统要素的质量和数量一定的情况下，生产系统的功能状态，决定于其结构的合理性程度，结构优化是功能优化的基础。优化生产系统的结构的重要环节是生产管理，生产管理对于生产诸要素的合理结合，以及保证生产系统的正常运行，具有重要作用。

现代的生产系统已发展为高效分工而又高效综合的有机整体，这种复杂系统客观上要求具有完善的调控机制。一方面，生产要素的最初结合需要管理来进行；另一方面，由于这个系统总是处于运动状态，而运动经常会引起生产要素之间固有协调和平衡的破坏。固有协调和平衡的打破，又会降低生产系统的总体功能水平，甚至使系统运转失灵，因而生产过程总是需要通过生产管理来不断调节。需要人们根据生产要素总体结构运动规律的要求，对生产系统的结构设计和时序安排等进行统筹规划，以协调生产系统过程中各要素的关系，并使每一群体要素内部关系科学合理地组织起来，以达到生产系统的优化结构，从而提高生产系统的功能水平。

随着现代生产系统的发展，现代生产管理正日益趋向自动化和科学化。这是科学技术不断为生产管理提供物质技术手段以及具有先进管理技术的管理人员自觉运用科学的原理和方法的直接结果。在现代管理中，管理水平的高低，完全取决于科学在生产管理中的应用程度和管理人员的素质。

科学技术和具有现代管理知识的管理人员是现代化生产中有效管理的两大要素。因而物质生产系统功能的发挥程度，与精神生产和人口生产两个分系统密切相关。

精神生产分系统不仅通过科学技术为生产管理提供全新的手段和方法，而且通过对生产要素的影响直接促进物质生产系统功能水平的提高。

以科学技术为标志的精神生产对物质生产系统功能的影响，最为重要的两个方面在于：革新改造旧的生产工具，使人类智慧的因素以信息的形式更多地凝聚在新生产工具上；以及物化为劳动者的技能和技术，再通过人的精神世界物化为人的脑力。日益更新的生产工具在更深层次上把自然界物质、能量和信息加以开发利用，而且使劳动分工不断细化，从而加强了生产系统整体的有机性质，提高了物质生产系统的功能水平；在劳动者要素所发挥的主要是脑力的现代生产系统中，精神素质高的劳动者，对于提高物质生产系统的功能水平，无疑是极为重要的。此外，精神生产还可以促进生产工艺的进步，为新工艺和新材料的发现和利用创造条件。

精神生产对物质生产系统功能状态的上述影响，都是直接或间接地通过人口生产，尤其是现代教育的形式进行的。

人口生产不仅通过对人口数量的有计划控制，使其增长与物质生产系统的性质和规模相适应，避免过剩人口给物质生产系统功能水平的提高造成困难，更为重要的是主要以各式各样的教育造就出合乎生产发展要求的劳动者，使劳动者在德、体、美尤其是智能方面能得到尽可能充分的发展。

教育是人口生产的重要环节，它是改变劳动者性质，提高劳动者素质的基本手段。劳动者作为生产系统的要素，其功能主要取决于其劳动能力，即其智力和体力的总和。而影响劳动者的智力和体力的，除了最的基础劳动者的天赋外，决定性的因素就是他所受的教育。可以说，劳动者的素质，基本上就是教育的结果。

在现代生产系统中，对劳动者的智力要求越来越大于对体力的要求，现代科学技术知识的作用明显比一般传统的经验和技巧的意义更为重要。在这种情况下，一个劳动者如果不具备系统的现代科学技术知识，就不能很好地与生产系统中物的要素相结合，甚至根本不能进入生产系统过程，因而教育是提高生产系统功能水平的重要条件。

据有关资料，一个小学文化程度的劳动者，只能适应于小生产手工劳动，一个中专毕业生只能适应于机械化大生产，而现代电子计算机控制的大生产，则需要相当于大专毕业的专业人员。国外有关统计表明，小学毕业水平的工人只能提高劳动效率 43%，中学毕业的工人能提高 108%，而大学毕业的则能提高 300%。

社会生产、科学技术和教育的发展是相辅相成的。一方面，生产系统功能水平的提高需要教育。高效能的生产工具等其他物的要素是靠积累起来的知识创造出来的，教育把前人的知识传递给后代，一代一代地积累起来，并使之不断物化为新的生产工具。生产工具的发展，又对劳动者的素质提出了越来越高的要求，这也需要通过教育来满足。另一方面，教育的发展又要求科学技术和物质生产系统功能水平的提高。它们处于相互联系中，需要系统地发展。

在我国社会主义初级阶段，科学技术和教育都比较落后，还有四分之一的劳动者是文盲，尖端技术与原始工具共存，这是一个严峻的现实问题。我们必须尽最大努力发展科学技术和现代教育，造就出管理、技术等各方面的优秀劳动者，并通过高素质的劳动者再把科学技术中的智力因素物化为生产系统中物的要素，这样才能最有效地提高生产系统的功能水平。然而，科学技术和教育的发展本身，又需要现有生产系统功能水平的提高，这是互为因果，相互牵制的。因而，目前来说最为紧要也是最为现实的，是调整当前生产系统的不合理结构，使之尽快优化，从而迅速提高我国目前社会生产系统的功能水平，促进整个社会生产大系统的全面发展。正因为如此，在这一领域我们目前迫切需要研究的问题，当是生产系统结构和功能的互作。

四、社会生产系统的功能状态是其结构优劣的根本标度

系统方法是形式化的方法。社会物质生产系统的结构，仅仅是生产关系具体形式的组合体系。

任何事物都有自己特定的形式和内容，而且从归根结底的意义上说，事物的形式总是为其内容所决定，但事物的内容对其形式的决定性，并非毫无选择余地。在社会生产过程中，生产关系的具体形式并不是由其内容所单一地直接决定的，其中不仅存在一个可能性空间，而且有一个人为选择的过程或环节。

任何特定的社会物质生产系统，都有多种可能型式结构。这些特定的结构型式，都是由人们根据自己对生产关系性质的主观反映，自觉或不自觉地通过对生产关系具体形式的选择建构而成，并在整个社会生产的历史发展过程中，根据生产关系性质的变化，不断做出相应的调整和变革，逐渐演化而来的。

当人们对生产关系具体形式进行选择时，无疑是有一定的标准作依据的，但人们对标准本身，也存在一个选择问题。以什么客观依据为标准，取决于主体的需要。而主体的这种需要则受着其所处的一定社会地位和局限的影响。历史上的反动统治阶级，在生产系统发展的冲击下，往往以维护旧的统治制度为标准对生产系统的结构进行建构和调整；而历史上的空想象，则总是以社会道德理想为标准要求或实行这种调整。由于财产所有制形式集中体现了人们的社会道德理想，因而后者常常以财产公有化程度作为调整变革生产关系具体形式的标准。

逆历史潮流而动的反动统治阶级为了维护旧制度而筑起的挡潮大堤，终究要被历史潮流所无情地冲垮。这是人类历史舞台上一再重复的情节，已成为人们笑骂的对象。但空想家以社会道德理想为标准而上演的悲壮的历史剧也时有重演，但却难以为大多数人所理解。事实上，当我们用理智的、科学的目光看待社会生产关系的具体形式，把其体系看作社会生产系统的结构时，便不难发现，任何非科学

的做法在这里都是无济于事的。衡量系统结构优劣的根本标准，就是系统的功能状态。社会道德理想的实现，归根结底来自社会生产的发展，来自人和自然关系性质的改变。而这种人和自然关系性质的唯一标志，就是社会生产力水平，也就是社会物质生产系统的功能状态。社会物质生产系统的功能状态，不仅是选择生产关系具体形式，以及对生产系统的结构进行调整、变革的依据，而且是衡量一切与物质生产有关的活动的根本标准。

诚然，财产所有制形式本身，是人类社会道德理想的主要体现，但财产所有制形式本身并不能说明社会生产的进步程度。实行公有制的原始共产主义社会比在其基础上发展而来的私有制社会落后，就是最浅显的例子。我们知道，生产系统结构的核心层次是人和物的关系形式，这一结构层次应当反映处于各种不同水平的人和物关系的性质，只有选择最有利于生产系统的总体功能处于最佳状态的所有制形式，才会有整个生产系统结构的优化。而只有优化的结构，才会有优化的功能；只有功能优化，才有生产系统的正常发展，明白这一点，对处于社会主义初级阶段的我国社会尤为重要。

在我国的社会主义初级阶段，由于生产关系要素之间的差距较大，生产关系性质相当复杂。我国的社会主义是在半殖民地、半封建社会的基础上直接脱胎而来的，虽然经过三十多年的发展，一些生产要素接近和达到了现代水平，但更多的仍然停留在原来状态，没有根本的改变。与发达国家相比，无论是劳动者素质还是生产工具的发展水平，其间的差距都几乎可用世纪度量。如果我们承认在我们的社会现实中，不仅存在着处于资本主义历史发展阶段水平的生产要素，而且大量存在处于封建社会发展阶段水平的生产要素，那么，我们就不得不承认仍然存在着由此而决定了的非社会主义的生产关系性质。这是不以人们的意志为转移的，绝不会因为人们采取了一大二分的生产关系具体形式，而有根本改变。生产要素的复杂性，决定了生产关系性质的非单一性，因而采取任何一种单一的生产关系形式，都必将不适合一些生产要素的状态和特点，不利于其功能的发挥，从而极大地影响社会生产系统功能的最佳化，阻碍生产力的发展。

在我国社会主义初阶段，适合生产关系多重性质的生产关系具体形式不应当单一化，而应当是多样化的。社会物质生产系统的结构应当是多水平的复合体。这样才能将处于不同发展阶段的生产系统要素以最佳的方式结合起来，求得所有生产系统要素的优化组合。使社会物质生产系统的功能处于最佳状态。只有从社会物质生产系统功能的优化状态,而不是从生产关系具体形式的理想化程度出发;只有以社会生产系统的功能状态本身,而不是以所有制形式等社会道德理想作为衡量一切经济活动和体制改革的根本标准。即把社会物质生产系统的功能状态作为体制优劣的根本标度,我们的立足点才能有一个根本的转变,我们的体制改革才能切实加速生产系统的结构和功能生产力和生产关系发展的良性循环,真正有效地促进社会物质生产系统的进化发展。

五、社会物质生产系统的进化

系统功能作为"过程的秩序",只能在系统过程中进行研究;而对系统功能,特别是在其与结构的相互联系中进行动态考察,必然涉及系统的进化。

第一个把熵概念引入社会领域的美国经济学家布尔丁认为,社会生产是进化,是以形成高熵"废物"为代价而造出的高度有序化的低熵产品。而系统进化论奠基者之一的普利高津则把系统结构和功能之间(通过涨落)的相互作用,看作理解包括物质生产在内的社会结构和社会进化的基础。

结构是作为系统要素在时空连接区上的排列组合和相互作用方式,表征着系统的有序化程度;而功能作为系统为达到目的所具备的能力,则是支持系统存在的直接原因和自组织系统有序化过程的根本动力。

结构和功能的关系在自组织系统中具有特别重要的意义。按照系统论观点,结构是功能的基础或内在根据,功能则是结构的外在表现。二者在自组织系统过程中,不仅相互依存相互制约,而且相互转化。一方面,系统的结构制约着系统的功能,结构的变化制约着整体的发展变化;另一方面,功能是相对活跃的因素,它在环境影响下自身不断发生适应性变化,而对结构起最终的决定作用。在自组织系统的演化过程中,结构和功能相互作用、交替发展,通过要素构成从功能到结构再由结构到功能的发展循环。①

社会物质生产是自组织系统,它的运行及其由简单到复杂、由低级到高级的发

① 详见王天思:《系统状态和功能有序》,《争鸣》1993年第三期。

展进化，以生产系统要素为基础，以现实环境为外部条件，以系统结构和功能的相互促进、交替发展为内在机制。

社会物质生产作为人与自然之间的关系形式，既有社会性的一面，又有自然的一面。与社会物质生产系统包括人和物两类要素相联系，其环境也可相应区分为社会环境和自然环境两方面，前者如社会政治制度、社会精神生产和人口生产状况等；后者则主要表现为自然资源、地理环境等。社会物质生产系统的结构和功能状态，是生产系统要素之间以及系统与环境相互作用的结果。

生产系统中人的要素和物的要素是生产系统功能的最基本条件；而它们之间的内在联系则是生产系统结构形成的基础。系统结构一旦形成，就会有对环境的整体效应。这种整体效应使生产系统的要素、结构、功能和环境之间出现非常复杂的相互关系。一方面，由于生产系统的功能是由它与其环境相互作用实现的，因而社会政治制度、社会精神生产和人口生产等的变化必然引起生产系统自身与环境之间功能关系的变化；另一方面，生产系统的结构和功能又是影响生产要素存在和发展的决定性因素。由生产系统要素为基础的结构，在生产系统中不仅联系而且改造要素，在把生产者、生产工具、生产资料及生产信息等联结成一个整体的同时，不断影响和制约其存在方式和发展变化。而以生产要素为基础的生产系统的功能，则同时又在相当大的程度上决定生产要素功能的状况。生产系统的功能是生产要素持续存在和更新发展的基础和条件，它决定劳动者的潜能得以发挥的程度，生产工具的更新方向和速度，以及生产资源与信息的开发利用水平。要素、结构、功能和环境的上述整体性联系，是系统发展的基本前提。社会物质生产系统的进化，正是在特定的环境条件下，在生产要素的基础上，通过系统结构和功能的交替发展实现的。在某种意义上可以说，生产要素实际上就是生产系统功能的物化。

社会物质生产系统的功能作为系统中相对活跃的因素，既是通常维持生产系统结构稳定的必要条件，又是促进生产系统结构变化的根本原因。它在社会政治制度、社会精神生产、人口生产以及自然条件等环境因素的影响下，会经常发生变化。这种变化通过对生产要素的影响，会带来导致生产系统结构稳定性震荡的相干作用，结果会出现某种结构性的改良，推动生产系统的结构作自发的或者自觉的调整，甚至突破原有结构的束缚，由原有结构向新结构转变。但是，生产系统的结构并不是被动地接受功能的影响，它以自己的相对稳定性支配和控制功能的大小、范围、性质和水平。而生产系统稳定结构的任何微小变化，又必然同时带来生产系统功能的变化。由于生产系统对外部环境的输入和输出能力与内部各要素间的协同力是正反馈关系，它们相互促进，协调发展，社会生产系统的结构和功能便处于一种交替发展的无限循环之中。这种不断的相互作用和交替变化，是社会物质生产系统发展的动力所在，它不断推动社会物质生产系统的进化发展。正是在这个意义上说，物质生产系统的结构和功能是这一系统进化的两条腿，它的对立统一构成社会物质生产系统的矛盾运动。

六、社会物质生产系统的结构和人的选择作用

生产力决定生产关系，有什么样的生产力就有什么样的生产关系，当是历史唯物主义基本原理的应有之义。然而，这种表述似乎与社会发展的客观现实不尽相符。

既然生产力决定生产关系，那么我们就不可能在如此落后的生产力发展水平的基础上，先于生产力水平相对较高的发达国家建立起先进的社会主义生产关系；既然有什么样的生产力就有什么样的生产关系，我们便用不着对生产关系进行主观选择的人为的调整。但现实却并非如此，社会主义基本生产关系的确立在我国早已是不可否认的事实，并且在这一事实基础上，我们正卓有成效地进行着生产关系的调整和改革。而且事实证明，这种调整和改革对于社会主义生产力的发展和生产关系的不断完善是必不可少的。

那么，是由于理论本身有误，还是我们对理论的理解不尽确当？

生产力决定生产关系这一历史唯物主义的基本原理，是经过实践检验的科学理论。人类历史本身就是这一原理的具体演证。这一基本原理的正确性毋庸置疑。问题在于我们对它作了僵化、教条的理解。

科学理论之所以不是僵化的教条。就在于它具有巨大的生命力。它包含着本身不断发展的全部“遗传密码”，常常蕴藏着比表现出来的大得多的潜在解释功能。把生产力理解为社会物质生产系统的功能，把生产关系理解为生产系统的结构，从而在系统理论的框架中考察生产关系接受生产力作用的机制。我们将会看到，有什么样的生产力就有什么样的生产关系，是就生产系统结构的内容而言；而对于生

产系统结构的具体形式来说，它与生产力之间则并不具有直接的，不可移易的联系，这里不仅有个自然“决定”的问题，而且还有个人为“选择”的问题。这样一来，我们将不仅使这一基本原理进一步展开，使更多的潜在解释功能得以现实化，从而有利于消除上述理论和现实的“出入”；而且会发现生产系统结构具体形式和其内容的矛盾，在当代社会主义社会具有与在以往社会形态中绝然不同的性质和比之更为重要的意义。

生产系统的结构与所有其他事物一样，既可看作他事物的形式，也可以是别的事物的内容，同时它又具有自己特定的内容和形式。

生产系统结构的内容，是社会生产过程中由现实的生产系统功能发展水平所决定的人和人之间关系的实质或内在要素的总和。它是人和自然关系的社会内容的反映。包括人们在社会生产中的地位，生产资料所有性质及所由决定的产品分配和交换性质，还有物质利益等；生产系统结构的具体形式则是上述生系统结构的内容得以实现的社会存在方式。主要是制度的和法律的形式。包括劳动合作形式及在此基础上的以生产资料所有制为核心的分配制度和交换形式等。具体表现为各式各样的社会经济体制。

生产系统结构的内容和形式作为一个对立统一体，毫无疑问是由生产系统的功能水平和进一步发展的要求所决定的，但生产系统结构的内容和形式接受生产系统功能作用的具体机制以及各自与生产系统功能的关系不尽相同。

在社会生产过程中，生产系统结构的内容主要是由生产系统功能的实际发展水平所直接决定的。“有什么样的生产力就有什么样的生产关系”可更确切地表述为“有什么样的生产系统功能，就有什么样的生产系统结构内容”。所谓“生产力决定生产关系的性质”。实际上正是在这个意义上说的。因此，生产系统结构的内容可以看作是表征人和自然关系的生产系统功能状况的直接反映。二者之间具有相对确定的关系。与此不同，生产系统结构具体形式则必须通过生产系统结构内容接受生产系统功能的作用，而且中间还有一个人为制定或选择的过程。任何生产系统结构的具体形式都是由人来制定的。生产系统功能对生产系统结构形式的作用，在很大程度上需要通过人的管理过程来具体实现。

由此可见，生产系统结构的形式与其内容的关系，一方面以一种特殊的方式在一定程度上表现了生产系统功能和生产系统结构的矛盾；另一方面，与一般的生产系统功能和生产系统结构之间的关系相比,又在确定性的基础上,增加了一种或然性的内容。

诚然,生产系统结构的内容和形式是一个统一事物的两个方面,一定的生产系统结构内容必须借助一定的生产系统结构具体形式才能实现,而且从归根结底的意义上说,内容决定形式,但一定内容通过怎样的具体形式得以实现,却不是严格确定的。在一定的条件下,同一内容可以有不同的形式,其中存在一个选择的范围和余地。这是人类意志可以直接介入的环节。事实上,生产系统结构的形式作为整个社会体制体系,是由人们自觉不自觉、主动或被动、正确程度不一地依据生产系统功能状况和进一步发展的要求,实际上也可以说是现实生产系统结构内容制定的。由此我们可以得出下述结论:生产系统功能与生产系统结构内容之间的关系是完全确定的,它不以人们的意志为转移,这是社会过程的决定性环节;而生产系统结构的内容和形式之间的关系不是完全确定的,在由生产系统结构内容所决定的一定可能性空间范围内,生产系统结构的具体形式取决于人们的主观选择,因而是决定性与非决定性相统一的环节。这一结论可以在整个人类历史发展过程中得到映证。

原始社会,由于生产系统功能水平极端低下,没有剩余产品,每个人都必须参加原始的集体劳动并平均分配产品才能维持生存。这种人和自然的关系性质,决定了人们在原始集体生产中的地位只能是自然平等。这种原始共产主义平等协作的生产系统结构的内容,通过氏族和部落内部不成文的规定或传统和习俗等社会形式得以实现。尽管这种具体生产系统结构形式以氏族和部落为转移,但都是生产资料公共占有制和产品平均分配制度等原始共产主义生产系统结构的具体形式。以后,随着生产系统功能的发展所带来的剩余产品的出现,以及劳动方式的变化所引起的人们在生产过程中地位的分化,使产品分配以及剩余劳动产品乃至资料的占有出现事实上的不平等。这种新生产系统结构内容,通过各种不同的具体形式得以实现。并随着国家的建立以各种不同的制度和法律方式固定下来,成为私有制社会生产系统结构不同的具体形式。

从奴隶社会到资本主义社会,在整个私有制社会中,尽管生产系统结构的基本形式并未发生根本质变,但随生产系统功能的发展所带来的人们在生产中的地位的改善,随着生产系统结构内容的量变和部分质变,生产系统结构的具体形式也千变万化，五花八门，以致处于同一历史发展阶段，从而生产系统结构内容大致相似的不同国家，所采取的生产系统结构具体形式不尽相同，并由此造成一些国家生产系统功能发展迅速，而另一些国家则始终缓慢爬行。甚至由于所选择或保留的生产系统结构具体形式束缚或有利于生产系统功能的发展而"国道中落"或"异军突起"的现象，在历史上屡见不鲜。但是，在这整个历史阶段，人们对生产系统结构具体形式的选择都是作为一种盲目的力量起作用的。由奴隶本身被当作工具的奴隶占有制，到资本主义雇佣劳动制，生产系统结构具体形式的局部变化都是生产系统功能发展自发推动的结果。由于这种自发性质，在生产系统结构形式与内容的矛盾运动中，更多的是旧的生产系统结构形式因为不适合生产系统结构的内容而严重阻碍生产系统功能的发展。只是到了社会主义历史阶段，人类宣告了主动促进社会发展的新时代的到来，人们才真正开始自觉运用社会发展规律，按照自己的社会理想科学地描绘社会发展蓝图，并根据对未来社会的科学预测，制定能满足生产系统功能进一步发展要求或适合生产系统结构内容的先进生产系统结构形式，从而为社会生产系统功能的自由驰骋开辟了无限广阔的空间。

人类历史的新纪元在把人们的社会理想带入历史自觉创造过程的同时，也改变了生产系统结构形式与内容矛盾的性质。由于人类能动性的自觉参与，自发历史中生产系统结构的具体形式往往落后于生产系统结构内容的现象，为自觉历史中生产系统结构的理想化形式超越于生产系统结构现实内容的可能性所取代。这种性质的矛盾在社会主义初级阶段表现得尤为明显和尖锐。

我国的社会主义初级阶段，是人们在较落后的生产系统功能发展水平基础上建立起来的。社会主义社会的建立，使人类历史进入了按照人们的社会理想建设社会的发展时期。在这个发展阶段，由于历史的原因，劳动者素质总体还不高，先进的自动化生产系统功能较少，半机械化和手工工具为主的落后生产系统功能还占一定比重，在有些部门甚至占主导地位，劳动资料的数量和规模也不能满足社会发展的需要；劳动生产率还很低；产品丰度与社会需要之间矛盾突出。这种水平相差悬殊的多层次生产系统功能状况，决定了生产系统结构内容的复杂性。虽然社会主义制度的确立推翻了旧的生产系统结构形式的统治地位，为生产系统功能的发展扫清了障碍，并通过业已确立的社会主义生产系统结构形式的反作用，在一定程度上改变了旧的生产系统结构内容，从而有利于社会主义生产系统结构内容的产生和发展，但整个生产系统结构现实内容并不会由于生产系统结构理想形式的确立而发生根本改变，这种变化需要有一个生产系统功能发展的过程。生产系统结构形式对生系统结构内容的作用毕竟是一种反作用，生产系统结构的现实内容最终是由生产系统功能的现实状况所决定的。

社会主义初级阶段的生产系统结构内容决定于现实的生产系统功能发展水平，而社会主义理想生产系统结构形式，则在某种意义上说是预设的。它是根据消灭生产资料私人占有，实现全面的公有化，使人与人在生产过程中的关系变成一种同志式的互助合作关系，并使社会分配由各尽所能按劳分配向按需分配过渡，使劳动由谋生的手段逐步变成生活的第一需要这样一种理想的生产系统结构内容制定的。按照这种以物质财富的大量涌流为条件的生产系统结构内容制定的一大二公的生产系统结构具体形式，在与社会主义现阶段较落后的生产系统功能所决定的现实生产系统结构内容相结合时，势必很难相适应。因而在社会主义现阶段，生产系统结构形式与内容的矛盾，虽然仍表现为形式是相对稳定的而内容是不断变化的，但主要的不是前者落后而是超前于后者。然而生产系统结构形式不管是落后还是超前于生产系统结构内容，都是不相适应的表现。不适合生产系统结构内容的生产系统结构形式，都将无一例外地阻碍生产系统结构内容的进步的生产系统功能的发展。

由此可见，现实生产系统结构内容和理想生产系统结构形式之间的矛盾，是我国社会主义初阶段的重要矛盾之一。当前我国社会的发展枢机，是促使这一重要矛盾的发展转化。直接促使现实生产系统结构内容和理想生产系统结构形式之间的矛盾转化的根本策略，是直接发展生产系统功能和调整生系统结构具体形式。直接发展生产系统功能的重要措施是发展科学技术和尽量扩大对外开放，通过发展科学技术提高劳动者的素质和改善人和自然的关系；通过对外开放把发达国家的一些生产要素直接引进来。而直接调整生产系统结构具体形式的唯一措施则是体制改革。体制改革对于当代我国社会的发展极为重要，它既是促进生产系统结构内容和具体形式之间矛盾转化，从而解放生产系统功能的直接措施，又是发展生产系统功能的重要保证。

体制改革是一个复杂的选择过程。生产系统功能的发展，直接决定了生产系统结构的内容，而对生产系统结构的具体形式却只给出了一个可能性空间，留待人们自己去决定、去选择、去创造。然而人不仅是一个理性动物，而且具有复杂的情感；不仅有科学精神，而且还有道德需要。理想性是人类的天性。在历史的自觉选择和创造中，按照抽象的道德理想标准选择生产系统结构具体形式的事，随时可能发生。而选择了不适合生产系统结构内容的理想的生产系统结构具体形式的代价是沉重的，它牺牲了生产系统功能的发展速度。社会主义社会的建立本来就是为了解放生产系统功能，如果为了选择某些生产系统结构具体形式而以牺牲生产系统功能的发展速度为代价，那就背离了社会主义的根本宗旨。因此，当我们面对生产系统结构形式与内容的矛盾时，首先要注意的应当是生产系统结构的内容，也就是生产系统功能力发展水平。脱离生产系统结构内容片面强调其形式，会导致形式主义泛滥和社会体制僵化。这方面我们有不胜枚举的例子和述说不完的教训。生产系统结构具体形式在很大程度上制约着生产系统结构的内容。重视生产系统结构内容，正是为了选择与其相适应的生产系统结构具体形式。只有选择与生产系统结构内容相应当的生产系统结构具体形式，才能彻底解放生产系统功能，为生产系统功能的进一步发展创造良好的社会条件。

在我国社会主义初级阶段，由于历史的原因，生产系统结构形式与内容的矛盾曾一度尖锐化，致使生产系统功能长期停滞不前。正如历史所证明的，改变这一厄运的唯一途径是进行体制改革，也就是根据具体国情进行生产系统结构具体形式的局部调整，打破生产系统结构形式单一化的局面；既要公有制经济，也要适应分散、落后的生产系统功能状况的各种非公有制经济。使生产系统结构具体形式形成一个多层次体系，以适应现实生产系统结构不同层次的复杂内容，这样才能将处于不同发展水平的生产要素以最佳的方式结合起来。

生产系统结构具体形式的选择是极为复杂的。这不仅是因为社会生产本身是一个复杂的巨系统，而且还由于这种选择涉及意识形态，涉及人们的观念和信仰。生产系统结构具体形式的选择过程，同时是一个观念不断变革的过程。当今时代，世界各国竞相发展，模式也多种多样，在这样的世界环境中，有效发展自己的关键之一是要善于吸收人类的一切文明成果。生产系统结构具体形式也是人类文明成果的一部分，由于资本主义发达国家最先达到一定的经济发展阶段，有些生产系统结构具体形式最先为他们所采用，但那绝不是它们所特有的。这些生产系统结构具体形式，社会主义国家也可以拿过来为其所用。如果因为资本主义国家最先采用而避之唯恐不远，那实在是作茧自缚，把人类的共同财富当作他人的专利。伯夷和叔齐不食周粟而死，如果在当时还有某种“气节”值得考虑，那么至少在今天看来，实在没有必要，甚至是可笑可悲的。要避免走进“首阳山”，就必须变革一些陈旧的观念，以生产系统功能本身而不是生产系统结构具体形式的理想化程度作为选择生产系统结构具体形式和进行一切经济活动的根本标准，也只有这样，才能使生产系统功能和生产系统结构的发展进入良性循环。

体制改革更是一个艰难的创造过程。它不仅包括调整和选择，更意味着创造新的生产系统结构具体形式。在不同国度，不同的历史时期，由于具体条件不一样，要完全照搬现成的社会体制常常是行不通的。这就要求人们进行创造，创造出适合现实生产系统结构内容的生产系统结构具体形式。

我国的体制改革作为建设具有中国特色的社会主义的根本措施，作为社会主义初级阶段的重要任务，应当是一项创造性的事业。只有在体制改革中充分发挥人们的主观能动性和创造性，以科学的胆略和态度自觉调节生产系统结构形式和内容的矛盾，才会有生产系统结构从内容到形式的不断成熟和完善，才会有生产系统功能持续而迅速的发展。

第 8 章　社会演进的市场机制

自从亚当·斯密那只“看不见的手”开启了人类新的文明进程，人们便在不断通过制度安排，朝着社会的公平、公正，朝着人的自由、自主发展，创造着光灿眩目的现代文明。

现代文明，在某种程度上说就是一种市场文明。成熟的、规范的市场，所滋养和承载的绝不仅仅是人类文明的物质方面。

一、市场、市场经济和市场文明

提到市场，人们可能会想到等价交换，想到资源配置。对于经历过社会主义改造的人们来说，可能还会与“斤斤计较”、“投机取巧”联系起来；而在经历过资本原始积累的人们看来，市场甚至可能是尔虞我诈、道德沦丧之地。

在中国传统观念中，市场是一个“利”的场所，而“君子不言利”，因此就有一些人存在对于市场的不屑；在西方市场经济发展的起步阶段，资本的原始积累是人类的一段血腥历史，因而有人把市场看作是一些人用以控制和剥削其他人的罪恶体制。改革开放以前，我们把市场经济看作是社会制度范畴，看作是资本主义制度的特有组成部分。因此，即使在改革开放以后，市场化也曾经被看作是资产阶级自由化的三种主要倾向之一。

市场经济被人们抹上的意识形态色彩，通过观念更新相对容易清褪，而市场本身的不成熟、不规范所带来的负面效应，却可能更容易成为社会经济发展的巨大障碍。

包括不同形式的垄断在内的各种力量用非市场的手段掠夺弱势群体，是不成熟、不规范市场的典型特征。这些非市场因素所造成的社会一般景观，极大地歪曲了市场本身在人们心目中的形象，使人们很难把市场与社会的整体文明完全联系起来。

事实上，市场是社会分工的产物，是社会进步的结果。成熟的、规范的市场，意味着一种整体文明。

作为社会分工的产物，作为进行商品或服务交易的场所和活动，市场早在自然经济时期就出现了。有分工就必须进行产品交换，要进行产品交换就不能没有市场。但是作为资源配置的主要方式，作为人类社会活动的基础构架，市场的真正建立则是在社会进入市场经济时期以后——也就是近两个世纪的事情。

市场经济是资本主义生产方式确立后的产物，但市场经济也存在于其他社会制度条件下。作为一种经济运行模式，起源于西方发达国家的"市场经济"已经运行和发展了近两百年，并形成了比较完善的理论。这里所谓市场文明，主要是指以市场经济为基础的社会文明形态。

市场经济是以市场作为配置经济资源的主要方式的经济体制，其核心是运用供求关系和价值规律，通过自由竞争优化资源配置，以获取最大的经济效益。作为市场经济的基础，市场机制意味着一些重要的原则。

市场经济的最基本原则是互利性的等价交换。一方面，任何正常的交易都必须是互利的，否则就不会有交易发生；另一方面，交易双方必须利益对等。

市场作为社会演进的重要机制，其精髓集中体现在其资源配置方式之中。市场经济的资源配置奉行市场中心化原则。所有资源都靠市场来配置。在资源配置过程中，对资源的评价和选择所贯彻的效用性原则和成本标准，是整个社会资源配置的共同标准。效用性标准坚持资源的有用性原则和稀缺性原则，把稀缺的有用资源作为优势资源；而成本标准则把成本最低的资源作为优势资源，并强调高度配置优势资源。选择和配置优势资源，淘汰劣势资源，就形成了市场的优胜劣汰原则。市场通过崇尚优势的机制，保证了效益。

由于强调优胜劣汰，市场在使优势资源得到有效发挥的同时，相应形成了弱势阶层，这在某种意义上说是社会在发展市场甚至在通过分工促进社会经济发展过程中所付出的必要代价。这个代价在一定程度上需要市场来支付。因而，保障弱势阶层并不单纯只是一个社会稳定的问题，社会保障也是市场经济的一个重要原则。由此我们也可以看出，市场文明绝不是一种单纯的物质文明。

事实上,即使作为一种资源配置方式,市场文明也不仅仅是一种物质文明。随着由市场来配置的越来越不只是物质性资源,市场文明的发展也逐渐超出了单纯的物质层面。

如果说,单纯的消费品市场的出现,只是带来了以氏族或家庭为单位的自给自足经济的“开化”,直到生产资料市场的出现,资源配置才成为市场的主要功能,那么,当市场成为资源配置的主要方式时,人类社会便进入了一种完全不同的文明形态。

如果说,当市场所配置的主要是物质资源时,市场文明还可以看作只是一种物质文明,那么,当市场所配置的资源涉及日益复杂的生产要素,出现土地市场、资本市场、劳务市场、技术市场和信息市场时,我们就很难再把市场文明看作是一种单纯的物质文明。要素市场对要素价值的评价和对要素价格的发现,涉及越来越多的非物质性的内容。而当市场把产权、制度和知识甚至信用等更多的要素纳入自己的配置范围,特别是当它的基本精神全面辐射到社会活动的各个领域时,市场文明就毫无疑问具有越来越多的制度和精神内容。

由于资源配置的市场中心化,随着社会的发展,由市场来配置的远不只是物质要素;由于资源的市场配置方式在机制上涉及人类活动的外在规则和内在需要,或者换句话说,成了社会运行的基础,市场文明就不再只是一种单纯的物质文明,市场也不只是一个交易场所或一种交易机制,而是一种包括制度文明和精神文明的整体文明,包含了人类社会进步的重要机制。

现代文明之所以是一种市场文明,就在于它建立在以市场关系或市场制度为主的基础之上。在现代经济关系中,主要是财产关系和市场经济关系。而财产关系往往与市场关系融为一体,以后者为主要表现形式。因而,现代经济关系主要是市场关系。而在现代市场关系中,则远不仅仅是经济关系,其中具有越来越多的精神文化内容。这与市场环境和市场主体相互作用的性质密切相关。

市场由市场主体和市场客体两个基本要素构成。市场主体是参与市场交易活动的个人和企业。在市场主体中,企业具有独一无二的地位。它们既是产品和服务的主要提供者,又是生产过程投入生产要素的消费者。市场的资源配置功能主要是依靠独立自主的企业完成的。市场作为一种整体文明,可以从现代市场主导下的企业及其行为当中看得非常清楚。

任何具有长远发展前景的企业，都必须不仅是市场文明中物质文明建设的直接参与者，同时是其精神文明和制度文明建设的参与者。现代企业不把市场经济看作是道德经济和法制经济，从而全面参与市场文明建设，就不可能有长远的发展前景。

在成熟的、规范的市场经济国家，感觉最舒服的是与企业打交道。这一点，也可以通过现代企业文化的制度和精神内涵间接感受到。

市场文明最直接的表现之一是现代企业文化的发展。现代社会正在由经济型向文化型过渡，市场也相应具有越来越多的文化内涵。即使是物质性消费，文化的因素也越来越重要；即使是物质产品，也已经由过去那种没有思想、没有情感的物体演化为一个充满人性化的载体。事实上，包括“物质文化”、“制度文化”和“精神文化”的现代企业文化就是一种整体文明。企业之间的竞争越来越是文化的竞争，越来越是企业整体文明的竞争。

由于企业的整体文明在很大程度上决定于企业文化，企业文化建设在现代全球性竞争中具有举足轻重的地位。企业的竞争力与自身的整体文明水平密切相关。事实上，不仅企业和企业之间的竞争，国家和国家之间的竞争也越来越是国家整体文明水平的竞争。现代企业通过提升企业理念追求价值观的升华。它们明白，有什么样的价值观，就有什么样的企业状态和外部形象，从而就有什么样的效益。这种企业行为所表明的绝不仅仅是企业的经营策略，更多、更根本的是市场本身的整体文明机制。

正是市场本身的整体文明机制，造就了人类社会一种特定的文明形态。市场不仅存在于资本主义条件下，也存在于其它社会制度条件下，甚至在自然经济和计划经济条件下也存在。其根源就在于任何社会都必须经历市场文明的时代。只是在自然经济和计划经济条件下，市场主要只是一种单纯的交易方式，其发育远不充分，还不是一种真正意义上的市场文明。真正的市场文明形成于市场经济条件下。因为只有市场经济，才不仅使经济市场化，而且使建立于其上的整个社会受到来自市场的文明辐射，甚至社会的上层建筑根据市场运行和发展的要求来建构，从而使整个社会文明表现出市场的特点。而且，即使在市场经济条件下，市场文明也经历了并且正在经历着一个特定的发展过程。

市场文明的发展是一个不断从相对单纯的物质文明，向包括制度和精神内容的整体文明形态过渡的过程。从追求利润最大化，到寻求“双赢”的理性化利益选择；从你死我活的原始竞争到合作竞争(co-competition)；从大鱼吃小鱼、小鱼吃虾米到国际大分工协作；从失业保障到产权保障……这些都是市场文明发展的脚步。

市场文明的发展水平取决于市场本身的发展水平。发展处于低水平的市场，总是伴随低层次的市场文明。只有高度成熟和规范的市场，才能造就高度的市场文明。我国市场经济还在建立初期，目前存在的许多不公平、不合理的现象，大都是原来就存在，而由市场暴露出来的，只是通过了市场让人难以接受的放大机制。

市场经济已经有近两百年的历史。从古典市场经济即自由主义市场经济的市场中，人们所看到的也许主要是一种物质文明，但是从现代市场经济的市场中，不管站在什么立场上都不难看到精神文明和制度文明的成果。现代市场文明不仅是一种物质文明，而且是一种精神文明和制度文明；它是物质文明、精神文明和制度文明的统一。

现代市场文明越来越是一种包括物质文明、精神文明和制度文明的整体文明，这一方面与经济本身的人文化密切相关；另一方面又是市场的物质文明内涵向制度和精神层面辐射的结果。市场文明的发展水平以市场机制在多大程度上影响社会文明水平为标度，以其制度和精神层面的发育和成熟程度为主要标志。

二、社会制度完善的市场机制

市场机制不仅与经济发展密切相关，而且也是社会制度完善的重要机制。市场文明不仅是一种物质文明，而且是一种制度文明和法制文明。因为市场经济是法制经济，它最需要的是健全的游戏规则。

市场经济需要法律保障，这决定了市场经济必须是法制经济。市场经济具有主体多元化从而决策分散的特点，不同经济成份的经济主体之间的关系非常复杂，通过法律对这些经济关系的协调，明确各自的权力和责任，是市场经济运行的必要前提。

市场对资源的配置通过交易进行，而交易离不开严格的契约。资源配置得以实现的市场交易，正是建立在契约基础之上。作为契约化经济，连接经济主体之间交换关系的合同形式不能没有法律保护。

市场经济的内在要求和运行基础,都表明法制是市场的重要原则。在市场经济条件下,市场是社会经济的重要基础,因而法律首先必须反映市场的内在要求。市场规则便是市场内在要求的法律化体系。

作为一个体系,市场规则是市场文明的制度保证。在成熟的市场中,决定经济主体或产品能否进入或退出市场的准入与退出规则,是市场秩序的守护神。准入规则把不利于(扰乱)市场秩序的因素拒之门外。在市场相对成熟、规范的国家,甚至董事都有准入制度。并不是有钱就能当董事,能不能当董事取决于有没有法律所明确规定的董事资格;董事长也不是最大股东就可以当,都有一个公开性的准入规则。这个规则是根据市场要求制定的。决定经济主体或产品必须退出市场的退出规则,则保证经济主体或产品出了问题就必须退出市场。在交易过程中,经济主体必须遵守交易规则。交易规则以反欺诈为核心,既设计了防止欺诈的措施,也有对欺诈的严厉处罚。通过建立和完善维持市场秩序的法律体系,使诈骗行为的成本提高到让人望而却步的程度,既是市场规范化也是法制建设所必不可少的。这种硬性措施的长期生效,会使被硬性的法规所抑制的行为,逐渐转化为人们心目中软的道德要求,从而带来社会文明的发展。

在规范的市场中,法律和市场规则应当大于一切,没有例外。行政法规大于法律,领导批示又大于行政法规的现象,将极大地破坏市场规则,从而影响市场效益甚至损害市场存在的意义。游戏的意义由游戏规则维护,游戏规则的完善或破坏程度就是游戏本身意义的拥有或丧失程度;市场机制是由市场规则维护的,市场规则的完善或破坏程度也是市场机制的有效或失效程度。

市场机制是社会制度文明的重要基础。由于市场化的资源配置讲究比较优势,而比较优势应当在尽可能大的领域中产生,因而对内对外开放是市场资源有效配置的重要原则。由于市场的开放必定带来整个社会的开放,开放原则也是市场文明的一个重要方面。开放不仅有利于市场经济的发展,也有利于人类社会各方面的进步。社会的开放程度,是其文明程度的重要标志之一。

市场要实现资源的合理配置,除了必须有法制条件下的开放,还必须贯彻自由竞争原则。市场的竞争机制强调公平、公开和公正;作为公平竞争的经济,市场经济要求市场主体处于同等地位,进行公开、公平、自由的竞争。以法律形式确定竞争规则和秩序，是公平竞争，从而也是市场经济正常运行的保证。一方面，公平竞争是市场经济的特点，充分的市场竞争是市场机制发挥有效功能的基本条件；另一方面，资源的自由流动和选择是保证资源配置优势性原则的重要前提。

资源的自由流动必须贯彻资源主体的自主性原则。市场经济强调资源主体具有完整的选择和分配资源、可以进行交易的法律和经济地位。通过市场机制，资源的自由流动和选择直接造成机会均等的局面。

在市场经济中，机会均等是指给所有的经济主体提供同样的机会，经济主体所享有的机会是均等的。而在社会生活中，由于市场经济这个基础，由于市场经济的需要，更由于机会均等原则符合人类所有活动的需要，市场所特有的机会均等原则就广泛渗透到社会生活的各个方面，从而形成了市场文明的一个重要社会特征。它不仅给市场经济而且给整个社会带来了公正和公平这种重要的社会文明。

机会均等这一文明要素，在社会生活中与在经济活动中发挥着同样重要的作用。机会均等作为社会文明的一个重要因素，是社会公平和公正不可或缺的基础。市场经济中所讲的均等包括机会均等、过程均等和结果均等。过程均等由于不能保证最好的资源进入过程，公平和公正具有局限性；而结果均等则由于抹杀了资源的收益区别，从而忽略了资源的贡献，不仅不能保证过程的均等和资源进入的均等，还会极大地挫伤优势资源的积极性，极不利于人本身的发展和社会文明的进步(如吃“大锅饭”)。只是过程均等不能保证最好的资源进入过程，仅仅结果均等会挫伤优势资源的积极性，只有机会均等才能为公正公平提供必不可少的前提。市场所强调的机会均等原则，带来的不仅是物质资源配置的高效益，而且是整个社会文明发展的高速度和高水平。因为公平和公正决不仅仅是保证物质资源高效配置所需要的，它在其他社会资源的配置中发挥着同样重要的作用。事实上，公平和公正是社会文明进步本身的重要标准之一。公正和公平本身就是社会文明的重要内容。

如果说，获得资金及某些特定的政策和准入性等资源的机会均等只涉及经济，那么，在获取信息和人力等资源方面，机会均等就已经与整个社会的文明直接相连。

市场规则及其所造就的这种公平、公正、公开的原则辐射到社会的其他活动领域，必定带来整个社会法制的进步。从资源配置以政府为中心，最大程度压缩政府的资源配置功能，到政府在配置必须由其配置的少量特殊资源过程中坚持市场化原则，就是市场资源配置原则向社会其他领域辐射的典型例子。在此过程中的公开招标、公开拍卖、公开信息和公开竞争，是公开、公平、公正原则向社会其他领域渗透的开始。

从单纯的市场规则到社会的法制化，是市场文明发展的一个重要环节。事实上，人类法制的建立和完善，与市场的发展密不可分。随着市场文明的发展，市场运作的法制原则，既作为意识，更作为具体的规则，广泛深入地辐射到社会生活的所有领域。市场使人们真正了解和懂得游戏规则的重要性。人们在市场中进一步学会制定、运用和遵守游戏规则，完善竞争和相互合作的机制。在一定意义上说，市场化就是规则化，而规则化能够大大简化人与人的关系，使人多谋事，少谋人，从而极大地降低社会运作的人际成本。正是市场的建立和完善，推动了整个人类社会法制的建立和完善。现代文明在很大程度上正是建立在以法制为基本原则的市场制度的基础之上。

诚然，相对于人类的社会理想来说，市场也许不是一种最好的制度。但毫无疑问，市场文明至少像人们所说的那样，是一种最不坏的体制。因为它不仅有利于优化物质资源的配置，有利于人类社会的法制进步，而且在一定的历史发展阶段也有利于人类精神的发展。

三、社会文明进步的市场机制

作为人们在社会中进行交往的基本方式之一，市场发生着最重要的社会关系。它决定了市场文明具有非常重要的精神层面。

市场通过交易进行资源配置所必不可少的契约，不仅必须有法律来约束，而且必须有信用来维系。光有约束契约履行的法律，没有以契约为基础的信用，交易的正常进行仍然没有保证。事实上，市场经济的正常、高效运行所必需的伦理因素远不仅仅是信用，作为法制经济，即使是市场法制本身也离不开一定的道德基础。正是在这个意义上说，市场经济既是法制经济，又是信用经济、伦理经济。市场秩序既不能没有法律，也不能离开道德。如果说，法律是市场秩序之经，那么，道德便是市场秩序之纬，法律和道德共同构成市场秩序的经纬。在市场中，道德成为一种具有物质和制度依托的活的形态。也正是在这个意义上，与其说市场并不是万恶之源，只是需要法则去限制，需要道德去约束，不如说法制和伦理是市场本身的内在需要。

在市场文明的发展过程中，道德伦理经历了或正在经历着一个从市场的外在要求逐渐转化为市场的内在需要的过程。因而，伦理越来越成为一种重要的市场资源。即使在目前我国的市场中，从运行方式也可以看到，信用越来越不是外在道德要求市场的一种，而是市场本身的内在需要。市场本身并不会导致道德失范。不成熟、不规范的市场中所出现的道德滑坡现象，是市场规则——归根结底是法制——不健全的情况下，在市场所提供的新自由度中一些人道德情操失守的结果。从另一个角度看，我国目前的市场不规范行为是市场外的因素——譬如封建的和小农经济的东西——或者说是由非市场因素造成的。

一个具有五千年历史的文明古国，一个曾经以“毫不利已、专门利人”为道德口号的民族，在市场经济建立的初期，市场在一些人看来竟然成了坑蒙拐骗的场所，市场经济成了“说谎经济”、“骗人经济”。这一切，并不是市场本身的过错，而是法制不健全的结果，也与以往道德观念的虚化密切相关。

信用等道德要素作为一种市场资源，意味着道德资源纳入市场配置。道德因素与经济效益联系起来，是市场文明开始具有精神内涵的重要特征。而人们相信21世纪将是一个伦理经营时代，则是对市场进一步成熟和规范化是对市场文明发展进程的一种合理预期。

市场活动作为人们之间的重要交往方式之一，不仅具有道德的内在需要，而且它本身还形成甚至强化自己的道德内容。互利、公平、公正、机会均等、自由竞争、崇尚优势、守信、守法等都是人们在市场活动中形成的市场道德的重要内容。

资源配置的利益损益性的约束，使互利性的等价交换成了市场交易的重要原则。不仅任何正常的交易都必须是互利的，而且交易双方必须利益对等，否则不会有交易发生。

市场中主体利益以及随之而来的地位的对等，使市场中人和人之间具有平等的身份。商品货币具有趋向平等的天性，在货币面前，社会的等级制度会受到最彻底的冲刷。这种市场机制，比等级制度更符合人的本性，也必将极大地促进人的发展。

成熟的、规范的市场将给人们带来全新的价值观念。在市场运行过程中，自主自由、民主平等、高效顺变、求真开放等价值观念会逐步得到确立。

自主基础上的自由竞争是市场的动力机制所在，优胜劣汰是市场的通行法则。要素的不断流动，方式的不断创新，关系的不断变化，是市场文明所具有的重要特点。跨国公司的发展，使市场文明越来越具有世界性质。随着市场的不断扩大，闭关自守状态必然被相互依赖所代替，对传统、宗教及各种教条的迷信和盲从也将为开明、开放的理性所取代，从而使市场具有人性化的特点。

市场的人性化特点，最集中地体现在其资源主体的自主性原则之中。市场要求强调资源主体具有完整的选择和分配资源，可以进行交易的法律和经济地位。这与人的自主性发展密切相关。市场要求从事相关活动的个人具有强烈的主体意识和独立思考、敢于创新的能力。市场体制的建立能够有效地把人从扼杀个性的封建宗法制、人伦道统制，从不利于独立人格和主体性发育的小农经济观念，从妨碍人发挥创造才能的计划经济体制下一切行动听从指令、不思主动进取的依赖习性、只会被动执行——总之，从个人对社会的依附中解放出来。

在市场机制中，个人的独立和自由是交易的重要基础。市场使个人自由具有空前的价值。

自由是合理规则下充分选择的空间和能力。市场的发展既为人的活动提供了日趋合理的规则，为人的发展开辟了日益广阔的选择空间，又为发展人的选择能力创造了良好的制度和环境条件。这一切，无疑为人的自主、自由发展开辟了广阔的前景。

市场活动就是市场主体对自己的商品或服务所拥有的基本权利(所有权、占有权、使用权和处置权)的让渡。这种基本权利的让渡，在作为活动主体的个人那里一方面表现为某些权利的丧失，另一方面又表现为人本身的发展。

从基本需求乃至本性被抹杀的“工具人”，到在经济利益驱动下活动，被看作经济动物的“经济人”，虽然人的非经济需求仍被忽略，但人是在经济利益驱动下活动，而不再是跟机器一样的生产工具；从在群体中的天然归属感和安全感等心理需求得到满足的“社会人”，到能够拥有股份并参与管理的“决策人”，不仅人的经济动机之外的社会需求得到满足，而且，通过决策解决个人目的与团体目标的矛盾，个人与团体的相互关系、个人在团体中的地位问题得到了解决。如果说，即使作为

“决策人”，人仍然是发展生产力的手段，还只是接触到人是目的这一核心，那么，通过市场机制实现个人能力的“创新人”（或者一般地说“创造人”），就基本走向了实现自身价值、把人本身作为目的的发展阶段。

创新是市场最急切的需要，也是市场永恒的需要。市场机制造成的人才竞争，营造出一个充分发展能力特别是创造力的环境。市场的这种创新需要，是促进人的发展的重要动力。市场机制无论对于形成人的竞争能力和协作能力还是创新能力，都具有重要意义。

企业要在激烈的市场竞争中生存发展，必须越来越依靠创新，而创新则依靠人的自由发展。这是一些著名的创新型企业无不把尊重个人价值，重视人的发展，把创新能力尊为企业根本的重要原因。在IBM，尊重个人被放在企业三信条之首；在微软，最受尊重的不是级别而是创造力。惠普公司强调尊重个人价值精神；摩托罗拉尊重每一员工作为个人的人格尊严，使他们有机会充分发挥自己的最大潜能，都有获得发展的机会。而松下电器公司甚至自称是制造人才的地方，兼而制造电器产品；海尔也有先“造人”，后造产品的提法，并推行个人生涯计划与海尔事业规划的统一。所有这些，并不一定来自企业家的慈善家胸怀，而是源自市场。企业不是慈善机构，关键是市场使企业的命运与人的发展在根本上关联在一起，市场绩效与人的发展内在相关。正是这种关联和相关，为社会进步乃至人的发展提供了一种重要机制。

市场是人的活动方式之一，其发展和完善需要个人的健全发展。市场与个人构成一个重要的互动和循环发展机制。它们相互促进，推动着整个市场文明的进步。

看到市场是一种整体文明，是物质文明、精神文明和制度文明的统一，有利于更有效地促进市场经济的发展和社会整体文明的进步。

市场文明建设是物质文明建设、精神文明建设和制度文明建设三位一体的过程，三者相得益彰。在市场文明建设中，物质文明是精神文明和制度文明建设的基础，市场的资源配置功能是促进社会物质生产高速发展的重要机制；制度文明使市场经济向法制经济发展，它以公平、公正和公开为标准，为市场机制的完善提供制度保证；精神文明的发展使市场经济向道德经济发展，不仅是物质文明发展的保证，制度文明发展的基础，更是市场文明建设的最终目的。而包括物质文明、精神文明和制度文明在内的市场文明的整体发展，则必将极大地促进人的充分发展和社会的全面进步。

市场并不仅仅意味着等价交换和资源配置，它同时承载着一种制度文明；市场更不一定意味着"斤斤计较"或"投机取巧"，它同时承载着一种精神文明。从不成熟的市场看到市场文明的曙光，在市场文明的晨曦中透见法制和道德的经纬，并从制度入手加大规范市场经济秩序的力度，我们就能尽快清除沉渣和浮沫，安享姗姗来迟的市场文明。

第 9 章　道德进步的逻辑

道德既是变化的历史范畴，也有其永恒的人性根据。正是这种人性根据，蕴含着道德进步的逻辑和道德建设的规律。

一、道德进步：从外在要求到内在需要的发展

归根结底，道德进步是一个从一种外在要求（当一个道德观念要以舆论来维持时，它就成了一种外在要求）变成人的内在需要的过程。这既与人的本性的发展相适应，也与道德观念起源和发展的历史相承接。

人类道德的发展已经经历了并还将经历许多复杂的形式，但就其起源和发展趋势，可以大致看到三种重要的形式：源于自然威慑的道德，源于社会契约的道德和源于人的内在需要的道德。它们分别标志着人类道德从外在要求变成人的内在需要这一过程的三个不同发展阶段。

源于自然威慑这一形式一般表现为源于宗教观念，但不一定是某种具体的宗教，而是一般地指人类处于蒙昧时期，还未能靠理性理解自身、世界及两者之间关系时的意识状态。在这种状态中，"天国"的宗教戒律往往直接就是现实的道德规范。这种道德具有典型的外在要求性质，其产生和维持都有赖于外在事物异化出的自然或神（尽管往往是人的本性的投射）的威慑。虽然，源于宗教的道德观念看似出自人的内在需要，但事实上还是以人的内在需要的形式表现出来的外在形式。在"上帝死了"的地方，这种外在约束就会越来越明显地成为社会对其成员的制约，而不是源于人的内在需要带来的束缚。

源于社会契约的道德是从外在要求到内在需要的过渡形式，其中人的需要以社会需要的形式表现出来。作为一个类的存在，个人和社会互为前提。就人不能

离开社会而存在这点来说，社会的需要跟个人的需要是一致的。但就社会由个人组成这点来看，个人需要和社会需要又不完全相同。随着社会物质生产的发展，个人利益和社会利益势必发生冲突。社会契约作为这种冲突的有效解决方案，是协调个人需要和社会需要的重要形式。它既包含了个人对社会的正义要求，也包含了社会对个人的道德要求。社会契约的道德内容或性质，取决于个人需要和社会需要的协调状况。衡量这种协调的标准，则是社会的道德要求内化为个人需要的程度。在这个意义上，社会契约发展的过程，同时也就是道德从社会对个人的外在要求内化为人自身的内在需要的过程。

源于人的内在需要的道德是道德的理想形式。随着人的发展，人的需要本身会包含越来越多的道德的内容。这是道德从外在要求内化为人的内在需要的根本机制。一种道德一旦变成一个人的内在需要，破坏相应道德规范的行为就不会在他身上发生。因为人的需要就是人的本性，相对于变成内在需要的道德观念，破坏道德规范就成了不符合主体本性的行为。正是在这种意义上，有人性在，就有道德在。社会的道德水平(不是社会的道德状态)，取决于人的需要的发展水平。

道德的人性根据，决定了道德约束的历史性质。从人类社会发展的历史看，道德约束已经或正在经历一个由软到硬的过程；而从其发展趋势和逻辑看，它还将经历一个由硬到软的过程。从整体上说，人类社会的发展过程是一个从主要由道德约束逐渐过渡到由道德和法律共同约束，最后又主要由道德约束的过程。

与道德观念的起源相一致，人类社会的道德约束相应具有三种基本的形式：血亲社会的道德约束，法制社会的道德约束和理想社会的道德约束。

血亲社会的道德约束，在一开始完全是一种软约束。在人类社会发展之初，只要有道德约束就足以维持社会的稳定，原始氏族或部落社会具有比迄今其他任何社会都更具效力的道德。在现代尚存的原始社会中，扶助孤寡、团结互助、自由平等是共有的特征。这方面，典型的传统家庭可说是最能说明问题的“活化石”。这时期的道德观念，一般源于宗教。

源于宗教的道德观念之所以如此有力，就在于在宗教观念中，现实生活只是不朽灵魂永恒存在的一部分。这部分与永恒的灵魂相比是微不足道的，因而尘世生活中的得失相对来说也同样微不足道。源于宗教的道德观念是尘世价值无法比拟的，因为灵魂不朽，而尘世生活只是人的现世生活，只是人的不朽生命的一个很小、很不重要的部分。因此，在尘世生活的抉择中，这种来自宗教的无可比拟的价值(如因果报应中对人的来世来说事关重大的进天堂或下地狱)，可以形成对所有尘世道德观念的坚实基础，形成一种对尘世价值(身外之物)的绝对优势。这是源于宗教的道德观念对人具有极强的约束力，也是原始社会能仅靠道德约束就能保持稳定的主要原因。

但是，当“上帝死了”之后，人们所面对的不再是一个不朽的灵魂相对于一个短暂的现世人生的处境，而是一个唯一的人生，唯一的生活。这样，人的价值观念就会发生极大变化。以往道德观念的那种无可比拟的价值根据不复存在，存在的只是可以在现实生活中与“世俗”事物处于同等地位的道德观念。它们不是来自冥冥中的神圣天国，而是来自现实中的社会契约。由于社会契约的世俗性质，来自其的道德约束是比较脆弱的。

社会道德越是来自社会契约，其约束便越显无力，也便越需要法律这种强制形式。社会从原始状态到现代的发展，是一个从单纯的道德软约束到律法强制互相补充的过程。这一过程的结果表现为道德软约束的不断硬化：在强制性的法律和软性约束的道德之间，有一个区域会显得越来越重要，在那里软性的道德约束显得无力，强制性的法律又显得无效。这个区域越来越需要既非法律的强制、又非道德的软约束——比如规章制度等。它既是道德的强化形式，同时也可以看作是法律的弱化形式。正是在这个意义上，法制社会的道德约束具有某种程度的强制性，是一种硬约束。这种硬约束的形式在历史上会保留很长一个时期，直到人类社会进到一个很高的发展阶段。

当人类社会进入很高的发展阶段，人的需要的发展普遍达到一个很高的水平，道德作为人的内在需要已在广度和深度上形成一定规模，道德的软约束才会再逐渐取得主导地位，成为社会约束的主要力量，一直到再度成为主要的约束。

毫无疑问，道德再度成为社会的主要约束，归根结底是社会物质生产高度发展的结果。但社会物质生产的发展作为社会道德进步的根本动力，并不与社会道德的发展呈线性相关，而是通过不断满足人的需要从而推动人的需要的发展。正因为如此，社会生产的发展并不一定意味着社会道德约束的强化，由于社会需要和个人需要的复杂关系，有时它还会带来道德约束的弱化。社会从自然经济到市场经济的发展，就是道德约束弱化的典型阶段。因为在市场经济条件下，人们的道德抉择原则不可避免地会受到市场原则的强力影响。

二、道德抉择：市场经济条件下的一般原则

在市场经济条件下，由于市场原则的影响，经济活动领域道德抉择的价值根据凸现为一个至关重要的问题。

道德约束的性质，与道德行为的价值根据密切相关。它是影响道德抉择的重要因素，特别是在市场原则居支配地位的社会或领域。

市场原则对道德抉择的影响是很大的，它使道德抉择的价值根据具体化或“世俗化”。“良心多少钱一斤?”，这个看似荒唐的问题并不能完全看成是对人性的亵渎，更不纯粹是一种哗众取宠的笑谈，它漫画式地反映了市场原则支配下道德抉择的价值根据这一问题。

从理想主义的观点来看，道德行为是不能标价的，因为人的精神具有不同于经济价值意义上的价值。但在经济活动领域，当一种道德行为因在现实实践中付诸实施而使行为主体面临抉择时，它就有了相对确定的价值。这里的“相对确定”，既是指相对于行为主体的价值天平而言的价值，也是指相对于活动本身所带来的“有形”价值的价值。

道德行为的价值根据在任何经济活动中都存在，只是在市场经济条件下价值规律作用的突现，使道德行为的价值根据表现得比在计划经济中更为明显。事实上，在计划经济活动中，虽然价值规律的作用是隐性的，但道德行为的价值根据仍然通过非经济价值的形式表现出来。其差别只在于经济价值使它在市场经济条件下表现得更为直观，而事实上，道德行为的价值根据在两种情况下都是一样的。

当作为某一道德根据的价值在行为主体看来小于活动本身带来的非道德价值时，行为主体就可能采取不顾道德的行为。只有在行为主体看来，作为某一道德根据的价值大于活动本身带来的非道德价值时，行为主体的活动才会遵从道德规范，受道德的约束。

因此，人们的行为是否遵从既定的道德规范，取决于在他们的价值观天平上，作为道德观念根据的价值与行为本身所带来的价值的比值。这样，我们就有了一个道德抉择关系式。这个关系式，在某种意义上可以说是市场原则主导下经济活

动领域的“道德抉择原则”。在这里，道德观念是比较脆弱的，因为它们可以标价。可以标价的道德观念，一般而言就大大贬值了。只要行为本身所将带来的价值比破坏一种道德观念本身所带来的负价值（当然是就行为主体而言，从行为主体的价值观天平的读数而言）大，行为主体就可能（有时甚至是必定）选择破坏（或不遵循）道德规范的行为。这一点并不奇怪，甚至是可以理解的，尽管在价值观不同的其他人看来其行为令人遗憾甚至是令人气愤的。在市场原则下，人们在经济活动中的道德水平主要决定于人们对道德观念的赋值。

由于客观条件和主观素质两方面因素的决定性作用，使得不同行为主体面临相同的行为局势时，会做出完全不同的抉择。这种不同的选择，使人的行为具有不同的道德水平。归根结底，行为的道德水平决定于其所处的客观条件，而在客观条件一定的情况下，则取决于行为主体的需要，取决于人的品味高低。

由以上关系式可见，人们的行为是否遵从既定的道德规范，与人们的价值观和作为某一道德根据的价值成正比，与活动本身带来的非道德价值成反比；而主体的价值观则与主体需要水平和需要的满足程度成正比。也就是说，人们价值观的升华有两个相互联系的前提：物质生活资料的丰度的增加和主体需要水平的提高。因为一方面，主体的需要水平是关键性的，人的行为的道德水平与行为主体的价值观的关系具有压倒性的意义，而人的价值观又决定于人的需要水平。另一方面，主体需要的满足程度是基本的。行为主体所处的具体条件在很大程度上决定人的道德行为水平。“仓廪实则知礼节，衣食足则知荣辱。”发展经济、生产更多的物质财富，对于提高人们的道德水平十分重要。因而，市场经济作为处于一定历史发展阶段的社会获取物质财富的有效形式，是人类道德进步必不可少的客观条件。

市场经济是人类社会经济发展的必经阶段，只有市场经济才能为人类最后从物质的压迫下解放出来创造必要的物质条件。的确，市场原则可以是违背人性的，但只要加以适当的引导和控制，就完全可以使它朝着符合人性需要的方向发展。因为市场经济的发展本身符合人的需要，所以在市场原则和道德原则之间不仅不存在根本的矛盾，在社会发展过程中两者还具有相互推动的作用。市场经济与道德进步的互动机制是：经济发展使人们的需要不断发展，人们的需要发展使道德不断进步，而道德的进步又使市场经济规范化、人性化，从而促使市场经济进一步发展。

我国实行市场经济以来的道德滑坡甚至失范，并不是市场经济本身造成的，而只是道德行为的价值根据以经济的形式表现了出来，但又缺乏与此相适应的合理的道德信念。道德作为调整人们相互关系的行为准则和规范，本来就主要由经济关系决定，由人们内心的道德信念、社会舆论和传统习惯甚至规章制度维系。道德失范往往发生于老的信念出现危机而新的信念又未确立之时。在这种时期，一方面没有与社会需要相一致的个人道德抉择的价值根据，另一方面外部舆论又由于失去能够为大多数人所接受的评判标准而失去压力。这时候所需要的是两个方面的东西：合理的道德信念和道德的强化形式——规章制度等。

如果说，道德约束有自律和他律两种形式，那么，他律的机制就是舆论的外在压力，而自律的机制则是人性的内在需要。他律形式的道德是出自社会需要的道德，与单纯的个人需要还不是完全一致在一定程度上甚至处于矛盾状态。自律形式的道德则是出自与社会需要相一致的个人需要的道德。道德进步正是从他律形式到自律形式的发展，而社会的道德建设也正是一个在道德行为方面谋求个人需要与社会需要统一的过程。

三、道德建设：社会需要和个人需要的统一

就市场经济条件下的道德建设而言，其主要目的是让市场原则在尽量符合人性或人的根本需要的前提下发挥作用。根据上述分析，这一目的必须通过两个不可分割的方面达到：一是在教化层面引导人的需要和人性的发展；二是在操作层面完善规章制度。

人的需要就是人的本性所具有的道德内涵，是道德建设的根本基础。人的需要既可以纵向发展，也可以横向膨胀。引导和促进人的需要的纵向发展，遏制人的需要的恶性横向膨胀，以提高人的需要的道德内涵，是道德建设的根本途径，也是市场经济条件下道德建设的基础工程。这方面，必须弃绝空泛的说教，把人的活动的意义真正落到实处。

提倡人生的价值在于为社会作贡献，推崇大公无私的道德行为，这是社会所需要的，但这并没有揭示人的活动的真正意义。人的活动的意义标准在于其需要水平。越是基于人的高级需要的活动，越是本真意义上的人的活动，越是符合人的本

性的活动。符合人的本性的活动具有一个最重要的特征,那就是这些活动不仅仅为了自己,而且同时包含了为别人、为同类,它意味着有能力、有作为;与此相比,自私就不仅仅是卑鄙,更重要的是可怜和无能,因为自私意味着需要的低层级,意味着人性发展的低水平。从创业是为自己赚钱到通过生产越来越多的物质财富为实现人类彻底解放,就是从生理需要或心理需要到精神需要过渡的典型例子。两者都有笼统意义上的"本事",但前者的能力明显地低于后者。由于前者只为自己,前者与后者相比显得很可怜。在这里,自私就不仅仅是卑鄙,最重要的是与后者相比明显可怜和无能;与此相应,后者也不仅是高尚,最重要的是更有作为,更有能力,更有用;前者之所以可怜,是因为他的需要是低层级的。当他的基本物质需要得到满足后,就会空虚,而物质生活上的挥霍终究会变成填补这种空虚的无效方式,一种对自己相对可怜、低能的掩饰。后者之所以显得更有用,也在于其需要是更高级的,生活质量更高,活动更符合自己的根本需要,符合人的本性,这些活动才是人的本真意义上的活动。

因而,揭示人的本性也就是揭示人的需要的结构。使人的需要走出低层级横向膨胀的恶性旋涡,尽早走入纵向发展的良性循环,是当前道德建设的根本任务。只有这样,市场经济条件下的道德建设才具有自己的坚实基础。

但是,市场经济条件下的道德建设光靠教化无疑不够,还必须有与之互补的操作层面:完善法规制度。

在一定的历史条件下,社会的道德建设与法制建设是相辅相成的。道德是法律的基础,公正的法律必须得到道德的辩护和支持;在法律与道德共存的条件下,法律又是道德的必要保证,道德必须由公正法律的强力来推行和维护。建立行之有效的规章制度,必须有健全的法制作保证。法律制度等"游戏规则"的制定和实施代表着社会的正义和公正的完善,是道德建设的重要社会基础。使法律制度等尽可能完善,使"游戏规则"尽可能保持公正,是社会道德建设的前提。没有尽可能合理的游戏规则,不可能有理想的、合乎道德的游戏。

现代社会的约束机制基本上是这样的:法律的一极和道德的一极再加上二者的规章制度等操作层面。如果说,在法律和道德各占权重的一半时,这个中间环节还可以忽略的话,那么,当法律的权重开始超过一半后,它们之间的空白就越来越需要规章制度这一可操作的层面来填补,而不能仅仅是一种一般的互补。从这个方面来说，不能相信什么人不会怎么做，而只能限制他，使他不能这样做，也就是通过法律和规章制度增加道德观念的权重，即增加破坏道德行为的代价。规章制度的作用就在于针对人们在破坏道德规范的行为中对道德观念的正面赋值，通过课以重的经济等处罚给予被破坏的道德规范以正面赋值，以此维护道德规范的价值。

由于现实经济利益的冲击，飘渺的宗教许诺和遥远的社会理想大大贬值；由于道德行为决定于作为其根据的价值和活动本身所带来的价值的比值，在市场经济条件下可能会出现大量破坏道德规范的行为。对于这种社会失衡，没有任何非经济的价值法码能普遍有效的加以控制，因此必须在法律之外辅以非法律的硬性约束来建立和完善作为道德强化形式的规章制度。我国市场经济条件下的道德建设策略，从当下看是制定相应的法规制度加以约束，从长远看则必须通过发展经济和建设精神文明以提高人们的需要水平。

事实上，道德既是社会的需要也是个人的需要。作为社会需要，道德是社会存在必不可少的维系，没有道德约束，任何人类群体都不可能存在，因为人是社会关系的总和；作为个人需要，道德是人性的重要内涵，没有道德内容，任何真正的人的发展都无从谈起。因而，理想的社会道德状况意味着社会需要和个人需要的一致，道德建设的目标是社会需要和个人需要的统一或重合。这种重合有一个度，即二者在什么程度上相重合。这个度，一般是社会需要符合社会大多数成员的个人需要。与此相应，道德建设具有两方面的重要内容：使出自社会需要的道德观念尽量符合社会成员的利益、使出自个人需要的道德观念尽量符合社会的需要。这里，既有一个个人需要是否符合社会需要的问题，也有一个社会制度及其所由派生的道德观念是否符合社会成员的需要的问题，如社会的法规制度是否公正、公平等。一个公正的社会制度，是一个社会道德建设的前提。只有一个公正的社会制度所派生的道德观念，才能反映社会成员的共同利益；只有当社会的道德观念反映了社会成员的共同利益，它才能成为个人的内在需要；社会道德成为个人的内在需要，才是社会道德建设的最终目的。

当然，由于社会和个人发展的不平衡，人的需要及整个素质的发展水平会有很大差异。这些差异会相应造成观念上的不同，使各种观念(特别是价值观念)呈现出极为复杂的形态。尤其是在当前我国改革开放的形势下价值观念，不仅存在很大的内部差异，而且有强烈的外部影响。一方面，由于社会经济形态的急剧变化及地域差别的形成和不断拉大，在各种不同的经济基础上产生出一些不同的观念；另一方面，一些观念是在其它具有不同经济条件的社会基础上产生出来的，这在使人们的观念水平得到拔高的同时，也造成了更大的梯度，这样就极大地增加了社会成员的需要的复杂性，其整体性不会集中在某一层面，而是呈体系状态分布。这就决定了社会的道德价值根据的非单一性，它应当是一个系列、一个体系。这一体系的条理化，是市场经济条件下道德建设中与健全游戏规则同等重要的一个方面，道德问题的关键是其价值根据。任何历史时代的道德之所以有生命力，就在于有一种与当代人们的价值观相契合的价值根据体系。在我国社会主义市场经济条件下，由于价值观的多元化，道德的价值根据体系也应当是多层次的。既需要有共产主义道德观念的范导，也可以通过适当的引导，充分发挥宗教在这方面的积极作用。与此同时，在市场经济条件下，社会的道德建设始终必须有法规和道德的合理结合。

法规和道德在不同的社会条件下具有不同的衔接状态。原则上说，社会成员的需要水平越低，越必须尽可能地“立规”，对人们破坏道德规范的行为越要尽可能加以硬性约束；社会成员的需要水平越高，作为内在需要的道德所具有的软约束力越大，某些领域的硬性约束越容易失去意义。在我国目前条件下，社会道德建设的有效进程，正是规章制度的不断更新和完善的过程。

第 10 章　人类历史的轨迹

人既是肉体的存在，也是精神的存在。前者是人成其为人的基础，后者则是人的本质所在。作为肉体存在，人必须满足自己的生理需要，只有在基本物质生活资料得到最低程度满足的条件下，才能生存下去；作为精神存在，人又必须超越自己的生理需要，只有在人的活动开始从基本物质生活资料的谋求中解放出来，才有人的精神存在，才能使作为精神存在的人得到发展；而且只有当整个人类摆脱了基本物质生活资料的束缚之后，才有人类作为精神存在的广阔发展空间。因而，对于人类来说，社会物质生产是再重要不过了。社会物质生产的发展水平决定人的解放程度；社会物质生产方式的性质决定社会的性质，决定社会形态；而社会形态正标志着人类历史的发展阶段，标志着人的解放程度。

社会形态的划分，主要是以社会物质生产方式归根到底是以其发展水平为依据的。关于社会形态，有许多种划分方法，最著名、最具权威的是马克思的划分。

一、马克思关于社会形态的三种划分方法

关于社会形态，马克思曾作过三种划分：简称五分法，三分法和二分法。

五分法把人类社会划分为原始社会、奴隶社会、封建社会、资本主义社会和社会主义社会等五种形态。也可称作六分法，即在五分法基础上加上处于原始社会和奴隶社会之间的亚细亚的社会形态。这种划分方法是在 1857—1858 年的《政治经济学批判大纲》中正式提出的①。在该书中，马克思把人类社会的发展看作一个自然历史过程，详细考察了社会的物质条件本身的生产方式，用自然科学的精确性

---

① 《马克思恩格斯全集》第 30 卷，人民出版社 1995 年版，第 466，484—490 页。

来研究生产力和生产关系之间的关系。这种划分方法的特点是精确。旨在着重对马克思所处时代已经出现的所有非社会主义社会进行深入的分析。

五分法主要是对人类史前时期社会形态的详细划分,对这一时期的社会形态,划分得十分精确,而把共产主义只是大略看作一个与史前时期的具体社会形态对等的社会形态,没有过多涉及。这主要是因为当时历史条件的局限,人们还不可能对未来的新社会做出更多的精确预测。因而马克思在探索未来社会时,便采取了十分审慎、严谨的态度。他和恩格斯不愿意,同时也认为不应该对未来社会的具体情景作更多的预测。他们只是描述了未来共产主义社会的大概轮廓,从来没有规定未来社会的细节和进入共产主义社会的具体步骤。不仅认为自己的任务不是为后人提供一劳永逸的现成方案,而且认为这样做注定要成为空想。

三分法把人类社会划分为最初的社会形态、第二大形态和共产主义社会。第一种泛指资本主义社会以前的所有社会;第二种是以资本主义为典型的商品经济形态;第三种则是资本主义以后的社会形态。这种划分方法与五分法同时提出①,旨在通过探究人在建造社会的同时如何建造自身,揭示历史过程中人本身发展的本质特征。

三分法的主要特点是突出了对资本主义社会形态的研究。因为马克思和恩格斯主要是在揭示资本主义社会发展规律的同时,在对资本主义制度的批判分析中表明共产主义到来的必然趋势的。对资本主义社会的分析正是他们提出共产主义社会理论的基本依据;因而他们只是从研究资本主义社会的发展趋势入手,考察共产主义社会制度形成的条件和因素。这是一种将资本主义社会突现出来加以放大的方法。

二分法则把人类社会划分为“人类社会的史前时期”和真正的人类史的开始。前者指到资本主义阶段为止的历史,后者指共产主义社会。这种划分方法是在《〈政治经济学批判〉序言》一文中提出的。在该文中马克思写道:

> 大体说来,亚细亚的、古代的、封建的和现代资产阶级的生产方式可以看作是经济的社会形态演进的几个时代。资产阶级的生产关系是社会生产过程

① 《马克思恩格斯全集》第30卷,人民出版社1995年版,第107页。

的最后一个对抗形式,这里所说的对抗,不是指个人的对抗;而是指从个人的社会生活条件中生长出来的对抗;但是,在资产阶级社会的胎胞里发展的生产力,同时又创造着解决这种对抗的物质条件。因此,人类社会的史前时期就以这种社会形态而告终。①

二分法不仅仅只是反映了一种价值观,它本身是对人类社会十分准确的划分,只是这种划分在马克思那里还比较粗略。

二分法之所以在马克思那里还只是粗略的,是因为马克思和恩格斯主要是在考察空想社会主义理论和批判其他各种社会主义流派及某些工人政党的错误理论纲领的时候,在当时工人运动的基础上,论述共产主义社会的性质和一般特征的,这使他们不可能对此有太多的论述;因而他们的二分法只是在谈到未来社会与以往社会的根本区别时才顺便提到的,他们甚至没有正面讨论这一问题,更不用说系统地论述了。

关于人类社会形态真正全面的划分,当是将科学的二分法与精确的五分法结合起来。原始社会、奴隶社会、封建社会和资本主义社会是对人类社会的史前时期社会形态的划分,它们和社会主义社会不是处于并列的位置。社会主义或共产主义社会属于与它们完全不同的社会形态。如果可以把马克思的"史前时期"即资本主义以前的所有社会称作人类的物质时代,那么共产主义社会作为人类真正历史的开端,将是人类的精神时代。②

物质时代的根本特征是经济活动占主导地位,而精神时代的根本特征则是精神活动占主导地位。现在人们将社会形态仅仅等同于社会的经济形态,显然表明了经济对于人类思想的束缚,他们没能想象到精神解放的状态。社会形态应当包括社会经济形态和社会精神形态两方面。

诚然,人类生活恐怕永远不能脱离物质这个基础,但这二者之间的关系可以是这样的:物质条件的发展可以使物质对人类精神的压迫归于消失,人类精神在物质的基础上活动着,但它自身的具体发展却不受物质条件的直接影响。

---

① 《马克思恩格斯选集》第2卷,人民出版社1995年版,第33页。
② 详见王天思:《人类社会:物质时代和精神时代》,《江西师范大学学报》1994年第4期。

在可以想象到的人类社会的发展过程中,真正具有划时代意义的运动有两个:人类开始社会生产和进入共产主义社会。共产主义社会是人类的精神时代,在它之前的整个物质时代的一切范畴,在精神时代就没有它们存在的意义了。整个物质时代的一切意识形态,在精神时代将会完全改变。

二、"史前时期"的人类社会

在整个"史前时期",人类经历了四种社会形式,即马克思所说的原始社会、奴隶社会、封建社会和资本主义社会。这些不同形式的社会,是随着生产的发展依次出现的。

原始社会是人类从动物中分化出来,从走出自然状态并向自然界宣战发展到向自身社会寻求更高级的社会需求的满足的历史阶段。它也是人类一切社会都经历过的历史阶段。数千年来世界各国所有人类社会的历史发展都表明,人类社会发展的一般规律性、常规和次序是:起初是无阶级的父权制原始社会,即没有贵族的原始社会。[①] 由于社会物质生产发展水平极低,这个阶段的特点是只有共同劳动,只有全力与自然界斗争才能维持每一个社会成员的生存。在这样的条件下,原始平均主义是社会的基本原则。

原始平均主义之所以得以实行,是由于原始人的祖先具有群居生活的特性,这种特性是人类形成的重要条件。一方面,群居动物不像独居动物那样以个体形式面对自然界,而是以群体形式与外部世界相互作用;另一方面,共同生活的居群越大,对生存和进化越有利。这也是在人类社会中,物质生产得以形成和发展,从而人类社会得以发展的重要前提。

在原始社会基础上发展起来的,是以奴隶制为基础的社会,即奴隶社会。这种社会形式是人类绝大多数社会经历过的历史阶段。整个欧洲都经过这个阶段,世界上其余各洲的绝大多数民族也都经过这个阶段。在奴隶社会,由于社会分工的发展,第一次出现了大规模的阶级划分。社会分化出奴隶主和奴隶两个阶级。奴隶主阶级不仅占有一切生产资料,并且还占有人;而奴隶则从事劳动并把劳动果实

---

① 《列宁选集》第4卷,人民出版社1995年版,第28—29页。

交给奴隶主。

奴隶社会这个历史阶段的特点，是社会物质生产的发展已经可以允许极少数人从物质的压迫中稍稍抬起头来，但这必须以社会的极端不公，即由极少数人控制绝大多数人进行沉重的劳动为代价。因为只有这样，社会才能既维持生存，才能有极小的一部分人发展更高级的需要，寻求更有价值的发展。

奴隶社会的物质生产水平仍然很低，在当时的历史条件下，采用奴隶制是一个巨大的社会进步。因为人类是从野兽开始的，为了摆脱野蛮状态，人们必须使用野蛮的、几乎是野兽般的手段。恩格斯早就指出过这一事实。他在《反杜林论》中写道：

> 古代的公社，在它继续存在的地方，从印度到俄国，在数千年中曾经是最野蛮的国家形式即东方专制制度的基础。只是在公社瓦解的地方，各民族才靠自身的力量继续向前迈进，他们最初的经济进步就在于利用奴隶劳动来提高和进一步发展生产。有一点是清楚的：当人的劳动的生产率还非常低，除了必要生活资料只能提供很少的剩余的时候，生产力的提高、交换的扩大、国家和法的发展、艺术和科学的创立，都只有通过更大的分工才有可能，这种分工的基础是从事单纯体力劳动的群众同管理劳动、经营商业和掌管国事以及后来从事艺术和科学的少数特权分子之间的大分工。这种分工的最简单的完全自发的形式，正是奴隶制。在古代世界、特别是希腊世界的历史前提之下，进步到以阶级对立为基础的社会，是只能通过奴隶制的形式来完成的。甚至对奴隶来说，这也是一种进步：成为大批奴隶来源的战俘以前都被杀掉，而在更早的时候甚至被吃掉，现在至少能保全生命了。①

继奴隶社会以后发展起来的，是封建社会，也叫农奴制社会。在绝大多数国家里，奴隶制发展成了封建农奴制。在封建社会，社会物质生产得到一定的发展，人们也相对地得到一定程度的解放。随着奴隶主和奴隶的阶级关系为封建地主和农民的关系所代替，人与人的关系也便相应改变。奴隶主把奴隶当作自己的财产，并

① 《马克思恩格斯选集》第 3 卷，人民出版社 1995 年版，第 524—525 页。

用法律的形式把这种关系固定下来,奴隶完全成了为奴隶主所占有的物品。而封建社会中的农民虽然处于受地主支配的依附地位,但不再被当作物品来占有,封建地主只有权占有农民的劳动而不能剥夺他们的人身自由。这是一个很大的社会进步,而这一进步则归根结底是社会物质生产发展的结果。

资本主义社会是在封建社会的基础上出现的。随着社会物质生产的发展,商业得到繁荣,表现资本家和工人关系的雇佣劳动制逐渐占统治地位。这种生产关系既进一步解放了社会生产力,极大地促进了社会生产的发展,又比封建社会更简化了人和人的社会关系,为人的进一步解放创造了良好的物质和社会条件。同样重要的是,一方面资本主义生产方式扩大了社会内部人们的交往,“在土地所有制处于支配地位的一切社会形式中,自然联系还占优势。在资本处于支配地位的社会形式中,社会、历史所创造的因素占优势。”①另一方面,资本主义商品经济的发展,很快导致世界市场的形成,从而使整个人类卷入到资本主义的物质文明中来。这使整个人类从“史前时期”进入真正的人类历史成为可能。

总之,资本主义是人类社会生产关系、阶级关系等等一切社会关系赤裸化的历史发展阶段,赤裸的结果是使得一切经济关系都显得相对简单,从而为消灭这种物质时代的社会关系创造了条件。同时,这个社会形态在一定历史阶段最有利于人类社会生产的发展和思想的解放,它能为人类进入精神时代创造物质和精神条件。

三、“史前时期”的基本特征

人类社会的“史前时期”,总的来说是经济活动,也就是基本物质生活资料的谋求在社会生活中占主导地位。也正是在这个意义上,我们可以把这一历史时期称作人类社会的物质时代或经济时代。在这个时代,由于物质生产的发展是人类社会发展的根本前提,物质的活动对其他一切社会活动都具有决定性的影响,以致人类的所有其他社会活动程度不同地都既建立在物质生产活动的基础上,同时又受着它的约束。总之,该时代的一切社会活动无不打上经济的或物质的烙印。这可以说是人类“史前时期”最根本的特征。

---

① 《马克思恩格斯选集》第2卷,人民出版社1995年版,第25页。

“史前时期”社会制度的性质，不是直接决定于这个社会的所有制形式所规定的人们的生产关系，而是取决于该社会的整个物质生产方式。决定于社会生产方式所造成的社会经济关系。社会的经济发展推动社会意识，并从而推动社会政治的进步。统治阶级对社会下层的剥削和压迫关系，所反映的与其说是统治阶级的残忍，不如说归根结底是反映了这个社会的经济状况和人们精神的发展状况。因而，社会制度不能从道德的观点去裁判，而应以是否适合社会生产力的发展来衡量。一切受社会物质生产限制的社会政治制度，取舍它们的标准不是道德上的好坏，而是它与当时的生产力发展的切合程度。因为只有社会生产的发展才能带来社会的进步，而社会生产发展的快慢，不是决定于相应的社会政治制度是否美好，而是它与社会生产的发展是否切合。

人类历史上的任何一种社会关系的消失，都必然是这种关系中的社会生产发展的结果。也只有在这种关系中的生产，才最具有这种作用。尽管这种一定性质的社会关系有着形形色色的形式，但最适应的形式却只有一种。

同样，一定的社会生活条件，决定人们相应的社会思想。人们的思想首先反映的是生活条件。旧思想的瓦解，是同旧生活条件的瓦解步调一致的。因而社会的物质生产就决定社会的精神生产。

由于“史前时期”的经济特征，物质财富对人具有极大的诱惑力，以致使人畸形发展。正如欧文所说，财富即个人的财富，是全世界的上帝；获得财富成了人们活动的最大的动力；人的本性中的一切能使人们得到快乐的高贵品质遭到渺视，为的是使获得财富的能力得以无限制地发展。其实，这一切都是明显的疯狂和直接的无理性行为。① 结果是，从事经济活动的人占有比较重要的社会地位。“一切主要的阶级小生产者、农民、工业家甚至政府都服从于这一次要的阶级商人。”②

由于上述原因，物质时代最典型的人物，是物质的奴隶，是那些拜物教的圣徒。这也是“史前时期”人们受着物质压迫的反映，不完全是人格使然。人格再高尚，处于物质时代的社会条件下，人和人的社会关系也主要决定于社会的经济状况。假如人类社会只存在两个人，即使他们的现实感情从人们的道德的或任何高尚精神

---

① 《欧文选集》下卷，商务印书馆 1965 年版，第 19 页。
② 《傅立叶选集》第 1 卷，商务印书馆 1964 年版，第 137 页。

的眼光看去是多么圆满,如果不是非通力合作不能生存,他们那个两人世界中的社会关系也一样完全取决于经济条件。

在人类的"史前时期",物质财富是人们竞争的焦点。因而物质时代必定存在分配不均及由此造成的贫富两极分化的现象。欧文曾就他所看到的资本主义贫富悬殊的状况叫道:"现在,世界上充满了财富,而且这种财富有继续大量增加的可能性,但到处是一片贫困!"①这种现象是不可避免的,而且只要有利于社会的发展,也就是说,只要物质财富的分配不均所造成的势差与社会物质生产发展的方向一致,这种现象的存在仍具有合理性。主张"不折不扣的劳动所得"就如"均贫富"的口号一样,对人类社会"史前时期"的物质生产的发展是极为不利的。这种要求的提出是对社会要求理想化而又对社会现实认识不够的结果。消除贫富对立,消除社会的和政治的不平等,所依靠的只能是社会生产的发展。人们在物质时代所企求的那种平等、自由及没有不合理现象的社会制度,是必须在消除了物质压迫的精神时代才可能存在的。

在人类社会的"史前时期",在物质时代,由于社会物质生产为社会所提供的物质财富不断增加,人们逐渐从物质的压迫下解放出来;但是,由于社会物质生产为人们所提供的物质财富在数量上的限制,尽管越来越多的人能不同程度地拥有从事精神劳动的特权,却总是还有许多人不得不承担体力劳动的沉重义务。人类社会要生存和发展,必须有一定形式的社会分工。

人类"史前时期"的分工,对社会来说是发展的前提,但对某些具体的个人来说却是摧残的开端,这是人们为人类社会的发展付出沉重代价的开始。

在人类社会的原始时期,由于与个人的需要直接联系在一起,劳动就是人们本真意义上的活动。那时候,劳动不仅是一件十分愉快的事情,而且是人的第一需要。只是在社会出现奴役时,在奴隶劳动、徭役劳动、雇佣劳动这样一些劳动的历史形式下,劳动始终是令人厌恶的事情,始终是外在的强制劳动,而与此相反,不劳动却是"自由和幸福"。这样,人类劳动就出现了一个影响深远的变化:一方面,虽然不是一种娱乐,一种消遣,就像傅立叶完全以一个浪漫女郎的方式极其天真地理解的那样,但确是这样吸引人的劳动,真正自由的劳动;而另一方面则是那种对立

① 《欧文选集》上卷,商务印书馆1965年版,第218页。

的劳动,①异化的劳动。这种异化的劳动,同时使其承担者变成异化的人。

因而,"史前时期"另外两个重要的而且也许是最重要的特征,是这里必须单独分节讨论的劳动的异化和人的异化。

四、物质劳动、精神劳动和劳动的异化

按照马克思的观点,劳动就是人作为劳动力所发挥的作用。它首先是人和自然的交换过程,是人以自身的活动来引起、调整和控制人和自然之间的物质变换的过程。人自身作为一种自然力与自然物质相对立,为了在对自己生活有用的形式上占有自然物质,人就使他身上的自然力臂和腿、头和手运动起来。劳动过程的简单的要素,就是有目的的活动,劳动对象和劳动资料。劳动过程,同时也是制造使用价值的有目的活动,是为了人类的需要而占有自然物,是人和自然之间的物质变换的一般条件,是人类生活的永恒的自然条件,因此,它不以人类生活的任何形式为转移,倒不如说,它是人类生活的一切社会形式所共有的。②

马克思和恩格斯有时候把劳动区分为物质劳动和精神劳动,认为这两种劳动的区分与社会分工密切相关:

> 物质劳动和精神劳动的最大的一次分工,就是城市和乡村的分离。城乡之间的对立是随着野蛮向文明的过渡、部落制度向国家的过渡、地域局限性向民族的过渡而开始的,它贯穿着文明的全部历史直至现在。③

在劳动过程中,劳动者一方面通过与对象的相互作用改造他身外的自然,另一方面也就同时改变他自身的自然,他使自身的自然中沉睡着的潜力发挥出来,并且把这种力的活动置于自己的控制之下。

人的劳动是一个创造过程,它不同于动物的活动。马克思曾就此说过一段很有名的话:

---

① 参见《马克思恩格斯全集》第 30 卷,人民出版社 1995 年版,第 616 页。
② 马克思:《资本论》第 1 卷,人民出版社 2004 年版,第 215 页。
③ 《马克思恩格斯选集》第 1 卷,人民出版社 1995 年版,第 104 页。

> 蜜蜂建筑蜂房的本领使人间的许多建筑师感到惭愧。但是,最蹩脚的建筑师从一开始就比最灵巧的蜜蜂高明的地方,是他在用蜂蜡建筑蜂房以前,已经在自己的头脑中把它建成了。劳动过程结束时得到的结果,在这个过程开始时就已经在劳动者的表象中存在着,即已经观念地存在着。他不仅使自然物发生形式变化,同时他还在自然物中实现自己的目的,这个目的是他预先知道的,是作为规律决定着他的活动的方式和方法的,他必须使他的意志服从这个目的。……劳动的内容及其方式和方法越是不能吸引劳动者,劳动者越是不能把劳动当作他自己体力和智力的活动来享受,就越需要这种意志。①

如上所述,人类劳动在一开始是与自己的需要直接联系在一起的。后来随着社会的发展,社会分工把劳动和人的需要分开得越来越远,从而使劳动逐渐丧失了那种吸引人的力量,变成了单纯的谋生手段。

劳动从人的需要变成一种谋生的手段,在社会生产的发展出现商品交换时达到自己的顶点。其原因马克思归结为两方面。一方面,谋生的劳动以及工人的产品同工人的需要、同他的劳动使命没有任何直接的关系,而是不论就哪方面来说,都决定于同工人本身格格不入的社会组合;另一方面,购买产品的人自己不生产,只是换取别人生产的东西。在劳动与劳动者的需要直接联系在一起的条件下,劳动产品是劳动者的需要、能力和手头有的自然材料直接促使他去生产的,劳动是他的直接生活来源,同时也是他的个人存在的积极实现。而在劳动产品的生产是为了交换的条件下,劳动的目的和它的存在就已经不同了。产品是作为价值,作为交换价值,作为等价物来生产的,不再是为了它同生产者直接的个人关系而生产的。因而,需要越是多方面的,从而为满足需要而进行的生产越是多方面的,劳动者完成的产品却反而越是单方面的,从而他的劳动就越是谋生的劳动,最后劳动意义仅仅归于谋生并成为完全偶然的和非本质的。

谋生的劳动意味着劳动对劳动主体和劳动对象的异化和偶然联系。在这种情形中,劳动者的使命决定于社会需要,但是社会需要又同他格格不入,劳动成了一种强制,而劳动者由于利已的需要,由于穷困而不得不服从这种强制,而且对他来

---

① 马克思:《资本论》第1卷,人民出版社2004年版,第208页。

说，社会需要的意义只在于它是满足他的直接需要的来源，正如同对社会来说，他的意义只在于他是社会需要的奴隶一样；同时，对劳动者来说，维持自己的个人生存表现为他的活动的目的，而他的现实的行动只具有手段的意义；他活着只是为了谋取生活资料。“因此，在私有权关系的范围内，社会的权力越大，越多样化，人就变得越利己，越没有社会性，越同自己固有的本质相异化。”①

劳动的异化，在资本主义生产方式中表现得最为典型。马克思指出，在资本主义社会生产中，工人生产的财富越多，他的产品的力量和数量越大，他就越贫穷。工人创造的商品越多，他就越变成廉价的商品。这一事实表明：

> 劳动所生产的对象，即劳动的产品，作为一种异己的存在物，作为不依赖于生产者的力量，同劳动相对立。劳动的产品是固定在某个对象中的、物化的劳动，这就是劳动的对象化。劳动的现实化就是劳动的对象化。在国民经济学假定的状况中，劳动的这种现实化表现为工人的非现实化，对象化表现为对象的丧失和被对象奴役，占有表现为异化、外化。……工人生产的对象越多，他能够占有的对象就越少，而且越受自己的产品即资本的统治。
>
> 这一切后果包含在这样一个规定中：工人对自己的劳动的产品的关系就是对一个异己的对象的关系。因为根据这个前提，很明显，工人在劳动中耗费的力量越多，他亲手创造出来反对自身的、异己的对象世界的力量就越强大，他自身、他的内部世界就越贫乏，归他所有的东西就越少。宗教方面的情况也是如此，人奉献给上帝的越多，他留给自身的就越少。工人把自己的生命投入对象；但现在这个生命已不再属于他而属于对象了。因此，这种活动越多，工人就越丧失对象。凡是成为他的劳动的产品的东西，就不再是他自身的东西。因此，这个产品越多，他自身的东西就越少。工人在他的产品中的外化，不仅意味着他的劳动成为对象，成为外部的存在，而且意味着他的劳动作为一种与他相异的东西不依赖于他而在他之外存在，并成为同他对立的独立力量；意味着他给予对象的生命是作为敌对的和相异的东西同他相对立。②

---

① 马克思：《1844 年经济学哲学手稿》，人民出版社 2000 年版，第 175 页。
② 马克思：《1844 年经济学哲学手稿》，人民出版社 2000 年版，第 52—53 页。

这样,劳动对工人来说就成了外在的东西,成了不属于他的本质的东西;因此,他在自己的劳动中不是肯定自己,而是否定自己,不是感到幸福,而是感到不幸,不是自由地发挥自己的体力和智力,而是使自己的肉体受折磨、精神遭摧残。因此,工人只有在劳动之外才感到自在,而在劳动中则感到不自在,他在不劳动时觉得舒畅,而在劳动时就觉得不舒畅。因此,他的劳动不是自愿的劳动,而是被迫的强制劳动。

劳动的异化事实上是人的活动的异化,这种异化的活动不符合人的本性。因而,只要肉体的强制或其他强制一停止,人们就会像逃避鼠疫那样逃避劳动。外在的劳动,人在其中使自己外化的劳动,是一种自我牺牲、自我折磨的劳动。这种劳动不是他自己的,而是别人的;劳动不属于他;他在劳动中也不属于他自己,而是属于别人。劳动者的活动属于别人,这种活动便是他自身的丧失。“结果是,人(工人)只有在运用自己的动物机能——吃、喝、生殖,至多还有居住、修饰等等——的时候,才觉得自己在自由活动,而在运用人的机能时,觉得自己只不过是动物。动物的东西成为人的东西,而人的东西成为动物的东西。”①因而,劳动的异化就意味着人本身的异化。

五、人的异化和人的发展

在考察劳动的异化时,马克思涉及两个方面的关系。一是工人同劳动产品这个感性的外部世界、同自然对象这个异己的与他敌对的世界的关系;二是在劳动过程中劳动同生产行为的关系。在前者中,马克思发现了物的异化,在后者中则发现了人的自我异化。事实上,异化劳动本身具有两方面的内容,它既使自然界,又使人本身,他的生命活动同人相异化,也就是使类同人相异化。本来,生产生活是人的类生活。“一个种的整体特性、种的类特性就在于生命活动的性质,而自由的有意识的活动恰恰就是人的类特性。”但自我异化在两方面使人把类生活变成维持个人肉体生存的手段:使类生活和个人生活异化;“把抽象形式的个人生活变成同样

① 马克思:《1844年经济学哲学手稿》,人民出版社2000年版,第55页。

是抽象形式和异化形式的类生活的目的。”①

在工人同由他自己进行而又不属于他的活动的关系中，“活动是受动；力量就是无力；生殖是去势；工人自己的体力和智力，他个人的生命——因为，生命如果不是活动，又是什么呢？——是不依赖于他、不属于他、转过来反对他自身的活动”。“工人生产得越多，他能够消费的越少；他创造价值越多，他自己越没有价值、越低贱；工人的产品越完美，工人自己越畸形；工人创造的对象越文明，工人自己越野蛮；劳动越有力量，工人越无力；劳动越机巧，工人越愚笨，越成为自然界的奴隶。”②人的这种异化，是异化劳动造成的结果。

异化劳动在两个方面造成了人的异化。一方面，异化劳动使人的类本质无论是自然界，还是人的精神的、类的能力变成人的异己的本质，变成维持他的个人生存的手段。异化劳动使人自己的身体，以及在他之外的自然界，他的精神本质，他的人的本质同人相异化。另一方面，由于异化劳动使人同自己的劳动产品、自己的生命活动、自己的类本质相异化，结果就直接造成了人同人相异化。当人同自身相对立的时候，他也同他人相对立。凡是适用于人同自己的劳动、自己的劳动产品和自身的关系的东西，也都适用于人同他人、同他人的劳动和劳动对象的关系。人同他的类本质相异化，就是一个人同他人相异化，以及他们中的每个人都同人的本质相异化。

事实上，人的异化，一般地说人同自身的任何关系，只有通过人同其他人的关系才得到实现和表现。因为人同自身和自然界的任何自我异化，都表现在他使自身和自然界跟另一个与他不同的人发生的关系上。在现实世界中——

> 自我异化只有通过对他人的实践的、现实的关系才能表现出来。异化借以实现的手段本身就是实践的。因此，通过异化劳动，人不仅生产出他对作为异己的、敌对的力量的生产对象和生产行为的关系，而且还生产出他人对他的生产和他的产品的关系，以及他对这些他人的关系。正像他把他自己的生产变成自己的非现实化，变成对自己的惩罚一样，正像他丧失掉自己的产品并使

① 马克思：《1844 年经济学哲学手稿》，人民出版社 2000 年版，第 57 页。
② 马克思：《1844 年经济学哲学手稿》，人民出版社 2000 年版，第 55—56，53 页。

它变成不属于他的产品一样，他也生产出不生产的人对生产和产品的支配。正像他使他自己的活动同自身相异化一样，他也使与他相异的人占有非自身的活动。①

异化劳动之所以会导致人与自身以及与他人关系的异化，主要由于社会分工。

由于社会分工，不同的个人通过共同的活动产生一种社会力量，即扩大了的生产力；由于共同活动本身不是自愿而是自发形成的，这种社会力量在这些个人看来便不是他们自身的联合力量，而是某种异己的、在他们之外的强制力量。关于这种力量的起源和发展趋向，他们一点也不了解；因而他们就不再能驾驭这种力量，相反地，这种力量现在却经历着一系列独特的、不仅不以人们的意志和行为为转移，反而支配着人们的意志和行为的发展阶段。② 这种由分工造成的人的异化，是随着社会分工的出现而出现，随着其发展而发展的。

当第一次社会大分工出现，即城市和乡村开始分离，农村人口便陷于数千年的愚昧状况，而城市居民则受到各自的专门手艺的奴役。这次社会大分工，既破坏了农村居民精神发展的基础，也破坏了城市居民体力发展的基础。如果说，农民占有土地，城市居民占有手艺，那末，土地就同样地占有农民，手艺同样地占有手工业者。由于劳动被分成几部分，人自己也随着被分成几部分。为了训练某种单一的活动，其他一切肉体的和精神的能力都成了牺牲品。人的这种畸形发展和分工齐头并进。在分工高度发展的工场手工业中，工场把一种手艺分成各种精细的工序，把每道工序作为终生职业分给个别工人，从而使他一生束缚于一定的操作和一定的工具之上。工场手工业把工人变成畸形物，它压抑工人全面的生产志趣和才能，人为地培植工人片面的技巧，就连个体本身也被分割开来，成为某种局部劳动的自动的工具，这种自动工具在许多情况下只有通过工人的肉体的和精神的真正的畸形发展才达到完善的程度。工人完全变成了生产机器。

随着大工业时代的到来，由机器的大量运用带来的分工的进一步细化，使人的异化发展到无以复加的地步。工人不再是机器了，而是从机器下降为机器的单纯

① 马克思：《1844 年经济学哲学手稿》，人民出版社 2000 年版，第 60—61 页。
② 《马克思恩格斯选集》第 1 卷，人民出版社 1995 年版，第 85—86 页。

附属品。过去是终身专门使用一种局部工具，现在是终身专门服侍一台局部机器。在这样一个分工高度发达的历史时代，不仅是工人，而且其他阶层也都因分工而被自己活动的工具所奴役。

> 精神空虚的资产者为他自己的资本和利润所奴役；律师为他的僵化的法律观念所奴役，这种观念作为独立的力量支配着他；一切“有教养的等级”都为各式各样的地方局限性和片面性所奴役，为他们自己的肉体上和精神上的短视所奴役，为他们的由于接受专门教育和终身从事一个专业而造成的畸形发展所奴役，——哪怕这种专业纯属无所事事，情况也是这样。①

由分工造成的人的异化，早为十八世纪法国空想社会主义者所了解。他们既了解到工人的畸形发展，也了解到劳动活动本身的畸形发展，这种劳动活动局限于单调而机械地终身重复同一动作。因此，欧文和傅立叶把消灭城乡对立作为消灭整个旧的分工的第一个基本条件。主张每个社会成员都既从事农业，又从事工业；甚至要求每个人在农业上和工业上也尽可能多地调换工种，并且相应地训练青年从事尽可能全面的技术活动。在他们看来，人应当通过全面的实践活动获得全面的发展；这样劳动才能重新获得它由于分工而丧失的那种吸引人的力量。

从系统论的观点看，人的异化感是由于人作为社会大系统的子系统而产生的，是人类个体纳入社会系统，作为一个子系统存在所必然发生的现象。因为作为子系统，其社会功能必须通过大系统来实现。由于作为一个独立的子系统的功能不能包含系统的整体功能，因而对于一个独立的人来说，这种整体功能便成为异己的了。也就是说，个人作为社会结构的一个分子，其结构功能是作为社会整体的一部分而实现的。这个由许多部分构成的有机整体的功能，虽然由诸多个体构成，但对于每一具体个体来说，这种整体功能无疑是异己的。正因为如此，个体不可能有绝对的独立性。作为整体的一个部分，它的功能是要适应并受牵制于社会大系统的。作为社会大系统的一个子系统而活动，便必然产生异化感和异化

---

① 《马克思恩格斯选集》第 3 卷，人民出版社 1995 年版，第 642—643 页。

现象。

人的异化现象,事实上自人类构成社会系统起就已经有了。随着社会化程度的提高,异化感越来越强烈。只是到近代,到人的个性要求重新独立的现时代,异化问题才被作为一个哲学问题提出和研究。异化问题的研究,与人的解放和发展密切相关。

毫无疑问,在某种意义上说,劳动的异化和人的异化是社会发展的结果,但是随着社会的进一步发展,异化现象将会在全社会逐渐得到克服。异化劳动将向人的本真的活动复归;异化的人将为全面发展的人所取代。异化是人在谋求自己的解放和发展的过程中,必须付出的代价。在创造历史从而创造自己的过程中,人们总是必须先付出代价,然后才能为自己赢得相应的解放和发展。这一点,我们可以在人和社会的解放和发展过程中,在随着历史向世界历史转变的完成而实现的人类从"史前时期"走向真正的人类历史的过程中清楚地看到。

就个人活动和世界历史性活动之间的相互关系而言,一方面,单独的个人随着他们的活动扩大为世界历史性的活动,愈来愈受到异己力量的支配,受到日益扩大的、归根到底表现为世界市场的力量的支配;但另一方面,随着现存社会制度被共产主义革命所推翻,随着私有制的灭亡,这种力量又将被消灭。与这一过程相应,每一个单独的个人的解放的程度又是与历史完全转变为世界历史的程度一致的。因为个人的真正的精神财富完全取决于他的现实关系的财富,正是由于历史转变为世界历史,各个单独的个人才能摆脱各种不同的民族局限和地域局限,而同整个世界的生产(也包括精神的生产)发生实际联系,并且可能有力量来利用全球的这种全面生产所创造的一切。

> 各个人的全面的依存关系、他们的这种自然形成的世界历史性的共同活动的最初形式,由于这种共产主义革命而转化为对下述力量的控制和自觉的驾驭,这些力量本来是由人们的相互作用产生的,但是迄今为止对他们说来都作为完全异己的力量威慑和驾驭着他们。①

---

① 《马克思恩格斯选集》第1卷,人民出版社1995年版,第89—90页。

人类社会的轨迹表明，历史向世界历史的转变既是人的异化及其克服的过程，又是人的解放和发展的过程，而且还是人类社会走出“史前时期”，进入真正的人类历史所必须经历的过程。在这一进程中，科学技术扮演着越来越重要的角色。

第11章　生产力、科学技术与历史向世界历史的转变

在社会发展过程中，生产力，特别是作为“第一生产力”的科学技术是最重要的决定性因素，甚至有人提出“科技决定论”。

一、人的解放和科学技术的发展

生产力和科学技术在社会过程的决定性作用，集中表现在历史向世界历史转变过程的影响。这里也着重从这一方面阐述科学技术在人类历史发展中的作用。因为历史向世界历史的转变过程，不仅是人类历史的整体化过程，同时也是人的解放过程。

人是作为一个类存在的，人的解放归根结底是一个类的解放。任何个人的解放程度，决定于整个人类的解放程度。因而，如果说实现共产主义就是完成历史向世界历史的完全转变；那么，人的解放的程度也是和历史向世界历史转变的程度相一致的。共产主义事业本身就是全人类解放的事业，只是随着从“史前时期”到“真正的人类历史”的过渡，狭隘的、地域性的个人才能为世界历史性的、真正普遍的个人所代替。在这个意义上说，人的解放与共产主义的实现具有共同的前提：一方面是世界交往的普遍发展，“因为他们在自己经验的实际中以及由于经验的要求造成了世界交往的这一事实中，使个别的人在顺利的条件下可能超脱地方局限性。”①另一方面则是更为根本的生产力的普遍发展。

生产力的普遍发展，越来越表现为科学技术的发展，科学技术是第一生产力。

① 《马克思恩格斯全集》第3卷，人民出版社1956年版，第297页。

因而,科学技术在人的解放中,在人类社会的发展中,在历史向世界历史转变过程中,都具有特殊的地位和作用。

人类在社会历史实践中创造了科学技术,科学技术反过来又对人类历史产生了深刻的影响。科学技术对人类历史意义最深远的影响之一,就是在历史向世界历史转变过程中所起的决定性作用。

科学技术的发展带来了大工业生产。正是大工业生产方式的建立,使历史开始向世界历史转变。

在历史向世界历史转变的过程中,科学技术一方面通过其所促成的技术改革,不自觉地和间接地对社会产生作用;另一方面又通过它思想的力量,直接地和自觉地对社会产生影响。

世界历史的形成意味着各民族国家之间具有世界性的整体联系,意味着人类社会开始作为一个整体系统存在和发展。这本身就表明了科学技术在这一发展过程中的必不可少。

科学技术在历史向世界历史转变中的作用,简要地说体现在三个方面:通过对社会生产的促进,使民族性质的经济发展变成世界性的经济发展;通过为人们的交往活动提供便利手段,促进了整个人类活动的整体化;以及通过科学思想对意识形态的影响,唤起并不断强化了全球意识和人类活动整体发展的意识。

二、历史向世界历史转变是生产力发展的直接结果

人类近代以来的社会生产,经历了从工场手工业到机器大工业这样一个发展过程。工场手工业生产规模很小,只是采用简单的协作方式。虽然这种生产方式不同于个体生产,但生产力水平很低,还没有发达的商品经济,民族和地区之间也没有多少交往,相互之间也没有什么影响。这时期的人类社会历史还只能是民族的历史。直到蒸汽机的广泛应用带来了大工业的发展,人类历史才开始由民族历史向世界历史转变。大工业的发展迅速地打破了工场手工业时期的原始封闭状态和相互隔绝状态。商品生产的发展使地区和民族间的交往迅速增加,相互之间的联系日益密切。人类历史发展的这种整体化趋势,是社会生产力发展的直接结果。

社会生产力的发展,是世界历史形成的基本前提。正是生产力的发展,带来了

社会分工的进一步扩大。对此,马克思和恩格斯有深刻的论述。他们指出,社会生产力的发展,首先表现为分工的发展和扩大。一个民族的生产力发展的水平,是明显地表现在该民族分工的发展上的。正是这种分工摧毁了封建行会制度,建立了资本主义的工场手工业,促进了商业的发展。工场手工业的建立和发展,又进一步扩大了分工,发展了近代的交通工具,扩大了交往关系,从而推动了市场的发展。分工的扩大,使商业和生产相分离,商业的发展又使新兴的城市不断出现,因此就产生了城市和城市之间、地区和地区之间建立贸易联系的可能。交通工具的改善,则使这种可能变成现实。通商的扩大,使生产和商业之间也立即产生相互作用,“城市彼此建立了联系,新的劳动工具从一个城市运往另一个城市,生产和交往间的分工随即引起了各城市在生产上的新分工。不久每一个城市都设立一个占优势的工业部门,最初的地域局限性开始逐渐消失。”①

不同城市之间分工的直接后果就是工场手工业的产生,即超出行会制度范围的生产部门的产生。工场手工业的最初繁荣是以同外国民族的交往为历史前提的。工场手工业最初只限于国内市场,以后随着生产的发展,商品开始逐步供给国外市场。由此,各国之间开始了竞争。通过战争、保护关税和各种禁令展开了民族之间的商业斗争。毫无疑问,无论是和平的交易,还是具有政治意义的上述手段,彼此的交往都促进了民族之间的联系。

大工业的发展和世界市场的形成,破坏了民族工业,促进了自由竞争,这种竞争很快就迫使一个不愿丧失自己历史作用的国家,为了保护自己的工场手工业而采取新的关税措施,并随即在关税的保护下开办大工业。但是,实际的贸易自由所带来的竞争是关税的消极保护所不能限制的。尽管有关税的保护,大工业的发展仍然使竞争普遍化。

> 大工业创造了交通工具和现代的世界市场,控制了商业,把所有的资本都变为工业资本,从而使流通加速(货币制度得到发展)、资本集中。大工业通过普遍的竞争迫使所有个人的全部精力处于高度紧张状态。它尽可能地消灭意识形态、宗教、道德等等,而在它无法做到这一点的地方,它就把它们变成赤裸

---

① 《马克思恩格斯选集》第1卷,人民出版社1995年版,第107页。

裸的谎言。它首次开创了世界历史,因为它使每个文明国家以及这些国家中的每一个人的需要的满足都依赖于整个世界,因为它消灭了各国以往自然形成的闭关自守的状态。它使自然科学从属于资本,并使分工丧失自己自然形成的性质的最后一点假象。它把自然形成的性质一概消灭掉,只要在劳动的范围内有可能做到这一点,并且把所有自然形成的关系变成货币的关系。①

大工业的发展把整个世界联成一体,使人类历史成为世界历史。这种世界历史不是各个单一的民族历史的总和,而是作为统一的、活的有机体的整个人类社会发展的历史,也是整个国际社会作为一个系统从低级到高级的演化过程。

世界历史的形成,加强了各民族和国家之间的普遍交往,打破了各民族间闭关自守的状态,加剧了分工的发展,促进了生产力的提高,从而引起了生产方式的变革,加速了各民族的社会进步。所有这一切,反过来又为世界历史的发展提供了现实的经济基础。其结果是:

各个相互影响的活动范围在这个发展进程中越是扩大,各民族的原始封闭状态由于日益完善的生产方式、交往以及因交往自然形成的不同民族之间的分工消灭得越来越彻底,历史也就越是成为世界历史。②

在这种历史过程中,其所产生的一切重要的历史事件都会对世界历史产生深刻的影响。马克思和恩格斯曾举例,假如在英国发明了一种机器,它夺走了印度和中国的无数工人的饭碗,并引起这些国家的整个生存形式的改变,那么这个发明便成为一个世界历史性的事实。在这种世界历史中,各民族逐渐地丧失它的孤立存在的地位,而成为世界历史中的成员。这不仅加强了各民族之间的相互依赖,而且也促使他们相互学习,从而使他们日益受到世界性的影响。

这一切,都是由于生产力的发展,由于代表着大工业生产力的资产阶级开拓了世界市场。世界市场的开辟,使一切国家的生产和消费都成为世界性的了。资本

---

① 《马克思恩格斯选集》第1卷,人民出版社1995年版,第114页。
② 《马克思恩格斯选集》第1卷,人民出版社1995年版,第88页。

主义生产的世界性，有利于统一决定整个人类社会意识的各国社会存在形态。资本主义生产的发展，挖了“工业脚下的民族基础”，冲毁了民族之间的封闭状态，消灭了“民族的片面性和局限性”，通融了各民族的精神，使社会生产具有世界性；而且还将用它的“重炮”消灭民族隔篱，统一社会意识形态。

古老的民族工业被消灭了，并且每天都还在被消灭。它们被新的工业排挤掉了，新的工业的建立已经成为一切文明民族的生命攸关的问题。这些工业所加工的，已经不是本地的原料，而是来自极其遥远的地区的原料；它们的产品不仅供本国消费，而且同时供世界各地消费。旧的、靠本国产品来满足的需要，被新的、要靠极其遥远的国家和地带的产品来满足的需要所代替了。过去那种地方的和民族的自给自足状态和闭关自守状态，被各民族的各方面的互相往来和各方面的互相依赖所代替了。物质的生产是如此，精神的生产也是如此。各民族的精神产品成了公共的财产。民族的片面性和局限性日益成为不可能，于是由许多种民族的和地方的文学形成了一种世界的文学。①

人类成为世界性的人类，历史成为世界性的历史，都是大工业的建立和世界市场的形成的结果，从而归根结底是生产力发展的结果。这是不可置疑的历史事实，而这里要进一步阐述的是，生产力的发展越来越表现为科学技术发展的直接结果。

三、第一生产力的发展和世界交往空间的开拓

在马克思看来，科学是一种在历史上起推动作用的、革命的力量。② 他把科学首先看作是一个伟大的历史杠杆，看成是按最明显的字面意义而言的革命力量。③ 科学技术在历史向世界历史转变中的作用也是如此。

历史向世界历史转变是生产力发展的直接结果，而科学技术是第一生产力，由此可见，科学技术在历史向世界历史转变中的作用的重要性。

---

① 《马克思恩格斯选集》第 1 卷，人民出版社 1995 年版，第 276 页。
② 《马克思恩格斯选集》第 3 卷，人民出版社 1995 年版，第 777 页。
③ 《马克思恩格斯全集》第 25 卷，人民出版社 2001 年版，第 592 页。

科学技术(包括社会科学和社会技术)在社会生产中具有越来越重要的作用。

首先,它使生产要素中劳动者的各方面素质不断提高,使人的需要不断发展。作为生产主体的劳动者本身素质和精神发展水平的提高,对生产系统结构中人与人的内容具有直接的影响,而生产系统的结构对其功能是有直接的决定作用的;

其次,科学技术一方面通过教育改善了劳动者的劳动技能。另一方面促使劳动方式的不断进步,从而不仅带来生产资料之间关系的变革,也改变了生产中劳动对象的状况、工艺过程的性质和劳动的特点,并建成一系列新兴的生产部门;从而直接表现为生产力的发展;

再次,科学技术还通过教育提高了社会生产管理水平,使生产力作用于生产关系机制中的重要环节合理性、科学化。生产力对生产关系的作用在很大程度上需要通过管理劳动者这一能动中介来具体实现。生产要素的结合由管理来完成,经济体制由管理工作者来确立。因此管理劳动者在管理过程中能否尽量正确地反映生产力发展的水平和状况,从而确定适合生产力发展要求的生产关系具体形式,是至关重要的。科学技术为根据具体生产要素的特点和生产系统整体优化组合规律进行管理提供了前提和手段,并通过不断促进管理方式和方法的完善,使生产力对生产关系作用的效率不断提高;

最后,也是最重要的,科学技术还改变了生产中劳动对象的状况、工业过程的性质和劳动的特点,加速了劳动工具的变革,促进了对自然界物质、能量和信息更深层次的开发利用。

可以说,劳动工具变革的历史,就是社会生产力发展的历史。恩格斯甚至认为:“到目前为止的全部历史,可以称为从实际发现机械运动转化为热到发现热转化为机械运动这么一段时间的历史。”①在自然经济时期,人们主要是以体力与自然进行直接的物质、能量和信息的交换,对自然力的运用只限于畜力和水利,生产中所用的只是简单的手工制作的工具。在近代的科学革命基础上爆发的第一次技术革命,引发了近代的产业革命,以蒸汽动力技术发展为标志的产业革命把人类带入了一个生产力实现伟大变革的时代,人类从依靠自然力的自然经济时期进入了以机器为动力的大工业生产时期。在十九世纪,法拉第和麦克斯韦等对于电磁现象

① 《马克思恩格斯选集》第3卷,人民出版社1995年版,第456页。

的科学研究成果，又引发了七十年代的又一次技术和产业革命，这次以电力技术为标志的技术和产业革命比上一次产业革命更突出地表现了科学技术的作用：它不是直接来源于生产，而是直接来源于科学实验。紧接而来的远距离输电问题的解决和大功率发电站的建立，使更方便、更有效地利用一切能源成为可能。电在生产中的广泛运用，使现代大机器生产有了动力基础。而19和20世纪之交的物理学革命，则直接促进了以原子能技术、电子计算机技术和空间技术发展为代表的第三次技术革命，这次技术革命比前两次内容更丰富，影响更深远，这不仅表现在极大地促进了社会生产力的发展，而且使科学、技术、生产三者之间的关系更为密切，科学对生产的指导作用更为明显；科学在生产中的应用不仅在于发展单项技术，更重要的还在于开辟新的技术领域，建立完全新型的工业体系；强大的新技术的出现，不再源于单纯经验性的创造发明，而是源于系统的、综合的科学研究。"科学技术的发展，促进了劳动生产率的持续增长，并成为促进整个国民经济增长的重要因素。据统计，五十年代以来，各发达国家的劳动生产率每年增长3%左右，其中四分之三是依靠新技术的采用。"①

近代以来的三次技术革命日益明显地表明：科学技术和社会生产之间的关系发生了根本的变化，科学、技术、生产三者已经发展成为一个有机联系的整体，在从科学到技术再到生产这样一个一体化周期运行中，科学已成为量重要的部分，今天的新兴产业的发展，都是科学技术在生产领域应用的结果，而科学发展和技术发明又预示着社会生产发展的飞跃，一句话，科学技术已成为第一生产力。正是在这个意义上说，社会生产力的发展直接带来的世界经济的繁荣和一体化，以及以这种世界一体化经济的发展为基础的人类历史向世界历史的转变，是科学技术发展的结果。

科学技术的发展不仅表现为生产力的提高，而且直接为人类的全球性交往提供了物质基础。毫无疑问，物质生产作为人和自然之间的物质、能量和信息的交换过程和信息中介，具有越益重要的意义。原始社会靠语言传播信息，无论是速度还是范围都受到人行走速度的限制；农业社会中马车的速度也极有限。直到到了工业社会，由于电磁波方面的科学成果所带来的一系列无线电技术发明才使信息的

① 李醒民：《科学的革命》，中国青年出版社1989年版，第235页。

传播有了革命性的变化。无线电传播方式使信息的传播范围可达洲际,而二十世纪中期以来的电视、卫星和电子计算机等远距、同步、立体的信息传播系统使信息可以在全球范围内同步传播。这些科学技术成果不仅极有利于生产力以及世界经济的发展,而且创造了历史向世界历史转变的又一个前提条件:全球信息一体化。它使一些局部的变化具有全球性的影响,从而极大地增强了部分之间的整体联系,使社会发展步入全球发展的时期。正是现代交通和通讯手段的运用,打破了地区和民族国家之间的自然障碍和人为的闭关自守状态,极大地拓展了人们的交往空间,为作为世界历史发展前提之一的世界交往的普遍发展提供了物质基础。

科学技术在历史向世界历史转变中的作用还不仅仅在于社会生产和全球信息一体化的发生,科学思想本身对人们的全球意识的唤起及由此而来的人们思维方式和行为方式的相应改变,以及科学思想对意识形态的直接影响,也是它在历史向世界历史转变中起作用的重要方式。

四、全球意识和人类整体意识的唤起

科学技术不仅在历史向世界历史转变中提供了物质的基础,而且为我们提供了思想,这些思想在这种转变中具有同样重要的作用。事实上,历史本身就包含思想史,柯林伍德甚至不无道理地认为,历史就是思想史。这一思想本身正确与否,在此不详论,但科学思想对全球意识和人类整体意识的唤起,在历史向世界历史转变中确实具有极为重要的作用。

尽管自古以来人们就有各种各样的世界观,但真正意义上的全球意识,只是在地理大发现和人类对陆地和海洋的征服后才具有的。至此人们才真正明确地把全球视为一个整体。而且可以说直到 1968 年全球学诞生,全球性问题逐渐引起广泛的重视,全球意识才得到强化。全球意识的强化,主要源于三个方面的认识:一是涉及人类生存的环境和生态系统;二是涉及人类发展的人口和资源;三是人类存在和发展的整体意识。

过去,人们一直忽视了人类活动对地球环境的影响,自从生态学揭示生物群落与其生活环境中的各种非生物因素有着密切的关系,各种无形的链条将群落与环境紧紧地联结在一起,组成生物群落的一切有机体,将这些有机体联结在一起的各种食物关系或分布关系，以及它们和环境之间的一切相互影响共同组成生态系统，而且地球本身就是一个特大生态系统之后，人们才对环境污染、对地球的掠夺性开发所带来的破坏性全球效应，像地球臭氧层的破坏，热带雨林面积的不断缩小，以及由于植被骤减所带来的沙漠的扩张、战争及可能的核灾难的后果等产生深深的忧虑。人们由此意识到保护地球生态环境，保持生态平衡的高度重要性，同时这也唤起了人类生存的全球意识。

同样，过去认为人口的发展是没有限制的，地球资源也是取之不竭的。然而科学研究表明，人口受着地球面积的限制。可居住区和可耕种区的不能扩大已构成当前人口发展的极限状态。目前全球的人口增长率约为2%，每37年地球的总人口将增加一倍，按此速度，2006年人口将达到70亿，2050年则为300亿。人口发展的这种爆炸形势，使人类面临居住空间、食物和自然资源的危机，不用说毁灭性的灾难光是人口的增长，就将使人们的努力都全部用以保持生存，人类的发展也将变为天方夜谭。科学所揭示的这些事实使人们普遍认识到人类必须计划生育，并合理利用有限的自然资源。这是关于人类生存和发展的重大问题。地球人类的命运就掌握在我们自己的手里，正如罗马俱乐部主任佩奇所言：

> 我们是地球上变化的最高代行者，我们要做的一切，都会给今后的各种事态带来影响，成为左右我们自己未来的重要因素。具有这样的自觉是极为重要的。人类的未来是永远延续还是以短命告终，是美好还是破灭，是得到报酬还是结局悲惨，这涉及是保存还是毁灭遍布在这个地球上的生命网；涉及如何从更全局的观点，运用我们庞大的知识和力量来改变这个生命组织体……同样重要的是，要认识到人类的未来将是有史以来整个地球的未来。也就是说我们所选择不论是成功的道路还是破灭的道路，它都不会局限于各个孤立的国家和地区，而会将整个人类卷进去。①

这方面的科学思想，无疑极大地强化了人类发展的全球意识。

科学思想在历史向世界历史转变中的作用，更重要的还表现在对作为整体的

① 池田大作、佩奇：《21世纪的警钟》，中国国际广播出版社1988年版，第11—12页。

人类社会未来发展的探索，或者说对社会发展的预测及基于其上的对社会的科学改造方面。一方面，科学意味着要统一而协调地，特别是自觉地管理整个社会生活；它消除了人类对物质世界的依赖性，或者为此提供可能性。一旦知道有这种可能性，人类就会策马向前，直到他们实现这种可能性为止。“社会化的、统一的、科学的世界组织快要到来了”。① 另一方面，人们，特别是马克思主义经典作家对人类社会未来发展的科学探索，揭示了人类社会发展的整体趋势，使人们从对历史向世界历史转变的意识觉醒进到了对这种转变的自觉促进和世界历史的主动创造。

马克思和恩格斯指出：

> 历史向世界历史的转变，不是“自我意识”、宇宙精神或者某个形而上学怪影的某种纯粹的抽象行动，而是完全物质的、可以通过经验证明的行动，每一个过着实际生活的、需要吃、喝、穿的个人都可以证明这种行动。②

在这些简单的日常事实的基础上，马克思和恩格斯创立了历史唯物主义和科学共产主义理论，揭示了历史向世界历史转变以及世界历史运动的规律。他们指出，资本主义的扩张使生产方式日益国际化，由于一切生产工具的迅速改进，由于交通的极度方便，商品生产驱使资产阶级全球奔走，到处建立联系，把一切民族甚至最野蛮的民族都卷入到工业文明中来，这一过程促使历史向世界历史转变。随着资本主义向社会主义这一世界历史性转变，狭隘的地域性的个人为世界历史性的、真正普通的个人所代替，共产主义便也成为世界历史性的事业。

马克思和恩格斯认为，共产主义是全人类的事业，它不是某种地域性的东西。共产主义只有作为占统治地位的各民族“立即”同时发生的行动才可能是经验的。恩格斯则进一步明确指出：

> 共产主义革命将不是仅仅一个国家的革命，而是将在一切文明国家里，至少在英国、美国、法国、德国同时发生的革命，在这些国家的每一个国家中，共

---

① S. D. 贝尔纳：《科学的社会功能》，商务印书馆 1986 年版，第 544 页。
② 《马克思恩格斯选集》第 1 卷，人民出版社 1995 年版，第 89 页。

> 产主义革命发展得较快或较慢，要看这个国家是否有较发达的工业，较多的财富和比较大量的生产力。因此，在德国实现共产主义革命最慢最困难，在英国最快最容易。共产主义革命也会大大影响世界上其他国家，会完全改变并大大加速它们原来的发展进程。它是世界性的革命，所以将有世界性的活动场所。①

正是在这个意义上说，共产主义的到来不是个别国家的事情。因而共产主义革命的主体也应当不会是某个或某几个国家。

> 无产阶级只有在世界历史意义上才能存在，就像共产主义一般只有作为“世界历史性的”存在才有可能实现一样。而各个人的世界历史性的存在，也就是与世界历史直接联系的各个人的存在。②

每一个单独的个人的解放的程度是与历史转变为世界历史的程度一致的。因而共产主义事业是全人类解放的事业。共产主义时代是真正的世界历史性时代。所以在某种意义上说，实现共产主义也就是完成历史向世界历史的完全转变。

马克思主义经典作家对人类社会未来的探索，极大地加快了历史向世界历史转变的进程。在马克思所处的时代，大多数东方国家由于正处于前资本主义时期，其发展尚未进入世界历史。马克思的东方发展理论，使东方民族国家的发展提前跨入了世界历史。他提出了俄国等东方国家可以跨越资本主义的发展阶段，直接进入共产主义。马克思指出，资本主义的发展表明它是一个苦难和不幸的深渊，而在俄国，村社土地公有制为它提供了避免遭受资本主义制度所带来的一切极端不幸的灾难的最好机会，俄国跨越资本主义“卡夫丁峡谷”是完全可能的。20世纪以来的东方历史发展以及全世界的共产主义运动，充分表明马克思主义经典作家对人类社会的科学探索，对于加速人类历史发展具有极为重要的意义。

由此可见，马克思主义经典作家对人类社会发展规律的科学探索以及作为其

---

① 《马克思恩格斯选集》第1卷，人民出版社1995年版，第241页。
② 《马克思恩格斯选集》第1卷，人民出版社1995年版，第87页。

重要结果之一的科学共产主义理论，在历史向世界历史转变中具有极为重要的意义和作用，它使历史向世界历史转变从自发的发展过程转向自觉的创造过程。在社会实践中，“全世界无产者，联合起来！”这一人类历史上最响亮的口号，唤起了历史的创造者，使人类历史在由民族国家的历史向世界历史的转变过程中，在走出人类社会“史前时期”的世界性进军中，出现了跨世纪的飞跃。而正在到来的信息文明时代，为这些转变创造了前所未有的条件。

科学技术特别是信息科技的发展，不仅推动了快速全球化，极大地推动了世界历史进程，而且使人类文明发展到信息文明层次。而信息文明不同于物能文明的性质，则使人类从以物质活动为主的时代发展到以精神活动为主的时代。

第12章　信息文明：从物质时代到精神时代

自从"信息论之父"香农(Claude Shannon)1948年提出信息论，关于"信息"已经有上百种定义。在这些定义中，控制论创始人维纳(Norbert Wiener)的表述最耐人寻味，也最涉及根本："信息就是信息，既不是物质也不是能量。"维纳的表述虽然看上去几乎没有给信息下一个形式逻辑意义上的严格定义，但它却通过将信息与物质和能量相提并论，以一种特殊的方式晓示了信息非同寻常的重要性，从而预示了人类发展的一个新的前景。随着人类社会发展到信息时代，我们才看到这一重要性和这一预示的空前展示：一种不同于以往文明的新的文明。信息时代可能跟我们以往的时代都不一样，既不是物质也不是能量的信息意味着一种完全不同的文明，一种在层次上不同于物能文明的信息文明。

一、一种基于信息本性的共享文明

当我们按照农业文明、工业文明这样的逻辑分类时，信息文明必定像农业文明和工业文明那样呈现在我们面前。但是，当我们根据维纳的信息定义，把以往的文明形态都看作主要是物能文明，就可能发现这样一个事实：物能越来越具有载体的性质，而真正的主角归根到底是信息，那么毫无疑问，这个意义上的信息文明就显然比农业文明、工业文明、信息文明区分中的"信息文明"更为根本。与物能文明相对的信息文明意味着什么？这显然是一个更为根本的问题。

1. 人类文明的信息层次。信息不是物质，也不是能量，因而从实体角度看，信息具有载体的依附性。但如果从使用的角度看从语言只有在使用中才具有意义的角度看，我们会发现一个颠倒过来的事实：由于涉及事物存在的形式等，即使不说在某种意义上载体本身为信息所决定，信息也是根本性的。在这个意义上，信息反而有一种比物能更重要的地位。在人和物能的使用关系中，信息居于越来越重要的地位。正是在这个意义上，物能比信息具有更为基础的重要性，而信息却比物能具有更根本的使用上的重要性。也就是说，在使用的意义上说，在大数据以使用为基本平台的意义上说，信息与物能两者之间的关系似乎表明，在使用的意义上信息有比物能更根本的方面。因为作为载体，物能是可以替换的，具有可替代性，同样的结构可以由这种东西，也可以由另一种东西组成；而且同一种功能，也可以有两种不同的结构。而其中的关键因素不是具体的物能本身，而是信息。这种理解可以从 DNA 得到简洁的说明：DNA 与其说是“实体”，不如说是“信息”。如果物能性存在有所谓“本质”，那也不是抽象的普遍性规定，而是信息。在一种不同意义上，信息可以看作是物能的“本质”，因为物能就在于结构，而结构就在于信息，不管是什么样的基石，都可能建构出人们所需要的东西。正是这一点，使信息的本性与信息文明本身内在联系在一起。其中最为重要的联系之一，就是信息的共享性质。

2. 共享文明的信息根据。作为信息本性造就的经济规律，信息产品复制与传播的边际成本递减，为信息共享奠定了经济基础。作为移动互联网造就的技术规律，网络倍增效应则为信息共享奠定了技术基础。正是这些基于信息本性的规律，造就了不同于以往物能文明的信息文明——一种共享文明。

物能文明是一种因共享范围有限而注定始终伴随(如果不是日益加剧)物质利益冲突的文明，而信息共享的天然本性在根本上改变了这种局势，为人类文明发展奠定了共享范围原则上可以无限扩展的基础。由于信息本性造就的经济规律，信息产品复制与传播的边际成本递减，信息的共享才是真正可以不仅做到没有冲突，而且可以范围无限。信息文明是一种随着共享范围的扩大，单位成本反而不断降低的文明，因此满足更多人的需要不仅不会成为一种负担——就像满足越来越多人吃饭的需要将是一个灾难性后果，而且反而会成为相互减负，从而构成越来越强有力的相互支撑机制——就像更多人使用会使软件制作成本的分摊额越来越小。物能分享随着分享者的增加而负担趋向无限大；而信息共享则相反，会随着分享者的增加而使分享代价趋向无限小。

信息具有共享的本性，而信息技术的发展则为共享文明创造了把共享的物能条件降低到不成为限制条件的程度。同样以共享知识为职能的传统图书馆，由于受到物能条件限制,不得不遵循"谁投资、谁受益"的运转原则;而为推动科研成果利用网络自由传播而出现的开放存取(Open Access),则为资源共享扫清了物能障碍。这为共享文明的信息对称化提供了必不可少的条件。

3. 公共信息对称化的过程。信息具有共享的天然本性,但由于物质利益的影响,会造成信息的扭曲分布,从而形成人为的信息不对称。正是因此构成信息文明时代的主要矛盾之一:信息对称和专利保护的矛盾。一方面,信息时代的重要任务是在公共领域尽可能消除信息不对称;另一方面,由于信息时代的主要驱动力是创新,因此又必须尽可能保护创新专利。比如源代码的开放等。信息文明的发展是一个不断消除信息不对称——也就是信息对称化的过程。

在物能时代,公共信息的不对称主要是技术基础的局限和物质利益造成的,而物质利益归根结底与物质匮乏和人的需要的发展层次密切相关。而在信息时代,公共信息的不对称则越来越与人的需要的发展密切相关,因而信息对称化,或者说信息文明的发展更表现为人的需要的发展过程。

4. 共享文明的人性依据和哲学基础。共享的文明不仅要有通过信息所创造的物质条件,而且有人性发展的依据,因而有其哲学基础。在信息文明中,每一个主体都成了信使,因而在越来越多使用情境中具有取代"主体"倾向的"agent [①]"就是一个必不可少的概念,而且也是进一步明确这一概念的必要情境条件。Agent 是一个很难在抽象基础上概括得到确切定义甚至内涵的概念,它是一个内涵层次的家族相似概念,也就是具有家族相似系列内涵的概念。因为这个概念的定义,一方面必须在其不同发展阶段中进行;另一方面必须在其整体过程中进行。在与物能打交道时,agent 就是相互作用的因素之一,只是它是一个相对具有能动性,因而更具支配作用的因素。这是其作用的一种极端方式。Agent 作用的另一种极端方式是人和人打交道。在人和人的互作中,不仅具有 agent 的间性,而且这种关系是镜像的。Agent 间性典型地表现为互为代理,那远不是简单的相互作用,agent 之间是互为代理关系的;这种关系的镜像性则意味着,agent 不仅是作为相互作用的双方相

---

① Agent,确切理解应是"起作用的有效原因"(an active and efficient cause),哲学上一般指"具有自主行为能力的实体"(an entity which is capable of action),有代理人、中介、因素、行为者、动作者、动因、作用力等基本涵义,中文译有"主体"、"行为者"、"行动者"、"代理人"、"施事者"等。由于在具体使用情景中任何一种统一的理解都有欠缺,而对其含义的理解又很关键,在此还是采用原文。

互依存，而且在从效果到利益上都是互为代理的，说到底就是：agent 之间是相互满足对方需要的，特别是在这种需要发展到高层次的时候。俗称“羊毛出在狗身上”的基础业务免费，增值业务收费，以注意力的集群效应换取免费服务的双边式交叉补贴(cross subsidization)，正是互为代理的一种初级形式的市场表现。

在低层次需要的活动中，尽管需要的满足可能是相互冲突的，但有时候仍然必须通过相互代理才能满足彼此需要。而在高层次需要的活动中，任何 agent 的需要都必须在合作中才能获得具有共同性的满足。这种满足不再是个别的，而是共同性的。要么都满足，都得到需要的满足；要么都得不到满足。这是典型的需要满足中的相互代理。更进一步，不仅需要的满足是共同的，而且需要的形成也是共同的，就像在情感和社会需要中，实质上是人和人相互的共同需要。只有在 agent 的相互代理中，更高层次上的需要才可能出现，因为人的需要越发展到高层次，越是类的需要而不是某些个人具有而另一些个体没有或不需要有的需要。在这种类的需要中，出现了一个新的特点，那就是 agent 的需要不仅是一般意义上相互代理的，而且每个 agent 都是共同需要及其满足的代理。只有代表和满足了类的需要——也就是所有人的需要，才是真正意义上的自己需要的满足。

二、一种基于信息机制的役物文明

作为比物能文明更高层次的文明，信息文明地位的提高不是意味着物能不再重要了，而是物能的地位变得更为基础，其重要是基础性的重要，而不是在“上手”意义上的重要。在信息文明时代，信息活动日益取代物能活动，物能活动越来越由智能创构物代劳。一个创构的文明时代，正在以“新硬件时代”掀开历史的帷幕。它所催生的，将是一种人的活动人性化的文明。

1. 以人的需要为出发点的信息创构活动。信息时代提供了把握人的需要的技术手段，大数据是其最重要的信息基础，它使信息文明日益成为一种以人(类)的需要为出发点，以这种需要的满足为最终目的的文明。共享文明的社会基础是社会活动以人的需要为出发点，以人的需要的满足为最终目的。正是以大数据为基础的信息系统，为此提供了技术条件。以人的需求(要)为出发点，以满足这种需求(要)为目的(标)，人的需要的光照就能从近乎一个堆的大数据中，照亮相关因素

(factor),让它们以特定的方式进入相互作用,构成特定的信息系统,或根据信息系统建构实体(物能)系统满足人的需要(求)。这就是大数据的重要性所在,它使人们不是通过取样和抽象概括,而是直接通过相关因素分析和凝聚进入相互作用,达到满足人的某种特定需要(通过预测得到)的目的。

以人的需要的光照,从近似堆的大数据中寻找相关因素,导向信息文明时代典型的创构活动。信息文明时代仍然以对外部世界的认识为基础,但创构活动在此基础上获得越来越重要的地位;数据分析不是不关注因果关系,而是超越了传统因果观,通过因素分析,根据人的需要创构信息系统(比如一部电影,一个电视剧)和物能系统,满足人以加速度发展的需要。

2. 人的需求越来越具有信息的性质。人的需要越是处于低层次,越具有物能的性质;人的需要越发展到高层次,越具有信息的性质。从生理需要到心理需要,再到精神需要的发展,物能越来越居于基础地位,而信息则越来越居于显要地位。一方面,由于人的需要层次的提升,人的需要本身越来越具有类的共享性质,而这恰恰是信息性质的重要特性。另一方面,信息时代的社会环境使人的需要不断信息化。

在信息时代,不仅有传统的物能饥渴,而且有明显的信息饥渴。与物能缺少可以引起人体饥渴一样,信息也能引起人的心理甚至精神饥渴。

信息的心理饥渴与信息时代的社会环境密切相关。信息缺少时,不管信息正误,不管信息的实际价值如何,有总比没有好。物能的饥不择食是显而易见的,而信息的饥不择食则是隐性的,不易为主体所自觉意识。比如复杂的股市导致的股评怪象,可能有些股评没有任何的确定性,但得到这些信息也总比对股市没有任何信息强。人们甚至会从与事实相反的信息中得到某种确定性。这也是上当受骗成了信息现象的原因。信息的精神饥渴则更与人在信息时代的发展密切相关。首先是对知识的渴望——心灵结构的成长;其次是对疑惑的求解;最后对解决问题的关键信息的渴求等都是。

当前,直接并深入满足用户需求在市场中日渐成为最明智的选择。因而面向用户的多层次需要则成了下述主要转换的市场表现形式:以人(类)的需要为出发点,以这种需要的满足为最终目的。在现代生产模式中,产品统一制造的规模效应使多样化成为落后的生产方式,但信息技术以时空等的碎片化因应需求的碎片化,使定制从而使多样化生产重新成为更符合人性的先进生产方式。（比如 3D 打印、昵称瓶。）产品不仅仅满足用户的单一需求，而且必须考虑多层次需求的同时满足，因此好的产品都必须考虑品牌理念和价值主张，甚至为用户群打造精神家园，能够让用户激情参与、体验、互动。不仅以人（用户）需求为中心，而且以最直接的方式、最快的时间对接用户需求。不仅在产品生产和用户之间建立起商业生态，而且建立生存和发展生态。不仅为满足用户需要，而且为“创造”用户需要生产产品。而符合人的需要及其发展的价值创造，能够推动人的需要从而人的发展。要创造市场创造需要，就要了解人，不仅了解人的需求，还要了解和实时关注人的需要的变化发展。这就必须理解人的需要及其发展，理解人及其发展。人的发展，意味着需求个性化的发展。只有理解人的需要和发展，才可能生产出“让人尖叫”的产品。

3. 从“人为物役”到“物为人役”。在中国古代思想中，早就有“人为物役”和“物为人役”的深刻表达。“君子役物，小人役於物。”在个人层面，这主要就控制对物质的追求而言，但人类社会怎样才能从主要是“人为物役”的状态向主要是“物为人役”的状态过渡呢？只有人类文明发展到信息时代，才有可能看到其具体机制；只有发展到足够把握强大信息工具之后，人类才可能通过信息中介，通过智能化“役”物，才可能实现主要是“人为物役”到主要是“物为人役”的转变。

信息文明是以信息创构物能文明的文明。通过信息创构，人类从人为物役的状态逐渐向物为人役的状态转化。在物能文明中，总的情况是人为物役，这就是黑格尔和马克思所说的异化。复归人的本真的活动，为消除活动的异化提供了信息基础。这一基础不仅指其所提供的信息活动，而且指其所提供的网络平台条件。只要有人处于人为物役的状态，这个群体、社会甚至这个类中，就不会有人真正超越人为物役的处境，就像只要有人没有电话或者通话终端，就不可能有人能获得通话的全部自由度一样。正是明白了这样一个深层次的道理，马克思和恩格斯才能得到这样一个重要原理：无产阶级只有解放全人类，才能最后解放自己。这个世界上只有所有人都不是处于“人为物役”的状态，才能使所有人（任何一个人）处于“物为人役”的文明状态。

4. 物为人役的信息创构活动实现。信息文明之所以是物为人役的文明，其基本原理不简单就是人通过信息支配物能，而是人类可以通过用信息支配物能，从而使物能更好地满足人的需要，在很大程度上解脱物化造成的人的异化，使人的低层次需要从物能的局限性中解脱出来。也就是说,信息文明使人类获得了这样的信息成果,以致人们可以通过信息控制物能,使物质通过结构的调整,由一种对人类不那么有价值的东西变成价值更大的东西,也就是使物质从一种不能满足人的需要的形态,变成一种更能满足人的需要的形态;使能量从不容易获得的形态变成容易获得的形态,从而人类活动更多地是直接与信息打交道而不是传统的主要与物能打交道。而这样的活动,正符合 agent 的本真含义。

在 agent 越是作为物能相互作用中的因素起作用的时候,越是人为物役的时代;在 agent 越是作为信息相互作用中的代理者起作用的时候,越是物为人役的时代。作为中国古代文化人和物关系的经典写照,从"人为物役"到"物为人役"关系的转化,正是通过人对信息的支配呈现对物能的支配,而且这种支配在原则上不受物能的局限。这与信息与物能的关系密切相关。

三、一种基于信息创构的人性文明

人类物能文明的发展,既是人性从物能压迫中解放出来的过程,也是人性与社会文明冲突的过程。只有到了信息时代,人类历史才真正步入人性文明的轨道。

1. 信息创构活动是最符合人性的活动。人类有两类基本的活动:探索既存事物和创设新事物。这两种不同的活动需要两种不同的认识:① 对既存世界存在规律的认识和对创设新事物的规律的认识。② 对既存世界存在规律的认识是描述性质的,是一种描述活动;而对创设新事物的规律的认识则是创构性质的,是一种创构活动。在信息时代,占主导地位的活动是信息创构活动。正是信息创构,通过最符合人性的活动带来了人的类解放。

信息活动是离创造性活动最近的活动,正是信息活动使人类生存活动更符合人的本性,使人类文明成为标志着人性解放的文明。按照马斯洛的需要层级理论,当人的需要发展到自我实现时,人性的解放已经达到完全不同的层次。而人的自我实现最核心的内容,就是人之所以为人的内"基因"的展开,而与人的本性最为关切的,就是有关创造活动的部分。因而人的创造活动是最符合人性的活动,而信息活动为符合人性的活动奠定了基础。更为重要的是,作为最符合人性的活动,人的创造活动的普遍展开,所需要的是完全不同的物能(自然)和社会条件,因而意味着社会的自由度、民主程度达到了一个很高的发展水平，自然环境和(物能)社会的发展达到了这样的程度：一方面，对物能的控制达到了全社会甚至全人类实现物为人役的水平，从而人类活动从以描述认识为主进到以创构认识为主。另一方面，全面解放创造力的条件，也就是社会文明发展到了人性在社会维度获得程度越来越高解放的文明水平。

2. 创构活动是人性化的信息平台。信息化奠定了物为人役的基本机制，既通过信息役物能，但物为人役的发展过程则不仅决定于物质文明的发展，并决定于人的需要的发展。正是人的需要的发展，带来了人的自由全面发展。

一种为思想的文明提供了前提的文明，而且思想文明本身的发展决定于人们需要和思想生产能力的发展。在创意是第一生产力的时代，意味着思想是生产力。而信息时代则为信息创造的能力发展提供了基础，这意味着为人性解放提供了信息平台。

人性解放恰恰意味着类关系的提升，而其结果就走向“自由人的联合体”。这就是马克思主义经典作家所预见到和描述过的那个理想社会。而从信息文明的角度，我们则可以看到这种理想社会实现的物能信息基础甚至具体机制，因而将这一理论的重要环节更具体化了。这也是我们在当今人类社会发展的现实中所能看到的新的更清晰景观、视野和前景。

3. 通向人类共同精神家园的思想创构时代。现在已经在说“软件定义世界，数据驱动未来”；其理论基础就是思维定义世界，信息驱动未来。思想文明并不是与物质文明绝然不同的文明，或者说是一种可以与物能文明相脱离的文明，而是说思想赋予了物能文明以全新的含义和更为丰富的内涵，甚至满足心理需要的其他精神方面的文明也一样。思想通过创构，使物质文明变得越来越是思想的物质形式。从算盘到电脑就典型表明了这一点，而情感需要和社会需要，也会有更多的思想的内容和魅力渗入其中，使原来意义上的情感和社交有层次性的提升。就像思想使艺术从感性的美提升到理性的美，从感性写真提升到现代抽象艺术一样。

在 agent① 和对象范式中，还有社会层面不同的 agent，不同 agent 之间形成

① Agent，确切理解应是“起作用的有效原因”(an active and efficient cause)，哲学上一般指“具有自主行为能力的实体”(an entity which is capable of action)，有代理人、中介、因素、行为者、动作者、动因、作用力等基本涵义，中文译有“主体”、“行为者”、“行动者”、“代理人”、“施事者”等。由于在具体使用情景中任何一种统一的理解都有欠缺，而对其含义的理解又很关键，在此还是采用原文。

agent间性。这种agent间性和主体间性又有不同，它们之间是以交往为实质关系的。没有交往就没有agent，因为与主体相比，agent更凸显了人和人之间的关系，这是与人和物之间的关系完全不同的关系。如果说，人和物之间的关系更多是物能关系的话，那么agent之间的关系则更多是信息关系。这是一种互为agent的关系；这是主体和主体的关系和主体间性关系所不能或至少是不方便表达的。

这就不仅与马克思的对象性活动联系起来了，而且在更根本的层次涉及交往理论，更合理地从物和物（人也类比性地包括在其中）的相互作用关系进到了人和人的信息关系。这种信息既包括物质的、能量的，更包括心理的和精神的。人和人的关系，或者说人的类关系，其实发展到“真正的人类社会”的阶段，归根到底就是思想和情感关系，只是这些关系必须通过物能形式才能得以形成和运作。人作为一个类的存在，绝不是建立在单纯的生理基础之上，那是群体动物——蜜蜂和蚂蚁等的社会，建立在生理基础上的群体或社会只是基于生存需要。人类社会也不只是有一个更高的共同情感需要，情感需要虽为人类所独有，但那也还只是范围有限的关系，即使宗教性质的“爱所有人”的博爱，在理念层次也只是把所有陌生人甚至所有人抽象成一个对象，那是——或至少主要只是基于心理需要。而思想的关系则完全不同，那是一种基于信息需要的关系。

哲学为人类寻找精神家园，而信息文明通过思想与信息生产的天然纽带，把精神家园落实到具体的现实生活，或者将具体的生活与精神家园接通，从而不仅仅通过理性，而且情理兼具地把所有个体融入共同的精神家园。

4. 信息文明时代的个人与社会。人类社会发展到今天，并没有——在有些地方还远未——达到信息文明的典型形态，但重要的是我们可以清楚地看到，人类社会已经开始进入了信息文明的时代。这个时代不是人类社会发展状态的结束，而是跟马克思关于人类社会形态的二分中所明确表达及所蕴含的那样，我们已经进入了“真正的人类历史”，现在是创造真正的人类历史的时代。

信息文明时代的个人很幸运，同时也将遇到更多的挑战。虚拟技术将使人们相对摆脱物能束缚，为人类提供在自然环境中不可能得到的生活享受和活动条件。以物能刺激为基本特征的感官享受，根本特点就是始终在感觉中，因而感官享受再陶醉，也不会沉迷到忘我的状态，而创造活动则与此完全不同。这两种不同享受的层次上的不同，也是两种享受的质的不同。在信息化时代，个人一方面可能被信息新产品所淹没，在信息中迷失；另一方面又有了前所未有的条件，使每个人都可能通过在信息活动中展开自己，并提升生活的意义和品质。这是一个不同于物能时代的信息时代，作为最符合人性的活动，创造活动既意味着人性的发展，同时也意味着社会整体文明水平的发展。

物能文明和信息文明的区分不是一种基于社会生产方式的区分，而是一种基于人的生存状态的人类文明划分。对于社会来说，其发展前途完全取决于社会成员的创造力及其发挥水平，因而无一例外地，当今时代的重要历史任务，就是为人的创造活动，为创造力的解放本身创造社会条件。为社会成员提供有利于创造活动的社会条件，就是信息文明时代社会发展的重要目标。而创造力的解放，则意味着社会整体文明水平的提升。这既是人类信息文明未来发展的必由之路，也是当代社会现实发展的合理选择。信息文明的发展是人类社会走出“史前时期”，进入真正的人类历史所必须经历的过程。

信息文明时代的发展以创新为重要特质，而在创新时代，只有通过马克思劳动价值论内在逻辑的展开，才能更合理地反映创新时代的劳动价值。

第 13 章　创新时代的劳动价值论

关于劳动价值论，有两个明显的事实呈现出一种耐人寻味的关系。一方面，在价值源泉的揭示上，劳动价值论的地位不可动摇；另一方面，创新劳动价值与劳动时间的非线性关系，又是一个不容置疑的基本事实。这两个不尽协调的方面，构成了一种推动劳动价值论研究的强大张力。借助这一张力，能通过对创新劳动价值论的深入探索，进一步推动劳动价值论的创新。

一、创新劳动价值：从量的累积到质的创造

马克思劳动价值论当代所面临的最严峻挑战毫无疑问是创新劳动所创造的巨大价值与社会必要劳动时间，不像常规劳动那样线性相关。

由于常规劳动可以用“社会必要劳动时间”来衡量劳动价值量，通过主要展开常规劳动的研究，马克思劳动价值论揭示了价值理论的最基本内涵。但随着创新劳动在整个劳动中所占地位的日益凸显，仅仅用“社会必要劳动时间”来衡量劳动价值，遇到越来越突出的问题。创新劳动不存在常规劳动意义上的劳动量衡量的前提，不能用“社会必要劳动时间”来衡量，而且任何意义上的劳动时间衡量，都不能解释创新的巨大价值。

由于创新劳动和常规劳动的原则区别在于创新劳动成果是先前不存在的，而常规劳动主要生产已经存在的产品，因此常规劳动和创新劳动的真正区别在劳动的量和质。

由于更多地是量的累积的劳动，常规劳动的价值才与劳动时间的量具有这么重要的关联。而创新劳动的价值与劳动时间之间的关系在本质上是非线性的。创新劳动价值与劳动量的关联不是量的累积，而只是造成质的突破的必要时间进程，

而原则上说，劳动的质与劳动的量之间是不能简单换算的，只是在特定条件下，两者之间的联系具有某种程度的计量意义。这与下述事实密切相关：创新劳动所具有的一些重要性质和常规劳动的性质完全不同。

毫无疑问，我们不能认为创新劳动是瞬间发生在个人头脑中的观念，更不能认为某一特殊瞬间的劳动创造了巨大的价值。因此，我们不能用这个“瞬间”来计算创新劳动创造出的劳动价值。就创新劳动价值的创造而不是其度量而言，用创新观念产生前的“累积”或“酝酿”作为劳动时间固然具有一定的合理性，但这样的劳动时间计量即使具有意义，也是不可能实际进行的。这与其说是计量的技术问题，不如说是创新劳动的劳动时间量计算的意义问题。这一点的重要性在于，说明创新劳动不能只以劳动的量度量而必须更以劳动的质来度量。

在创新劳动中，由于不存在常规劳动意义上的“社会必要劳动时间”，不存在“创新劳动的抽象劳动”。因此在很多领域，由于创新劳动价值与劳动时间之间非线性相关，对创新劳动的价值而言，与之相关的更重要因素应当是劳动的质。

常规劳动价值的生成与劳动量线性相关，而创新劳动价值的生成则主要决定于劳动的质。

作为量的劳动价值除了有活劳动，还有其凝聚态——资本和生产资料。作为质的劳动价值除了创造性活动本身，还有作为其凝聚态的知识、观念、制度安排及教育和管理方式等。作为量的劳动的凝聚态主要是物质的和能量的，作为质的劳动的凝聚态主要是信息的。管理者的劳动之所以有时候具有更为重要的意义，不仅因为他们要创造一个好的生产和经营状态，更重要的是，管理在商品生产和市场需求之间——也就是在价值创造中扮演着关键角色。

由于量的积累和质的创造的不同性质，常规劳动价值和创新劳动价值具有不同的特点。与劳动价值量的计量相关，创新劳动价值的一个与常规劳动不同的重要特点，是在同一信息共享区域中的唯一性。在常规劳动中，同样一种劳动产品的生产具有累加的性质，这使常规劳动的价值具有加合性。而在创新劳动中，劳动成果的价值具有非加合性。一个创新劳动成果形成后，同质劳动成果即使是独立形成的，其价值与首创也完全不同，甚至可以为零。这使创新劳动具有比常规劳动高得多的风险性。事实上，越是高质量的劳动，越具有风险，无效性的可能性越大。而低质劳动则相反，其无效性往往来自与其相关的高质劳动（管理和交换等）。常规劳动和创新劳动的另一个不同特点，是二者与人的生产的关系具有重大区别。

在创新劳动中，由于比在常规劳动中更根本地涉及人本身的生产，常规劳动价值和创新劳动价值与人本身的生产具有完全不同的关系。

恩格斯指出，“根据唯物主义观点，历史中的决定性因素，归根结蒂是直接生活的生产和再生产。但是，生产本身又有两种。一方面是生活资料即食物、衣服、住房以及为此所必需的工具的生产；另一方面是人自身的生产，即种的蕃衍。”人自身的生产是一个复杂的概念。随着人类社会的发展，它越来越不仅不只是指生物学意义上的人的再生产，甚至不仅指精神意义上的人的再生产，而是包括社会关系意义上的人的再生产。在创新劳动的视野下，人自身的生产甚至包括整个社会关系的再生产。由于社会关系通过人与人、人与自然等的关系得到反映，所以，这不仅意味着人们在社会中的经济关系，而且意味着人们之间的政治关系；不仅意味着人与人的关系，也意味着人与自然、人与人自身的关系。这里存在着大量需要具有创新能力才能进行的劳动，包括社会的制度安排和运行机制的设置，也包括对人和自然关系的理解和协调等等。

马克思指出，“在第一种生产中，生产者物化，在第二种生产中，生产者所创造的物人化。”在这种“生产者所创造的物人化”的过程中，与常规劳动完全不同，创新劳动日益表现为具有创新能力的人的个体生产和社会生产关系的生产这样一个整体。劳动的人化形态可以说是这个整体的集中体现。

创新劳动中劳动者的生产，的确可以在更高层次和更深意义上纳入劳动力再生产理论。

在“人的生产”中，“用生命创造生命”的过程在创新劳动中变得更为复杂而重要。这是创新劳动价值论研究的重要领域。

如果最简单的“人的生产”可以看作是“简单劳动力”生产出更多数量的“简单劳动力”，那么复杂的“人的生产”则意味着人的生命在质上的提高。人的生命在质上的提高本身是劳动的质的提高的基础，它决定了创新劳动价值的计量不能是像在常规劳动价值的计量中那样，只是量的累加，而必须同时是质的换算。由于在市场交换中质必须量化，所以人的生命质量的提高本身是创新劳动所产生的结果。

作为常规劳动凝结在商品中的价值，抽象劳动时间的成本是维持常规体力和非创新性脑力劳动的劳动者及其再生产；作为创新劳动凝结在商品中的价值，抽象劳动创意的成本更重要的是要加上进行创新劳动的创造性人才的培养,因此在根本上包括教育等。

常规劳动主要表现为劳动力使用的时间(量),而创新劳动则主要表现为劳动力的创意发挥(质)。因而就创新劳动本身而言,其价值不能用任何量的意义上的时间来计量。

常规劳动创造的价值必须通过既定社会生产条件下的抽象劳动时间来计量,而创新劳动不仅不能用抽象劳动时间来计量,甚至不一定非在"既定社会生产条件"下计量,因为创新劳动价值与劳动时间的量不仅没有具有计量意义的关联,而且可以是不以某一"既定社会生产条件"为必要条件的,原则上说,有时候完全可以在不同的既定社会生产条件下生产出同样的创新劳动成果。常规劳动成果是在既定生产方式甚至具体设备条件下完成的,而创新劳动成果有时候不一定有对这些具体条件的严格要求。

正因为如此,人的创新能力的培养是质的提高。这里主要包含教育和管理等环节的创新劳动。无论是就劳动者还是劳动而言,作为两个不同质的规定,质和量原则上说是不能相互换算的,只是在市场经济条件下,可以通过价格体现创新劳动价值与常规劳动价值的市场关系。

二、创新劳动价值的度量及其启示

从创新劳动不同于常规劳动的性质,可以更深入地看到创新劳动所包含的越来越不仅是直接的技术性因素,还包含社会的制度、观念以及与具体的创新活动本身没有直接联系的因素所起的作用,甚至包括诸如社会开放或者秩序回归等社会变革。即便最简单的技术创新,也涉及日益复杂的因素。

当新技术为部分企业所采用,由于采用新技术的企业生产同一商品耗费的时间不同,所形成的同一商品的"个别生产价格"与由作为平均值的"社会必要劳动时间"决定的该商品的"一般生产价格"不同,因此"他的个别生产价格和一般生产价格之间的差额,以他的个别成本价格和一般成本价格之间的差额为界限。这是构成他的超额利润的界限的数量之一。" 这个"超额利润"看上去似乎仅仅是某项具体创新劳动带来的,但事实上这一具体创新劳动成果与创新劳动者所受的教育以及所处的社会环境密切相关。广而言之,技术创新带来的"超额利润"绝不仅仅来自某个直接的发明创新劳动,而是来自社会的整个文明进步。

因此,对于创新劳动价值,仅仅计量某项具体技术创新的劳动价值,仅仅揭示技术创新价值的实现,是远远不够的。创新劳动价值的度量应当是量的累积和质的创造的统一。在这个统一中,必定广泛涉及创新劳动者所处环境的教育、制度设计和管理及交换等社会因素。而在创新劳动中,所涉及的社会因素又极为复杂。一方面,对创新劳动成果的保护毫无疑问与创新劳动密切相关,从社会大尺度上说,专利制度甚至可以看作是构成创新劳动的重要社会因素。另一方面,许多社会制度或生产方式的变革不仅不存在一个"保护"的过程,而且是一个与此完全相反的极力"推行"甚至暴力取代的过程。而在劳动价值论的传统理解中,其所带来的价值不仅不能以创新劳动价值的方式表现,甚至不能以劳动价值的方式表现。因而,这些社会因素在创新劳动价值的市场实现中往往因缺乏现实可行性而不能得到合理的体现。

在市场经济条件下,技术创新劳动的价值在市场上的价格实现具体可行的方式,就是根据技术创新劳动的质,通过市场机制能够转化为多少常规劳动量,也就是它在效用的意义上能够带来多少与常规劳动量相对等的劳动价值单位。

创新劳动作为得到创造性成果的劳动,必定涉及新的观念和信息,必定是一种主要以信息为对象的劳动。作为主要以信息为对象的劳动,创新劳动的创造性成果往往表现为生成新的信息不对称,创新劳动所带来的超额利润,归根结底是信息不对称造成的。因此,创新劳动所带来的超额利润可以用创新劳动所造成的信息不对称消除之前所带来的利润来计算。从社会发展的角度看,创新劳动所带来的信息不对称的保持本身有利保护创新的积极性,但同时又有碍创新成果的有效推开,不利于在尽可能短的时期内给人类带来尽可能多的福利。信息不对称状态保持时间越长,这种阻碍作用就越明显、越严重。而专利制度正有利于解决这个问题。所以创新劳动往往需要专利制度保护,专利制度保护原则上可以使创新劳动造成的信息不对称状态很快打破而又有效地保护创新劳动的收益,不必等到信息不对称状态的自然消除(一种创新成果的出现本身,即便没有对创新成果的具体了解,也能极大促进该成果的复制或重新发现)。由于与社会必要劳动时间之间的关系是非线性的,创新劳动价值不能仅仅以社会必要劳动时间衡量,专利保护给专利拥有者所带来的收益不能完全甚至不主要以创新成果所包含的社会必要劳动时间来计算，而必须在此基础上，更以该创新成果在满足人们需要的基础上的市场需求及供求关系来衡量和计算，直到该创新成果的生产成为既定社会生产条件。

这样，根据创新劳动成果的性质，劳动价值量应以社会必要劳动时间和基于人的需要的市场需求（包括已有市场需求和创造出来的市场需求）两种方式来衡量和计算：

(1) 当一种创新劳动成果不是在质上创造出满足新的需求的新商品，而是以创新的方式提高已有商品的生产效率时，创新劳动价值的计算可以通过与以传统方式生产同样商品的社会必要劳动时间的倍比计算或换算。这时候的衡量标准仍然是社会必要劳动时间，也就是创新劳动的价值量是以创新劳动所带来的生产同样商品的社会必要劳动时间与以传统方式生产同样商品的社会必要劳动时间之比的倍数来计算。这种方式主要适用于关于生产和过程（比如生产工艺和方法）中的创新劳动价值量的计量。

(2) 当创新劳动所生产出来的商品不是以传统生产方式所能生产的新质商品，比如作为新产品的电视机、电脑的生产，也就是涉及产品本身创新的时候，有一个事实就变得非常明显：创新劳动价值的计量不能只是根据社会必要劳动时间，而是必须同时直接根据该商品的市场需求——也就是满足人的需要的状况进行。

也就是说，通过劳动时间来计算劳动的价值量是量的计量方式，而创新劳动价值的计量更重要的则应当是质的定性方式。正是创新劳动价值的后一种计量方式的必要性和内在根据，晓示了劳动价值论创新的重要方向甚至具体层面——效用。事实上，效用是马克思劳动价值论本身所蕴含的层面。

三、马克思劳动价值论的效用层面

由上可见，劳动价值论的发展绝不是在马克思劳动价值论的基础上外加创新劳动的内容，而是涉及马克思劳动价值论内在逻辑的展开。也就是说，创新劳动价值论研究涉及马克思劳动价值论的层次拓展，涉及劳动价值论的整体创新发展。

劳动价值论涉及两大基本层面：一方面，劳动是价值的最终源泉，这是一个基本的事实。否认这一事实，任何价值论就都与人类无关。另一方面，价值本身又是一个关系范畴,这是另一个基本事实。不与需求联系起来,就不可能谈论价值。有些物(如空气)有价值,但在通常条件下这些物可以完全不需要通过劳动获得;而当所生产的产品不为或不再为人所需时,则再多的劳动也创造不出有价值的商品,再多的产品也不能体现劳动的价值。由于并不是所有劳动都有价值,劳动价值论不与供需关系联系起来肯定是不完整的。只有能满足人的需要,从而具有市场需求的产品才能成为商品,只有生产这种产品的劳动才可能有价值。

创新劳动价值量的度量使我们清楚地看到,事实上,不仅创新劳动,即使对于常规劳动而言,不考虑供求关系的劳动价值论也只能是理论上而不是基于人的实际需要,更不是基于实际市场需求的。在市场经济条件下,劳动价值总是和市场需求联系在一起。

事实上,马克思劳动价值论与需求具有根本关联。它所系统阐述的内容揭示了价值的真正根源,但这还不是这个理论的全部内容。只是由于当时人类社会生产方式主要建立在常规劳动的基础上,也由于马克思当时面临的主要任务是在当时的生产方式基础上探索宏观的社会发展规律,理所当然地主要关注劳动价值论的根本方面,其劳动价值论所展开的也很自然主要是针对常规劳动的部分,而内含在其整体理论中的劳动价值与市场供求的关系没有充分展开。从马克思关于劳动价值论的已有阐述和他关于人的全面发展理论,可以清楚地看到劳动价值与人的需要的发展,从而劳动价值与市场供求的内在关联。

由于创新劳动不能用社会必要劳动时间度量,所以马克思的劳动价值论主要研究的是可以用社会必要劳动时间度量的常规劳动。但马克思主要研究常规劳动,并不意味着马克思劳动价值论在逻辑上不包括创新劳动和非商品财富,更不意味着马克思忽视不创造价值的劳动和价值的非劳动来源。马克思在《哥达纲领批判》中指出:“劳动不是一切财富的源泉。自然界和劳动一样也是使用价值(而物质财富就是由使用价值构成的!)的源泉,劳动本身不过是一种自然力即人的劳动力的表现。”只是由于马克思社会革命思想的需要,才把生产劳动仅仅定义为带来剩余价值的劳动。而且由于把价值看作是人类社会生产关系的体现,而认为劳动之外的其它因素不创造价值。

在马克思主义经典作家那里,劳动价值论不仅在逻辑上包括创新劳动和非商品财富,因而没有忽视不创造价值的劳动和价值的非劳动来源,而且早就关注了效用价值。在马克思劳动价值论中，劳动价值和效用价值一直就有着内在关联。

马克思在《资本论》中明确写道：“一个商品的简单的价值形式，就是该商品中所包含的使用价值和价值的对立的简单表现形式。”更值得关注的是，正深入研究和撰写《资本论》的马克思对恩格斯《政治经济学批判大纲》作了极高评价，称其为“批判经济学范畴的天才大纲”。而在这个“天才大纲”中，恩格斯对“因商业而形成的第一个范畴”——“价值”作了深入探索，分析了关于价值本质的两种对立观点：法国经济学家萨伊(Jean-Baptiste Say)认为“价值要靠物品的效用来测定”；而以李嘉图为代表的英国经济学家则认为“物品的抽象价值是由生产费用决定的”。恩格斯意识到，把生产费用和商品的效用割裂开来，不仅没有解决价值构成的问题，而且造成了严重的理论混乱。

在恩格斯的观念中，一方面，没有交换，离开了商业竞争，就无法确定效用价值；另一方面，不和人的需求联系起来，生产费用就不可能构成价值。“假定某人花了大量的劳动和费用制造了一种谁也不要的毫无用处的东西，难道这个东西的价值也要按照生产费用来计算吗?”在恩格斯看来，“物品的效用是一种纯主观的根本不能绝对确定的东西，……竞争是唯一能比较客观地决定物品效用大小的办法。”只有把生产费用和效用结合起来，才能构成价值；只要抓住了交换中的竞争关系，不仅效用价值得以确定，效用与生产费用也就自然结合起来了。“只要承认了竞争关系，生产费用的问题也就随之而生，因为谁也不会把他的产品卖得比它的生产成本还低。”事实上，恩格斯已经由批评生产费用和效用两种因素的分离上升到了劳动价值与效用价值的结合。他明确指出：“物品的价值包含两个要素，争论的双方都硬要把这两个要素分开，但是正如我们所看到的，双方都毫无结果。价值是生产费用对效用的关系。价值首先是用来解决某种物品是否应该生产的问题，即这种物品的效用是否能抵偿生产费用的问题。只有在这个问题解决之后才谈得上运用价值来进行交换的问题。如果两种物品的生产费用相等，那么效用就是确定它们的比较价值的决定性因素。”恩格斯认为，价值理论之所以混乱，就因为“价值这个概念被强行分割开了，它的每一方面都在叫嚷着说自己是这一概念的整体。一开始就被竞争所歪曲的生产费用，应该起价值本身的作用；纯主观的效用也应该起同样作用，因为目前不可能有第二种效用。……价格是由生产费用和竞争的相互作用来决定。”

更耐人寻味的是，恩格斯和马克思在价值的理解上具有一种深度默契。不仅马克思高度赞赏《政治经济学批判大纲》，恩格斯从价值论的角度也对《资本论》做了令人深思的理解。恩格斯在《反杜林论》中曾经这样写道："在决定生产问题时，上述的对效用的劳动支出的衡量，正是政治经济学的价值概念在共产主义社会中所能余留的全部东西，这一点我在1844年已经说过了(《德法年鉴》第95页)。但是，可以看到，这一见解的科学论证，只是由于马克思的《资本论》才成为可能。"恩格斯在这里所提到的正是他在《政治经济学批判大纲》中所说的"价值包含两个要素"，"生产费用"和"效用""应该起同样作用"，"价值是生产费用对效用的关系"等重要观点。由此我们完全可以得到这样的结论：仅从马克思的《资本论》和恩格斯的《政治经济学批判大纲》，就可以看到劳动价值论内在地包含效用价值论的合理要素。

马克思劳动价值论不仅内在地包含效用价值论(utility theory of value)的合理要素，也包含了生产要素价值论(value theory of production elements)和供求价值论(supply and demand theory of value)等的合理要素，而且避免了由于只从效用出发把价值和最基本的要素——劳动割裂开来的根本缺陷。

效用价值论把价值归结为物品同人的需求的比率，那是一种比自然价值观更加适合动物界的自然状态。而在人类社会，不把劳动这一根本要素纳入价值理论，显然没有抓住人类社会价值现象的根本。生产要素价值论认为一个产品的价值就是生产这个产品的所有成本的总和，由于其所涉及的是价格，因此与需求联系起来了。生产要素作为凝结态的劳动，在价值生成中无疑也是重要因素，但生产要素价值论由于无法解决价值的加总和比较问题，最后也不得不走向供求价值论。

作为当代西方经济学的主要价值理论，供求价值论把价值归结为交换价值，认为"一个东西的价值，也就是它的交换价值，在任何地点和时间用另一物来表现的，就是在那时那地能够得到的、并能与第一样东西交换的第二样东西的数量"。由于把价值与供求关系决定的价格相等同，认为只存在价格而不存在有别于价格的价值，价值就是供求关系所决定的价格，因而在效用价值论那里，成本成了供给后面的原动力，而效用则成了需求后面的原动力，二者通过供求波动共同决定财富的交换价值(价格)。

由于以主观效用和客观生产费用来说明价值形成，西方主流经济学理论迄今以价格形成机制的深入揭示掩盖其陷于"价值悖论"的理论处境。面对影响经济学界百年之久的"水与钻石悖论",一直停留在边际效用价值论和生产费用论上。在边际学派那里,取决于人们购买最后一单位该产品所产生的效用,或者说产品最后单位的效用所决定的不是产品的价值而只是产品的价格。因此,即使可以把计量单位不同的产品等量齐观,边际效用理论也很难解释为什么同样条件下不同的人对同一产品可能会有不同的价值或价格认同。

因此,虽然在某种程度上,供求价值论似乎是马克思理论体系中缺失劳动价值论的商品交换价值理论,但在理论上却不能这样简单地相等同,因为其中还存在一个价值终极根源的基本观点和立场问题。脱离了劳动价值论的基本观点和立场,显然难以解释"物有所值"等简单交换中的评价事实。诚然,承认效用的作用就是承认商品的使用价值,承认交换价值就是承认物之间的社会关系,但供求价值论认为这种交换价值是生产成本"供给",而不是人的劳动创造的,则显然是在价值源泉认识上的"阿基里斯脚后跟"。由此反观,我们也可以清楚地看到劳动价值论创新发展的基本路向。

四、建立在人的需要基础上的劳动价值论

由于着眼于供求关系,供求价值论充分考虑了供需关系;也正是由于着眼于供求关系,供求价值论揭示了非劳动产品的价值。这些毫无疑问是供求价值论的合理因素,但由于没有揭示劳动产品商品的真正价值根源,供求价值论就注定具有根本缺陷。劳动价值根源的揭示既是劳动价值论的最大贡献所在,也应当是劳动价值论创新发展的理论基础。马克思把价值定义为一般抽象劳动的凝结,一种社会关系的表现。作为一种社会关系,价值与人的需要密切相关。一个没有也不会有需求的东西,不可能具有价值,不管它承载多少劳动。因此,考虑和强调供求关系是发展劳动价值论的重要方面。一个不为人所需要的产品不能成为有价值的商品,创新劳动的巨大价值创造作用和可能存在的不能生产任何价值的风险正是这一点的最好说明。正是创新劳动价值的生成进一步深入揭示了这一基本事实:劳动是价值的根本源泉。

由于价值必须表现为交换价值,所以价值总是与需求本质相关。交换价值不

等于价值,价值是抽象人类劳动的凝结,而交换价值则是价值在具体供求关系中的表现形式。

不仅价格或交换价值由供求关系决定,价值本身也是与供求关系密切相关的。商品价值除了它的交换价值外,无疑还有作为交换价值本质和内容的价值,但作为关系范畴,价值本身也与需求具有本质关联。离开需求不存在价值,而与需求具有本质关联的价值和使用价值的区别则在于:价值是与人的需要本身具有本质关联的,由人们对产品的需求(这越来越与劳动的质密切相关)及生产它所花费的必要劳动时间所决定;而使用价值则是需求在具体交换中的表现形式,由生产它的社会必要劳动时间和交换当下的供求关系(这常常与创新劳动所提供的新质商品密切相关)所决定。不承认价值与人的需要的本质关联,显然难以解释同一商品对不同人具有不同价值(不仅仅是使用价值)的事实,更难以解释创新劳动产品由市场需求的拓展所获得的超额利润。

在商品经济中,劳动毫无疑问是价值的根本源泉。创新劳动产品的价值甚至可以与非劳动要素没有本质关联。在人类社会中,人的需要是劳动价值的基础,供求关系是劳动价值论的重要层面。价值理论永远以劳动为基础,但衡量劳动价值的则不仅仅是社会必要劳动时间。即使常规劳动价值也不仅与社会必要劳动时间,而且与人对该劳动产品的需求密切相关。

任何商品都是用来供人使用的,只有当商品进入使用,劳动价值才得以实现。所以,离开了人的需要就不会有有价值的商品,从而也不会有有价值的劳动。因而,在市场经济条件下,只有通过交换,商品的价值才能实现;只有与人的需要相联系,商品从而相应的劳动才具有价值。常规劳动价值量应当是生产该商品的社会必要劳动时间与该商品满足人的需要的程度(市场需求是其主要表现形式之一)的乘积。当人们对该产品本身的需求为零,该乘积就等于零。而当人对该产品的需求表现为具体市场供求关系形式,生产该产品的社会必要劳动时间与这种具体供求关系的乘积就表现为产品的价格。而创新劳动成果变成劳动资料意义上的社会必要劳动时间则是劳动资料更新的时间。由于劳动资料更新的时间是创新劳动成果转化为生产条件所需要的(技术)时间,这是在社会规模上创新成果变成生产某种商品的社会条件,既消除信息不对称,又消除技术不对称(技术性原因造成的生产设备的不对称,或者物能不对称)的过程。

因此，创新劳动价值的计量可以考虑两个因素：一是物能不对称，也就是生产设备及其它物能条件的不对称；一是信息不对称。只有当这两种不对称都消除之后，从创新成果形成到两个不对称消除这段时间，是创新劳动价值量计算的时间。但在专利制度下，创新劳动价值量的计算可以不必到两个不对称消除后才进行，因为创新劳动价值可以结合市场需求关系计量。

由创新劳动价值量在宏观和微观两个尺度上的计算，我们可以看到社会必要劳动时间和人的需要的满足程度(供求关系是一种表现)的统一。

价值是有用，所以其与使用价值的不同只是没有与使用联系起来。使用价值必须与使用联系起来才能体现，而使用价值与人的需要密切相关，因而与供求密切相关。供求关系关系到需求，关系到人的需要，因而与劳动价值的形成具有实质关联。

商品的价值由社会必要劳动时间决定，这是马克思劳动价值论的一个基本观点。生产条件的变化使劳动的效率在量甚至质上提高，因而使生产条件发生变化的创新劳动的价值计量，应当是在社会正常生产条件的“终态”全社会投入的相关常规劳动所生产的劳动价值，与其“始态”全社会所创造的劳动价值之差。这里涉及劳动价值论创新的重要方面，也表明劳动价值论创新的至关重要。

劳动价值论创新之所以至关重要，是因为它不仅关系到我们对财富的认识，而且意味着更有利于财富创造的生产力发展的分配原则——按劳动贡献分配为主和非劳动生产要素参与分配。劳动是价值的最终源泉，资本是重要生产条件，而合法资本则是劳动的凝结态。对于创新劳动来说，知识和信息都是基本的生产条件，而无论是常规劳动还是创新劳动，管理都是使生产条件发挥作用的关键要素。因此，分配原则就不仅应当与劳动的量，更应当与劳动的质相联系。即在劳动者之间，在劳动的量上以常规劳动为基础，在劳动的质上以创新劳动为发展过程中权重增加的主要因素。这样，就为将交换和各个层次的管理以及更进一步将教育等人才培养因素全面合理地纳入分配考虑奠定了一个更坚实的理论基础。

由此，劳动价值论的内涵就不仅和社会分配，而且和人的发展联系起来了；不仅与人的自由全面发展基础上的人的需要的满足和人的发展，而且与更符合人性的创造性一面建立起了内在关联。在这样一个视野中，商品的价值由社会必要劳动时间及其能满足人的需求的状况所决定。因此既与既定生产条件相关，又与能满足人的相应需求的状况相关。作为生产既存产品的劳动,常规劳动价值主要决定于社会必要劳动时间;作为创造先前不存在产品的劳动,创新劳动价值主要决定于能满足人的需要的程度和水平。

因此,使用价值与交换关系联系的实质是需求。需求既能说明商品财富增长的真正动力,还能证明通过交换实现价值的商品财富,而且说明商品财富与非商品财富的区别。

马克思研究的主要是劳动产品商品财富,但劳动产品常常具有非劳动产品商品的成份,因而这里不仅仅是个研究不研究或什么时候研究非劳动产品商品的问题,而是必须研究劳动产品商品中的非劳动因素,也就是发展劳动价值论的问题。

作为无产阶级革命家,马克思当时的主要任务是揭示人类历史的发展规律,因此并没有打算专门论述只是作为使用价值的非商品财富,他自然而然就认为对于物本身及其使用价值的研究不属于政治经济学的范围,他的经济学所要研究的是体现在一定使用价值上的人类社会生产关系。人类社会发展到今天,全面发展劳动价值论不仅要研究劳动产品商品,还必须研究产品商品中的非劳动要素,比如土地肥瘦特别是气候等环境条件对产品价值的影响。这些非劳动因素与人的需要从而与人的全面发展密切相关。由此,我们也可以看到劳动价值论创新的巨大空间。

对于人类来说,价值归根结底主要由劳动创造,但价值存在于商品满足人的需要的关系之中,从而劳动价值就与供求关系密不可分。因此,劳动价值论创新还涉及供求关系在价值构成中的地位等问题。在某种意义上说,创新劳动价值论是信息时代劳动价值论的新发展。在信息时代,通过创新形成信息不对称及信息不对称的消除都是劳动过程的结果。作为信息过程,由于商品的价值不仅决定于劳动,而且与满足人的需要的状况密切相关,因而更多涉及产品供求关系的产品交换,特别是管理就不仅是劳动,而且常常是更重要的劳动,甚至高质劳动。由此我们就由创新劳动价值论探索的启示走向了劳动价值论本身的整体创新:在劳动的量的基础上进一步考虑劳动的质,就形成了创新劳动价值论;而在劳动的质的基础上进一步考虑供求关系,则形成了建立在人的需要基础上的劳动价值论。无论创新劳动价值论还是劳动价值论创新,都是马克思劳动价值论的合理展开。而马克思劳动价值论的合理展开，对于我们的社会实践实在太重要，太迫切了。通过马克思的劳动价值论内在逻辑的展开，不仅能更好面对社会劳动以创新性劳动为主的情况，而且可以更好地理解创新价值，更好地理解解放创造力所需要的整体生态的优化。

第 14 章　生态文明和创造力解放

自从人类作为农夫或者猎人生活在大自然之中，就在“从事着推翻自然界的平衡以利自己”(贝尔纳)①的活动。

如果说，原始的猎狩基本上仍是按照自然旋律进行；如果说，牧童式经济也还远在自然系统的承受极限之内；那么，吞食森林的大规模农业，特别是科学技术所带来的高潮迭起的工业革命，则使大自然的交响曲出现明显的不和谐音。

一、人与自然之间的辩证法乐章

在人们心目中，自然辩证法是冷冰冰的、纯粹理智的；其研究对象只是非人的自然客体，与人类情感没有任何联系。但是，在恩格斯的《自然辩证法》一书中，我们却可以深深地感受到一种悲天悯人的博大情怀。

1. 大自然交响曲的不和谐音与恩格斯的殷殷关切。本来，森林是一切生灵的发源地，农业是人类赖以生存的基础，但当人口的迅速膨胀像癌症转移，却带来了森林的日益残破。对森林的肆意毁伐，逐渐使“伊甸园”变成生命的沙漠。

本来，科技是人类进步的根本动力，工业是人们谋取幸福的最有力手段，但未加审视的科技和工业活动的后果，却是人类家园的无情毁损。十七世纪以来工业社会所造成的种种恶果—能源危机和环境问题等，一直在困扰着人们：环境污染，生物死灭，全球性气温逐年升高，非再生性资源日趋减少……

人类面临困境，地球生物面临生态危机。

生态危机，就是人与自然关系的危机。正是基于对大自然的热爱，基于对人类

---

① 英国科学家、科学奠基人 J. D. 贝尔纳[J. D. Bernal (1901—1971)]。

命运的忧虑,恩格斯的自然辩证法研究深入到了人和自然的关系领域。

恩格斯眼里的自然界是活生生的、异彩纷呈的。但不管看待怎样复杂的事物,他始终坚持一个普遍有效的辩证法原则:在自然界中没有孤立发生的东西,事物总是相互作用着。

的确,随着自然界的发展,事物相互作用的性质越来越复杂。动物的出现,就使自然界的联系超出了简单的相互作用方式:动物能够改变自然界,而且由动物改变了的环境,又反过来作用于原先改变环境的动物。而当作为万物之灵的人类降生于自然界,其相互作用方式却发生了根本的变化。

如果说,动物不断地影响它周围的环境,那还只是无意地发生的,而且对于动物本身来说是偶然的事情,那么,人离开动物愈远,他们对自然界的作用就愈带有经过思考的、有计划的特征。与动物不同,人类能够在自然界打下自己意志的印记。这一点也只有人才能做到。动物仅仅利用外部自然界,单纯地以自己的存在来使自然界改变;而人类则通过他所做出的改变来使自然界为自己的目的服务,来支配自然界。而且几千年的文明史表明,人类在和自然界的抗争中确实赢得了令人鼓舞的胜利。

但是,恩格斯警告说,我们不要过分陶醉于我们对自然界的胜利,对于每一次这样的胜利,自然界都报复了我们。每一次,在第一步都确实取得了我们预期的结果,但是在第二步和第三步却有了完全不同的、出乎预料的影响,常常把第一步的结果又取消了。他例举说,美索不达米亚、希腊、小亚细亚以及其他各地的居民,为了得到耕地,把森林都砍完了,但是他们梦想不到,这些地方今天竟因此成为荒芜不毛之地,因为他们使这些地方失去了森林,也失去了积聚和贮存水分的中心。阿尔卑斯山的意大利人,在山南坡砍光了在北坡被十分细心地保护的森林,他们没有预料到,这样一来,他们摧毁了他们区域里的高山畜牧业的基础;他们更没有预料到,他们这样做,竟使山泉在一年中的大部分时间内枯竭了,而在雨季又使更加凶猛的洪水倾泻到平原上。因此人们必须时时记住:“我们统治自然界,决不像征服者统治异民族一样,决不像站在自然界以外的人一样—相反地,我们连同我们的肉、血和头脑都是属于自然界,存在于自然界的;我们对自然界的整个统治,是在于我们比其他一切动物强,能够认识和正确运用自然规律。”

恩格斯的警告晓示人们,任何对大自然的伤害,都会回降到人自己身上。人类在自然环境中未加审视的实践活动已经使人和自然的关系隐伏着很多问题，人们必须敲起将会遭到毁灭性报复的警钟。面对日益严重的生态危机，人们不得不审视自己的行为方式，不得不重视人类对于生态环境的道德责任，不得不关切人和自然的关系。

对人利自然关系的殷殷关切，是恩格斯《自然辩证法》一书的重要特色之一。他把人和自然的关系作为书中探讨的一个核心问题，给我们以十分重要的启示：人和自然的关系是自然辩证法研究的重要内容。理由很简单：因为人是自然的产物，人属于自然，人是自然的一部分。

2. 自然：人类永远无法脱胎的母体。人类从来就是自然的一部分，但人们对自身与自然关系的认识，却随着人本身的发展，经历了一个耐人寻味的发展过程。

在古代初民的意识中，人和自然是不可分割的整体。在他们的世界里，没有心身之别，没有主客之分；精神与物质的分野，人与自然的对立是不可想象的。当人类还没有形成对自然的科学认识，因此还不能有效地控制自然力的时候，他所面临的自然，毫无疑问是一个随时可以吞噬自己的存在。在这一历史阶段，人类还只是作为自然的一部分，生活在对自然之神的顶礼膜拜之中。那时候，人几乎完全为自然所支配，人类的命运几乎完全被自然条件所决定，人与动物一样完全融汇在大自然之中。自然是人的主宰者，人是自然的奴隶；人类只能通过顺应环境，才能生存下来。在这样一种情势中，人的活动对自然的原始平衡状态不会有多大干扰和破坏力，人与自然的关系只是纯粹的消费关系。

人在自然面前的奴隶地位，迫使他千方百计谋求自己的生存。在人和自然相互作用的漫长历史过程中，人的理性能力逐渐增强。随着人类理性的不断发展，人和自然之间的力量对比发生了戏剧性的变化。在这一历史性变化中，人类理性本身及其子女一科学技术起着主导的作用。

人类理性和科学技术的发展，产生了自然所不曾有过的自觉能动性和至关重要的工具系统。这二者的"神威"是如此令人振奋，致使一度陶醉的人们认为人和自然的关系完全颠倒了过来，人从自然的奴隶摇身一变为自然的主人，自然的主宰者和征服者。对科学技术的崇拜和对理性力量的无限信赖是密不可分的、相互强化的。当科学技术获得了异乎寻常的客观有效性，人类理性的地位便不断上升；当人类理性取代了导源于自然的神性，大写的人取代了最终代表自然的神；当人类理性和自然的地位被完全颠倒过来，由人类理性的无限性又很容易推出自然科学万能论。由于人们能够借助科学技术认识客观规律：由于运用这些规律性的认识可以有效地改造自然，人们便认为抓住了自然这匹野马的缰绳，从而可以高枕无忧地驾驭它。由此，一种关于人和自然关系的忘乎所以的观点逐渐根深蒂固：人是自然的主人，人和自然的关系就是统治者与被统治者、征服者与被征服者的关系。

在整个生物进化，特别是人类早期发展史上，征服者或主宰者就意味着对被征服者或被统治者的任意索取和掠夺。人是自然界的主人这一观念，使人们相信人类驾驭自然的能力越强，就能得到越多的享受；人类对自然的征服越彻底，所获得的自由也便越多。十八、十九世纪以来，人类征服自然的狂热日渐强盛，科学技术一度为人们极为有效地创造着财富。但是，在很长一段时期中人们没有意识到，人类科学技术的"非法"利用，正在酝酿着可怕的灾难。

人们日益无视自然的经济和科技活动所造成的能源、资源和环境的危机，使幼稚的"主人"开始为自己的地位感到茫然和忧心，从而日渐明白：人和自然的关系并不是征服者与被征服者的关系。人们认识到，虽然是首要的社会存在物，但人并不是超自然的，"人直接的是自然存在物"，是"自然界的一部分"。从生物学观点看，人是生物进化到一定阶段的产物。作为一个物种，我们的确曾有过一段支配自然的动人历史，但那是在自然所能容忍的程度之内。稍稍超出这一限度，人们马上就从自然的愠怒中领略到：人类虽是一个了不起的物种，但绝不能凌驾于自然之上，更不可能征服自然。动物性和自然属性，是人和自然之间一条不可割断的脐带。作为自然的一部分，人类的命运始终与自然界休戚相关。人与自然的对立，只是人类中心主义的原始立场造成的。

的确，人类中心主义的立场并不是毫无根据的。人确实是一种非凡的生物，他能够以积极能动的创造性活动改变生存环境的方式去适应自然，而不是像其它生物那样，仅仅以改变自己身体的内部结构的方式去进行这种适应。但是，作为生物圈的一部分，人必须服从生态系统的一般规律。人来自大自然，也死归大自然，始终是大自然的一部分。就此意义而言，人类对于人自然的认识和驾驭能力，是微乎其微的。人类从来没有也不可能脱离大自然的怀抱，没有真正摆脱过大自然的控制，更没有逃脱过自然的惩罚和报复。大自然是人类永远无法脱胎的母体。

强调自然是人类永远无法脱胎的母体，不是要重归古代主客不分的原始混沌状态，而是要合理地理解人与自然之间永远不可了断的血肉相连关系。只有这样，我们才能对它复杂的社会表现形式有一个清醒的认识。

3. 生产力：人与自然关系的社会表征。作为自然界的产物，人是自然的一部分；但作为社会动物，人与自然又构成矛盾。

诚然，正如人的自然属性，人的社会属性也同样是自然发展的产物。整个人类社会都是自然界长期发展的结果，没有自然界，也就没有人类社会。作为社会动物的人之所以和自然构成矛盾，是因为人的生存和人类进化的整个历史都离不开对自然的改造。人类正是通过改造自然来改造自己，通过改造自然的劳动创造人本身；现代人类正是在改造自然的劳动中发展而来的，他的未来发展仍然离不开对自然的改造。在《自然辩证法》一书中，恩格斯对此作了精辟的阐述。

事实上，人类的整个历史，就是不断改造自然的历史。这一事实本身表明：人类必须改造自然，自然也可以为人所改造。人的生存和发展依靠自然界，不仅依赖于大自然的直接恩赐，而且依赖于向自然界的深层进军。罗马俱乐部的科学家们认为，人与自然在相互作用中最终都将达到极限，因而只能用零的经济增长，实现人与自然的和谐相处。这种观点没有充分根据。而联合国《人类环境宣言》中"人类是环境的创造物，也是环境的改造者"的两面观，可能更符合人和自然关系的逻辑。关键在于，人类改造自然的活动必须服从自然规律。毫无疑问，在人和自然的关系中，人是积极能动的方面，但这丝毫不意味着人可以超越自然规律。即使在人类改造自然的错综复杂的社会形式中，也是如此。

人类对自然的改造，是以类的方式，即以社会生产的形式进行的。

社会生产是人和自然之间的物质变换过程，即人与自然之间物质、能量和信息交换的社会形式。这种交换过程的重要结果之一，是自然界物质、能量和信息的不断开发利用。社会生产系统为人类生存、享受和发展提供物质条件的综合能力，就是生产力。它集中体现了人和自然的关系，是人和自然关系的社会表征。自然资源的合理获取，则是由于对马克思主义经典作家不仅重视人和人的关系，也非常重视人和自然的关系，把人和自然的关系与人和人的关系之间的联系，具体化为生产力和生产关系之间的联系。他们强调人和自然的关系是一种比人和人的社会关系更为基本的关系。人和自然的关系是人类社会关系的基础；人和人的关系是人和自然关系的社会表现形式；人和人关系的发展，依赖于人和自然关系的发展。因而,一方面,不改变人和自然之间的关系,便不可能根本改变人和人之间的关系;另一方面,只有在改造自然的过程中改造人类本身,社会才能进步。这两个方面都说明,作为人和自然关系的社会表征,生产力的观点是正确的。生产力标准是一个很重要的标准。离开了生产力的发展,就不可能有人和自然关系的发展,更不可能有人和人的社会关系的进步。由于人类离开了改造自然就无法改造自己,所以离开生产力也不能改造生产关系。诚然,人们也通过社会关系支配和调节人与自然的关系;通过社会,依靠生产劳动有意识地创造自己的历史,随着经济和生产的发展不断改变人与自然的关系;但是,正如不顾人和自然的生态关系改造自然会遭到大自然的报复,脱离生产力谈生产关系也会受到社会的惩罚。邓小平倡导的建设有中国特色的社会主义理论,提出社会主义的根本任务是发展生产力,同时把科学技术摆到第一生产力的正确位置上,完全是建立在对人和自然关系的正确理解基础上的。

把科学技术看作第一生产力,就在人和自然关系的高度明确了科学技术在人类社会发展中的重要地位。没有科学技术,人类不可能发展到今天这样一个振奋人心的历史阶段。无论过去、现在还是未来,人类的希望都在于科学技术的不断发展。人和自然关系的和谐不仅与科学技术的发展不相矛盾,而且还有赖于科学技术的长足进步。环境问题不是由科学技术本身造成的,而是由于其未加审视的盲目运用;能源危机也不是由于人们依靠科学技术对自然资源的瓜分性掠夺,说到底是由于人和人关系的分裂所导致的财富竞争。

科学技术作为第一生产力,本身就标志着人和自然关系的发展水平。自然科学是人类对自然界存在和发展规律的认识成果,这是人和自然相互作用过程中人的本质力量所在。人之所以敢于妄称征服自然,就因为人能够认识自然规律;而人之所以不仅未能征服自然,反而还屡遭大自然的报复性惩罚,正因为人们对自然规律的认识还不够充分。科学认识在任何时候都是至关重要的,它对人们的思想和行为具有决定性的作用。人们的行为方式取决于他们的思维方式,他们的思维方式又取决于外部事物在其头脑中的存在方式,而外部事物在人们头脑中的存在方式,则取决于他们对外部存在的认识。在大自然的怀抱中,人的思维方式和行为方式的优化,最终取决于人们对人自身,对自然界,以及在此基础上对人和自然相互关系的正确认识。

人和自然，是一种充满人性的辩证关系。自然作为人的环境，不仅是人的物质活动的要素，而且是表现人的精神力量的场所；人作为自然的产物，不仅是自然的宠儿，而且应当是自然的保护神；人对自然既要索取，又要回报；人类不断发展的需要必须满足，但这种满足又必须服从自然界的生态平衡，避免对自然环境造成难以恢复的破坏；我们必须不断改造自然，但在这种改造中又必须密切关注经济和科技活动的生态效应，避免破坏人与自然关系的和谐。一句话，人和自然的关系不是统治与被统治、索取与被索取、权力和义务分离的关系，而应当是共存互补、权力和义务相统一的关系，是共存共荣的关系。

人和自然的关系，是辩证法一个永恒的主题。循着恩格斯《自然辩证法》一书为我们提供的基本思路，在辩证法的高度深谋远虑地运用和发展现代科学技术，我们就完全可以处理好人和自然的关系，在更高层次上达到中国古代思想中“天人合一”、“天时，地利，人和”的理想境界；在人和自然之间谱写新的辩证法乐章。

随着人类文明的发展，生态文明成了越来越重要的文明层次；而随着信息文明的发展，生态文明不仅不只是自然生态文明，而且不只是社会生态文明，广义的生态文明甚至跟关乎人的创造的各层次生态密切相关。在信息文明时代，创造力决定竞争力，一个国家的发展决定于国民的创造力解放水平。解放创造力，是我国信息文明时代发展的当务之急。

十一届三中全会以来的改革开放，极大地解放了生产力，使我国迎头赶上了信息时代的列车，中国迅速发展成为一个有望在21世纪跻身世界强国之列的国家。在竞争日益全球化的信息时代，中国的进一步发展面临在更深层次解放生产力——解放创造力的迫切任务。

二、解放创造力的历史使命

邓小平最大的历史功绩，就是通过解放思想和改革开放，并在各个领域推行相应政策，极大地解放了生产力，不仅使中国社会从停滞走向跨越式发展，而且使中国人焕发了生命的活力。无论是“摸着石头过河”，还是“不管白猫黑猫，抓住老鼠就是好猫”；无论是“大胆地试，大胆地闯”，还是“不争论，不讨论”，都是为了在当时的历史条件下解放生产力。历史启示未来，虽然有些说法已经时过境迁，但它们的历史作用不仅将永垂史册，而且其历史意义本身，蕴含着对今天的极大启示。

在关键的历史时期，不同的历史阶段有不同的当务之急。在大锅饭吃没了大众的生产积极性的年代，中国在特殊时期的当务之急是解放生产力。而在信息时代，中国跟整个世界一样，当务之急是解放创造力。

随着数字技术的爆炸式发展，信息时代扑面而来。人类社会的发展，已经从物能文明进到了信息文明。① 信息文明意味着什么？那是一个怎样的时代？

从外观看，信息文明是一个创新求存的时代；而从内蕴看，信息文明则是必定意味着创构时代。创构时代正以"新硬件时代"的方式拉开帷幕，悄然来临。

"新硬件"(new hardware)指在以往生产和生活中闻所未闻的人造物理存在，而"新硬件时代"则是软件技术、互联网和大数据技术等整合而成的一个更高层次的整体图景。由于对传统书本的喜爱，亚马逊的电子阅读器 Kindle 为人们所自然接受；由于对电脑和手机的依赖，iPad 和 iPhone 的出现在人们的期待之中，这些还比较容易理解，而 3D 打印、苹果智能手表、亚马逊多轴无人飞行器、Facebook 的 Oculus VR 眼镜和谷歌眼镜、无人驾驶汽车和智能机器驮驴，还有可穿戴设备、机器人厨师、可回收火箭和超级电池等，则都是一种完全不同的创构物，它们不仅至少在某些方面出乎人们想象，而且同时能击中人们的深度需要，甚至开发人们的需求。无人驾驶汽车使"开车"变为"乘坐"，就开发了人们在"行"中办公的需要。

作为以身体"硬件"为基础的人类，满足其需要的产业形态往往总是以硬件为表现形式，这既是"新硬件时代"提出的重要依据，也是与它相联系的新产业形态以硬件为表现形式的原因，但作为信息文明的创构物，它们并不一定都体现为硬件，而且硬件所扮演的，是越来越基础的角色。"硬件 2.0"概念本身也说明了，即使新硬件也主要具有基础的地位。正是在这个意义上，作为信息文明的标志之一，"新硬件时代"只是创构时代的反映，二者在理念的整体层次上仍有质的不同。要更好地理解不同于单纯物能文明的信息文明，我们应当在更高层次把握这个时代——创构时代。

创构不同于一般的建构，属于创新性建构。在这种建构中，没有创新就没有价值可言。正是以创新为特质，创构才能作为最契合人性的活动。创构不仅成为社

① 详见王天思："信息文明论"，《南方学术》2015 年第 3 期。

会进步的大众动力源泉，而且越来越成为个人发展的普遍方式。正是针对人的深度需要的创新性，才使创构具有超值性，创构产物才可能超值。美国电脑软件公司Autodesk用3D打印的假肢，使残疾成为炫酷；Facebook通过虚拟设备给人“真实世界”的体验，不仅深度满足人们以前不可能满足的需要，而且开发生命的价值。这些都是不仅满足需要，而且为用户创造价值而获得超值的典型例子。

创构的超值性，同时也意味着创构时代创新的高风险性。创构时代充满创新风险，这是一个同样需要创新性头脑规避创新风险的时代。互联网世界有一个重要规律：“数一数二，不三不四”。由于互联网的“超级马太效应”①，一个细分市场，只有第一名和第二名有生存的空间，第三名以后的存在价值则呈悬崖式陡降。由于更多不是满足人们的基本需求，创构活动总是伴随着风险和激烈竞争。

创构时代的竞争是创造力的竞争。当中华民族以13亿之众面对扑朔迷离的信息时代，扑面而来的是汹涌的创构浪潮。在创构时代，创造力不仅是经济发展的根本动力和综合国力增强的重要保障，而且关系到国家整体文明水平的提升。在创构时代，决定一个国家竞争优势的不再是丰富的自然资源和廉价的劳动力，而是科学技术的拥有和应用。创构时代是一个充满变数的时代，通过不断解放和充分发挥创造力迎接未来的挑战，才是以不变应万变的唯一制胜之策。这将是一个创造力造就竞争优势，创造力就是竞争力的时代。依靠创新在科技、社会等一切领域占据抢先地位，具有越来越重要的战略意义。谁拥有关键技术，谁就占据了全球化竞争的制高点；谁拥有科学创造力，谁就拥有更多的关键技术；谁拥有有利于创造力发挥的社会体制，谁就会赢得竞争的主动权；谁拥有更多的创造性人才，谁就拥有更强的竞争实力。如果说，一个国家以往生存和发展主要靠的是国民的勤劳和民族的勇气，那么创构时代的竞争求存就越来越依赖于整个民族的创造力。一个创造力逊色或者创造力被束缚的民族，在创构时代的全球化竞争中很难赢得自己的一席之地。解放创造力，是我国当代发展的当务之急。

中国实现“新常态”下的新发展，亟需解放创造力。历史的机遇和挑战，以一种前所未有的方式摆在了中国人的面前。在发展的“新常态”下，中国需要实现新发

① 马太效应：指强者愈强、弱者愈弱的现象，广泛应用于教育科学等众多领域。其名字来源于圣经《新约·马太福音》中的一个寓言。

展，也拥有提出“新常态”下实现新发展的充分根据。这个根据就是历史的机遇和中华民族的巨大创造潜力。无论是历史还是现实都表明：中华民族具有非凡的创造力。古代中国的辉煌文明成就自不待言，新中国成立以来一些科技领域的重大突破，改革开放以来社会主义市场经济体制和“一国两制”等全新观念的提出和成功实践，都表现出中国人的非凡创造力。然而，中华民族的创造力还远未充分发挥，事实上一直处于被严重束缚的状态。进一步解放中华民族的创造力，是我国实现“新常态”下新发展的当务之急。

解放创造力是在更深层次上解放和发展生产力。我国社会实践使人们认识到，社会主义的根本任务是解放生产力；而创构时代的序幕则使人们更清楚地看出，人类社会正在从以体力为主的生产时代全面转向以智力为主的创构时代。创造力成为创构时代生产力的关键要素，解放创造力成为生产力进一步解放的核心内容。

与传统意义上的解放生产力相比，解放创造力具有不同的性质。传统意义上的解放生产力主要涉及生产关系的调整，而以解放创造力为特点的当代生产力解放则涉及所有社会关系。包括政治的、经济的，甚至日常生活中的关系。这与劳动的复杂程度密切相关，在一般劳动条件下，主要可以通过生产关系的调整提高人的积极性，而在创造性劳动条件下，则需要比一般意义上的劳动更多的条件，其中主要是创造主体条件和社会环境。这使创造力的解放不仅仅涉及传统生产，而且几乎涉及一切领域。正因为如此，社会的所有方面都存在一个解放创造力的问题。解放创造力的过程，事实上就是一个社会整体文明提升的过程。

社会整体文明的提升是一个缓慢的过程，而创构时代的竞争又时不我待。借助创构时代的创客文化推进文化革新，在全面深化改革中充分挖掘体制资源，并构成二者的良性循环机制，是推进我国整体文明提升的重要方略。相对于解放生产力，解放创造力有两层基本涵义：一是通过文化革新，使创造主体的创造潜力得到充分发展；二是通过改革不断完善社会体制，使人们的创造力得到不断解放和充分发挥。

三、解放创造力的文化革新

中国人的创造潜力还远没有在实践中普遍而充分地表现为现实的创造力，最为直接的原因是社会文化环境。中国中学生获国际奥林匹克智力竞赛金奖不少，但创造性却比几乎与此奖无缘的美国学生差。中国人在不少领域表现出非凡的创造力并在国外很多科技领域扮演着重要角色，但中国仍处于创新乏力的状态。重大理论建树、前沿突破和专利较少，关键技术拥有量偏低。其中有历史的原因，更与我们的文化现状有关。创新文化集中表现在教学体制中，我们的教育体制还不能适应创新人才培养的需要。中小学时代是培养创造力的最佳时期，而在这个时期，我们基本上仍然在实行单纯的知识教育。无论是家庭、学校还是社会，培养青少年创造能力的现状都亟待改变。我们还缺乏终身教育的意识和普遍需要，职业教育的发展也欠规范。知识产权还得不到有效保护，激发创造力的机制也还有待建立和完善。创新环境较差，法制不健全，版权保护意识差，措施不力，创新政策环境有待改善。这些都有形无形地束缚了人们的创造力，使中国人的创造潜力没能得到普遍发挥。一些表观上看上去是体制的问题，实质上却是文化问题，解放创造力面临与解放生产力不同的文化革新形势和任务。

创构时代意味着创造成果的大量涌现，而创造成果大量涌现的重要前提，是人人享有发挥自己创造力的宽松环境和相应条件。解放创造力不仅需要一个尊重知识、尊重人才的社会环境，而且需要一个尊重人、尊重所有人的创造性的社会文化环境。

解放创造力亟需破除守旧观念，建立创新文化，让价值趋向创造活动。创造力是一个民族的活力所在，而创造力及其发挥程度，则反过来又决定了一种文化的前途和命运。一种文化之所以会中道没落，就是因为囿于一定的模式。这种固定不变的模式，缺乏创新能力，缺乏新的变革和发展。

在创构时代，必须有整个民族的创造力的解放，无论是从事政治、经济管理，还是从事科学技术研究、开发和应用；无论是大学教授，还是在校学生；无论是专业科技人员，还是普通大众。而这必须有创新文化建设水平的提升。

创构时代，整个民族创造力的解放亟需建立崇尚创造的创新文化。创新文化关系到创新价值观，决定创新的价值导向，创造既是人类发展，也是人性解放和个人发展的根本所在；创新文化关系到创新体制，涉及创新动力机制得以形成和高速运转的重要环境，学术自由为基本价值导向的学术文化；创新文化关系到创新行为规范，涉及创新活动效率和效益的源泉，涉及尊重创新和保护创新专利的意识。创新文化建设的目标，就是以开放的环境包容种种有关问题和新想法的自由讨论。创造力的解放需要更自由的空间，需要个性解放。创构时代的到来，为我们提供了文化革新的突破口。

在创构时代，文化革新的重要契机就是创客文化建设。2015年全国“两会”，一个非常重要的概念——“创客”，进入《政府工作报告》，创客的出现意味着一种相应的文化——创客文化。由于经济实惠的计算硬件、3D打印机和可用的开源软件，创客文化在加速流行。

创客文化鼓励非正式的、共享的社会学习，聚焦于人工制品的创构，这些创构物范围很广，从机器人和3D打印模型到衣物和传统工艺品。创客文化强调实验、创新及通过实践和自主任务（self-directed tasks）检验理论。其特点是玩乐学习（playful learning），既鼓励通过犯错误学习（learning by making mistakes）勇冒风险，又鼓励快速迭代开发。通过即时测试、个人反思和同行验证提供反馈。通过实践共同体（community of practice）以非正式指导和持续进展支持学习。新兴的“创客文化”强调网络化的、朋辈（同行）导向（peer-led）式学习，这种学习的动机来自乐趣和自我实现。① 他们中的一些人甚至不以赢利为目的，热衷于将创意转化为现实，主要出于兴趣和爱好，热衷于在创新2.0时代为自己同时也为人类创构更美好的生活。

创客文化已经深入创客心灵，甚至有人把创客看作是一种信仰。事实上，创客标志着信息文明时代人的生活方式和发展模式。创客是一个玩创新的新人类，他们将是信息时代的引领者。正是在这个意义上说，创客文化建设直接涉及创造人格的发展。

解放创造力亟需培养创造人格，让“创客”队伍在中国快速扩展。在创构时代，我们所面对的最大挑战之一是创造人格的培养。由于知识更新快，一些发达国家教育体制的半衰期只有两年，这不仅使教育体制的调整成了经常性的改革措施，而且对创造教育提出了越来越高的要求。在这样的形势下，培养适合创构时代创造力竞争的创造性人才，不仅关系到个人的全面发展，而且关系到中华民族的未来命

---

① Mike Sharples ect., Innovation Pedagogy, The Open University Innovation Report 2, 2013, p. 5, 33.

运。在创构时代,不培养具有创造人格的大量人才,我们就不可能完成建设具有中国特色社会主义的全新事业。正如小平同志所指出的:“没有一点闯的精神,没有一点‘冒’的精神,没有一股气呀、劲呀,就走不出一条好路,走不出一条新路,就干不出新的事业。”邓小平的创造人格就是一个光辉典范。解放思想,实事求是,大胆创新,勇于实践,应当是我们所要培养的创造人格的基本特征。为中国的强盛造就大量具有创造人格的创新人才,刻不容缓。而从创构时代的发展来看,创客人格是我们必须关注和培育的。创构时代最具代表性的创新人格,就是创客人格。

创客(Maker)由美国《Make》杂志引出,指热衷于DIY(Do It Yourself)硬件的人群。创新是他们的生活,创意是他们的生命。这决定了他们的生活态度。他们推崇个性,崇尚自由思维;他们通过创构简化生活,使生活变得更为简便;他们不仅有创意,而且热衷于将自己的创意付诸实践;他们有个人主义倾向,同时又没有那种“祖传秘方”式的保守心态,而以分享技术、交流思想为乐,并由此通过自己的创构推动社会进步,为人类造福。创客和极客(Geeker)不仅是当代发展的急需,同时也是人类发展的当代典型。“让我们成为创客(Let's be a Maker)!”应当成为这个时代范围越来越大的共鸣。

“创客风潮”滥觞于硅谷,中国深圳却打出了“全球创客高地”的口号,这是中国人登上创构时代列车令人鼓舞的信号。我国2012年提出的“互联网+”主要是一种新的经济形态(生意经),主要与商业有关,所以腾讯建物联网,上马与微信支付配套的新POS机。百度的中国大脑、百度眼、神灯、翻译机等,也是“新硬件时代”的产物。“新硬件时代”和“互联网+”的确具有理念层次上的不同,但即使是“新硬件时代”,也仍然只是拉开创构时代的帷幕。

创构时代是大众创新的时代,在人人创业、万众创新的大趋势中,创业、创新关系日益密切,日渐只有创新才能创业。创构时代的创新机制也与传统机制截然不同,在这种机制中,关键环节是创客——也包括对电脑痴迷的人极客等。在传统创新机制中,创新主体往往以团队的方式集中在大学、科研机构和企业中,而在创构时代,创客则越来越多地以个体在信息联合体中的方式活动,因而也越来越多地存在于各种其他场所。在美国,创客在大学、自家车库和孵化器里各占大概三分之一。“Maker”又被译为“自造者”,就足以表明创客的这种性质。

在创构时代,即使孵化器也跟传统的孵化器有很大不同,它们具有将市场需求和需要的满足与开发更直接联系起来的机制。美国的科技孵化器像学校的实习工厂，有 3D 打印等最先进的设备。在孵化器中，通过产品快速迭代，创构过程使一个最初的创意很快演变成具有巨大商业价值的产品。在这个过程中，孵化器扮演着风投的角色。孵化器和自家车库与"推手"直接相连，直接市场化，大公司作为"买手"，买下创客团队和"硬蛋"孵化。一旦成功养大，就可能撬动百亿级市场。谷歌智能机器驮驴就是由波士顿动态研究所(Boston Dynamics)制造，为谷歌所收购。而这个巨大的撬动力，归根结底都源自创客们的创新。而创客的创新能力所涉及的，更多不是机制本身，而是一系列的观念更新和思想解放问题。

由于历史的原因，解放思想往往比生产思想难度更大。观念的束缚是创造性发挥的头号障碍。由于中国的历史和国情，旧体制、旧观念的束缚仍然存在。不解开这种有形无形的束缚，中国大众的创造力就难以充分发挥。只有改变对标新立异一概排斥的社会心理，提倡鼓励冒险、容忍和接受失败的价值观，才能在全社会养成敢于思考、敢于创新的创造精神；只有创造一种良好的创新文化，形成崇尚创新、以创新为荣的文化环境，才能使中华民族创造之源大开；只有通过创造良好的创新环境，保障强烈的事业心和自我实现的心理需要，爱护认真求实的科学态度和激奋的情绪状态，保护浓厚的求知兴趣和勇于探索的精神，才能创造最佳的创新心理状态；只有通过建立充分使用创新人才的机制，才能使创新动力机制得以形成和高速运转，提高创新活动的效率和效益。因而，在吸取传统文化精华的同时破除守旧观念，在中外优秀文化相结合的基础上建立具有中国特色社会主义的创客文化，时不我待。创客文化不仅涉及创新教育，更重要的是关系到创客人格的培养。

创客人格，可以从"创客运动宣言"得到深切感受："创构对于人之为人至关重要。为了有整全感，我们必须创构、创造和表达自己。创构物理之物具有独特意义。这些东西就像构成我们的一个个小碎片，似乎是我们灵魂构成部分的具身化。"①从创客的成长和我国现实看，人才培养的关键在创客人格的培育，而创客人格培养的关键则在创客文化。

① Mark Hatch, The Maker Movement Manifesto, Rules for innovation in the New World of Crafters, Hackers, and Tinkerers, McGraw-Hill, 2013, p. 11.

创新文化在很大程度上是整个社会的文化状态,不是光凭一个企业一个单位能造就的,整个社会的创新文化与这个社会的体制密切相关。而就我国的现实状况看,尤为重要的当是制度文明,体制选择是我国目前解放创造力的另一个关键环节。

四、解放创造力的体制改革

创构时代,创新 2.0 强调"政用产学研"协同创新生态建构。提出实现政府 2.0 转型,意义非同寻常。解放创造力亟需建立和完善公平、公正的社会体制体系,尽快挖掘和释放制度资源。单方面推进的改革已经不再能适应创构时代的发展形势,全面深化改革已经不是一个主观上想不想做的问题了。

创造力是社会文明的结晶。社会的创造力水平,是一定条件下社会文明整体功能状态的集中表现。社会创造力的解放程度,与一个社会的整体文明水平密切相关。解放创造力,在某种意义上说就是通过调整社会结构,优化社会体制功能状态。创造力的竞争,说到底就是包括政治文明在内的社会整体文明的竞争。

创造力充分发挥,必须有一个公平、公正的社会体制。公平、公正的竞争,公开、透明的运作,是使所有人的创造力得到解放和发挥的重要机制。在创构时代,保障公平竞争和激发创造性的社会体制,是社会创新源泉普遍涌现的前提条件。只有建立一个公平、公正的社会体制体系,才可能有一个国家、一个民族创造力的普遍解放。只有国民创造力得到普遍解放,才会有民族的全面振兴。在发展创客文化的同时,健全和发展具有中国特色社会主义的体制体系,保证社会的公平与公正,全面启动创造力普遍解放的历史进程,是中国创构时代发展的当务之急。

改革开放以来,围绕解放生产力,我们已经在这方面做了大量工作。从解放创造力的角度看,我们还亟需加速推进以下改革进程:

(1) 充分利用全面深化改革的有利形势,将反腐成果变成制度安排,健全监督体制,有效扼制社会腐败。社会腐败是创造力的腐蚀液,对于社会创造力的影响是灾难性的。腐败对创造环境的破坏,远远大于经济损失。铲除腐败,对于保护和优化创造环境至关重要。

(2) 健全干部体制,打击假冒伪劣产品的保护伞,有效保护知识产权和名牌产品。版权保护不力,从长远看对创造性的扼杀会越来越严重。通过制造假冒伪劣产品发不义之财是犯罪,依靠假冒伪劣产品谋求政绩是对整个国家创新资源和创新环境的极大破坏。保护知识产权和名牌产品,就是保护创造力。

(3) 深度引入市场机制,尽可能打破各种形式的垄断。垄断是创造力的巨大障碍,中国电器等行业的飞速发展是打破垄断的直接结果。我们应当根据国情尽快打破可以打破的一切形式的垄断,使公平公正的竞争有更好的体制保障。公平、公正的社会体制体系,是创造力普遍解放不可缺少的社会条件。

公平、公正的社会体制对于解放创造力之所以如此重要,就因为社会体制在很大程度上决定了人们创造力的发挥水平。在人的创造性活动中,一些非认知的心理因素,如情感和心境等的影响极大。情感在思维活动中的作用是众所周知的。每一个有正常思维能力的人,都会感觉到情感热烈时思维效率大增。积极的情感能使创造的敏感性提高,能保证创造信息的及时捕捉,并使创造主体迷恋创造,对有关事物充满兴趣,使联想活跃、想象丰富,在思维群体中心情舒畅、交往积极、心理相容水平高。积极的情感还具有强烈的激励作用,能激发创新意识和进取心,使思维进入较佳状态,从而极大地提高创造效率。而包括情感过激或缺乏以及情绪低落等的消极情感则使人过分冲动,失去自制力甚至导致思维功能障碍,难于进行正常的思维,从而丧失进行正确的自我评价和预见行为后果的能力,使思维状态遭到严重破坏,抑制创造性思维活动。

作为一个个体,人们无疑可能通过滋养情趣、消除积郁在一定程度上优化情绪,改善创造主体的情感状况,使其朝积极向上和健康的方向发展,从而改善创造状态。但要从根本上改善思维状态,关键是创造一个心旷神怡的外部环境。

外部环境是影响人的心理状态的重要因素,外部环境的和谐有利于达到思维的最佳状态。而一个心旷神怡的外部环境,远不止是工作室的色彩和灯光配置等小环境,更为重要的多的是整个社会的大环境。包括从良好的人际关系到科学合理的社会意识形态。越是大面积的创造,越与整个社会的大环境,与社会的整体文明水平密切相关。而社会的整体文明水平,在很大程度上是由制度文明体现的。一个社会的创造力发挥水平,与这个社会的整体文明水平尤其是这个社会的制度文明水平直接相关。正是在这个意义上说,通过体制选择营造一个有利于发挥人们创造力的最佳状态,对于我国目前创造力的解放至关重要。

一个有利于解放创造力的体制应当是法律大于一切的，没有例外。行政法规大于法律，领导批示又大于行政法规的现象，将极大地破坏社会规则，从而破坏人们的心态，破坏人们创造力发挥的规则条件。游戏的意义由游戏规则维护，游戏规则的完善或破坏程度就是游戏本身意义的拥有或丧失程度。公平公正的社会环境是由公平公正的体制维护的，公平公正的破坏程度，与创造力发挥的程度密切相关。

创造力的发挥需要有信息的最大程度交流，创造主体需要处于一个尽可能开放的系统中。因而，保证对内对外尽可能开放的体制是人们创造力发挥的重要社会条件。体制的开放必定带来整个社会的开放，开放原则是社会整体文明的一个重要方面。开放不仅有利于信息的交流，也有利于人类社会各方面的进步。社会的开放程度，是整个社会创造力发挥的基本条件之一。在创构时代，以开明的态度保持互联网的开放环境，涉及一个民族创造力解放的大事，涉及中华民族的复兴和前途命运。

创造力要得到最大程度的解放，社会体制除了必须开放，还必须贯彻自由竞争的原则。自由竞争不仅有利于为创造力的发挥形成激励机制，而且能够激发人的创造性。有利于创造力发挥的竞争机制强调公平、公开和公正。公平的竞争要求主体处于同等地位，需要体制保证创造主体事实上的地位平等，进行公开、公平、自由的竞争。以法律形式确定竞争规则和秩序，是公平竞争，从而也是创造力正常发挥的体制保证。公平竞争不仅是造就良好创造状态，使创造力有效发挥的基本条件，而且由此造成的资源自由流动和选择是保证创造资源配置优势性原则的重要前提。

创造资源的自由流动和选择，直接造成机会均等的局面。给所有主体提供同样机会的机会均等原则符合人类所有活动的需要，尤其是创构活动。机会均等这一制度文明要素，在社会生活中发挥着与在经济活动中同样重要的作用。机会均等作为社会文明的一个重要因素，是社会公平和公正不可或缺的基础。只有机会均等才能为公正公平提供必不可少的前提，机会均等原则带来的是整个社会制度文明发展的高速度和高水平。事实上，公平和公正是制度文明进步本身的重要标准之一。公正和公平本身就是社会文明的重要内容，它与创造力的发挥具有比市场经济领域更为重要的关系。

如果说，在市场经济中，机会均等主要是带来物质资源配置的高效益，那么，在精神生产领域，机会是否均等所带来的就不仅仅是物质资源配置是否高效的问题，更关系到主体的心理和精神状态，关系到创造力是否能得到正常发挥。公平和公正绝不仅仅是保证物质资源高效配置所需要的，它不仅在其它社会资源的配置中发挥着同样重要的作用，而且极大地影响人的情绪和心境，影响人的整个创造环境，从而极大地影响人的创造力发挥水平。

体制在很大程度上决定人的创造性的发挥，甚至在一定程度上决定人的创造性。在创构时代，规范合理的体制是最重要的社会资源之一，谁拥有更合理的体制，谁就能在竞争中取胜，因为体制在很大程度上决定创新环境，而有利于创新的文化和社会环境，又是争夺创造性人才的关键因素。创客大量出现和云集之地，必定是有利创新的社会制度和体制之地。只有建构有利于创新的文化和制度环境，才能解放创造力；只有中国人的创造力得到普遍解放，才会有中华民族的全面振兴。解放创造力，是创构时代中国发展的当务之急。

生态文明水平的整体提升和人的创造力的解放，既是人类社会发展到理想状态的重要前提，又是社会走出“史前时期”，进入真正的人类历史，从而实现人的自由全面发展的重要基础。

第 15 章　走出“史前时期”

从人类的“史前时期”过渡到真正的人类历史，必须具备许多条件，但最基本的条件是社会生产的高度发展。包括社会的物质生产、人口生产和精神生产。

一、社会物质生产的发展带来历史性跨越

如果我们把人口生产和精神生产归结为人的发展，那么，我们便可以把人类社会从物质时代向精神时代过渡的基本条件归结为两个：社会物质生产的高度发展和人的发展水平的极大提高。它们是相互依赖、相辅相成的，其中最基本的又是社会物质生产的高度发展。这两个基本条件，决定了人类社会跨入共产主义必然有一个过渡的社会形态，这就是社会主义。社会主义的历史使命有两个：社会生产资料的公有化和人的精神素质的提高。

只要社会物质生产在不断发展，人类社会迟早总要进入这样一个历史阶段，在这一历史阶段中，由于物质财富的充分涌流，所有社会成员的基本物质生活资料都没有必要像以往那样，必须以强制劳动 一种异化的活动或劳动为代价获得。这是在人类生存和发展的正常条件下，社会物质生产力高度发展的必然结果。

基本物质生活资料不需以强制劳动为代价换取的确切含义是：每一个人，只要是社会成员之一，就有在社会中取得基本物质生活资料的权利。道理很简单，就像现在每一个人，只要他的生存是自由的，就有获得地球人类最基本的生存条件：空气的权利一样。

“人类基本物质生活资料”是一个历史的概念，随着社会的发展其内容不断丰富。人类基本物质生活资料不需以强制劳动为代价来换取，是这个不断丰富的过程与社会生产无限发展过程的交叉点。这个交叉点，同时也就是社会从“史前时

期”进入真正的人类历史的重大转折点，或更确切地说，转折过程。

只要我们相信，在我们所能想象的未来途程中，人类社会还将会像到现在为止的历史所展示的那样正常发展，人类社会发展的这样一个转折过程在某一历史阶段的发生和完成，便是不容否定的。正如，当某一阶段有可能专门从事最简单的农业劳动而生产出一些剩余物，并且这种剩余物对于奴隶维持最贫苦的生活并非绝对必需，而为奴隶主据为己有时，奴隶制必然产生。当社会人类成员取得基本物质生活资料并非绝对必需以强制劳动为代价时，人类“史前时期”的结束，“真正的人类历史”的开始就有了一个显著的标志。这一标志存在的客观可能性，也正如奴隶社会一到人类社会的另一个重要标志有剩余劳动产品的存在，不能用整个人类社会直到目前、甚至以后相当一段发展时期，社会人类成员的物质生活资料还没有或还不能得到“满足”来否定一样，这个命题也同样建立在“必需”这个重要的概念基础上。

诚然，人的需要的确没有满足的时候，也就是说，人的需要可以无限扩张，需要的完全满足意味着不再有需要，这无疑否定了生命本身的存在。但是，人的需要的无限扩张具有两方面的含义：横向膨胀和纵向发展。无论人的生理需要、心理需要还是精神需要，在本身的层次上都可以无限地横向膨胀，永远不可能完全满足。但是，高层级的需要会对低层级的需要产生复杂的约束作用。虽然高级需要建立在低级需要的基础上，但较高级的需要一旦产生，会使较低级的需要的横向无限膨胀相对失去原有的意义。需要层级的差距越大，这种作用越明显。当人的心理需要得到一定程度的发展时，人的活动便表现出不仅仅是为了满足生理需要的性质；而当人的精神需要发展起来，则会对诸如“活着是为了吃饭”一类的生活哲学产生完全的否定态度。人的需要之所以完全不同于动物的需要，不仅在于人具有动物所没有的高级心理需要和人所特有的精神需要，而且在于人的高级需要对其较低级的心理需要和生理需要具有极大的约束作用，从而使人的动物性需要具有不同于纯粹动物需要的性质。正如马克思所指出的：

> 如果说人以其需要的无限性和广泛性区别于其他一切动物，那么另一方面就可以说，没有任何一种动物能够把自己的需要缩小到这样不可想象的程度和把自己的生活条件限制到这样的最低限度，一言以避之，没有任何一种动

物具有像爱尔兰人那样生活的本领。①

正因为如此,虽然人们为了维持生存的必要,生活资料会随着社会的发展而不断变化,但无论在任何社会条件下都不会是不能确定的。

> 所谓必不可少的需要的范围,和满足这些需要的方式一样,本身是历史的产物,因此多半取决于一个国家的文化水平,其中主要取决于自由工人阶级是在什么条件下形成的,从而它有哪些习惯和生活要求。因此,和其他商品不同,劳动力的价值规定包含着一个历史的和道德的因素。但是,在一定的国家,在一定的时期,必要生活资料的平均范围是一定的。②

因此,只要社会物质生活资料的生产发展达到这样高的水平,以至人们不必以强制劳动为代价来换取自己所必需的基本物质生活资料,整个社会人类便可以从物质的压迫中解放出来,进入人类精神的自由发展阶段。

毫无疑问,精神不能脱离物质,但人类精神在社会物质生产所提供的物质生活资料的基础上发展,可以有相对的独立性。人们之所以连在这种精神发展的相对独立性意义上,也觉得精神难以脱离其所由派生的物质,关键的问题是没有认识到这样一点:社会人类完全有可能达到这样一个发展阶段,由于社会物质生产的发展,每一个社会成员的基本物质生活资料都可以由社会无偿供给。

当社会物质生产通过它的不断发展达到能无偿供给所有社会成员基本物质生活资料的时候,当随着这一进程人们也得到高度发展的时候,人类社会便进入了一种全新境界共产主义,从而完成了由"史前时期"向"真正的人类历史"的过渡。因此,从归根结底的意义上说,对于共产主义社会的到来,没有什么比社会物质生产的发展从而生产力的发展更重要了。

关于社会生产力的发展与为共产主义社会的到来创造必要物质生活资料前提的关系,恩格斯在《反杜林论》中有一段非常重要的论述。这段论述表明,马克思主

---

① 《马克思恩格斯全集》第49卷,人民出版社1982年版,第130页。
② 马克思:《资本论》第1卷,人民出版社2004年版,第199页。

义经典作家早就已经把生产力的发展为共产主义社会的到来创造个人不必再为基本物质生活资料所役这一基本条件，表达得十分明确：

> 就世界性的解放作用而言，摩擦生火还是超过了蒸汽机，摩擦生火第一次使人支配了一种自然力，从而最终把人同动物界分开。蒸汽机永远不能在人类的发展中引起如此巨大的飞跃，尽管在我们看来，蒸汽机确实是所有那些以它为依靠的巨大生产力的代表，唯有借助于这些生产力，才有可能实现这样一种社会状态，在这里不再有任何阶级差别，不再有任何对个人生活资料的忧虑……①

脱离这一基本条件，一切都不可能是现实的。巴黎公社的失败，以“犯了没有立即向反革命巢穴凡尔赛进军和没有镇压反革命的致命性的错误”为主观原因，以“没有马克思主义革命政党的领导”，没有产生这个政党的社会基础为客观原因。而更根本的原因，则在于还不具备相应的历史条件，社会物质生产水平没有达到建立那种理想社会的高度。所以政权的维持必然是一时的，既使专政的形式不垮，真正意义上的，以社会生活条件为基础的大众专政也只能是一时的，因为它脱离了当时的社会物质生产条件，只是建立在脱离当时社会生活条件的感情共鸣的基础上。

社会生产的高度发展作为人类社会从“史前时期”过渡到“真正的人类历史”的基本条件，同时也是人类“史前时期”的根本使命。正是从这样一个高度出发，马克思主义经典作家对人类“史前时期”的最后一个历史阶段，也是它的一个最典型的阶段，资本主义，不仅进行了深刻的批判，而且作了合理的分析。马克思不仅把大工业看作是对抗的根源，而且也看作是解决这些对抗所必需的物质条件和精神条件的创造者。认为资本主义生产方式同时为一种新的更高级的综合，即农业和工业在它们对立发展的形式的基础上的联合，创造了物质前提。② 资产阶级的经济统治，从而这样或那样形式的政治统治，无论对现代无产阶级的生存来说，或者对创造“实现无产阶级解放的物质条件”来说，都是基本的条件。③

---

① 《马克思恩格斯选集》第 3 卷，人民出版社 1995 年版，第 456 页(着重号为引者所加)。
② 马克思：《资本论》第 1 卷，人民出版社 2004 年版，第 579 页。
③ 《马克思恩格斯全集》第 19 卷，人民出版社 2006 年版，第 149—150 页。

资本主义在为社会从“史前时期”向“真正的人的历史”过渡创造物质条件的同时,也铸就了自己最终走出人类历史舞台的命运。同历史上所有的统治阶级一样,资产阶级也将被剥夺。这种剥夺是通过资本主义生产本身的内在规律的作用,即通过资本的集中进行的。

……一个资本家打倒许多资本家。随着这种集中或少数资本家对多数资本家的剥夺,规模的不断扩大的劳动过程的协作形式日益发展,科学日益被自觉地应用于技术方面,土地日益被有计划地利用,劳动资料日益转化为只能共同使用的劳动资料,一切生产资料因作为结合的、社会的劳动的生产资料使用而日益节省,各国人民日益被卷入世界市场网,从而资本主义制度日益具有国际的性质。随着那些掠夺和垄断这一转化过程的全部利益的资本的巨头不断减少,贫困、压迫、奴役、退化和剥削的程度不断加深,而日益壮大的、由资本主义生产过程本身的机构所训练、联合和组织起来的工人阶级的反抗也不断增长。①

阶级斗争无疑是资本主义社会在自身发展过程中发生革命变革的重要原因,但最基本最重要的方面仍然是社会物质生产的发展。社会物质生产的发展,不仅为人类社会精神时代的到来创造必不可少的物质条件,而且最后将使生产资料不可能再为私人所占有,或任何个人都没有必要再占有。这就不可避免地将使所有生产资料最终都归社会所有。从而为人类社会精神时代的到来准备了所有社会条件。

由此可见,“真正的人类历史”与“史前时期”的本质区别在于:前者以人们的精神生活占全部生活的主导地位,而后者则相反,正像资本主义社会所典型地表明的那样,是物质生活占主导地位。精神生活取代物质生活的主导地位的可能性,以人类最后从物质压迫中解放出来为前提条件。而人类最后从物质压迫中解放出来的条件,则是人们的基本物质生活资料不需以强制劳动为代价来换取。社会人类不从最基本的物质生活资料的谋求中解放出来,普遍的以物质来决定的关系就永远

---

① 马克思:《资本论》第1卷,人民出版社2004年版,第874页。

不能为精神所决定的关系所取代。社会政治、社会思想以及现存的一切人们认为是龌龊的社会关系，就永远不能在社会上绝迹。人们的基本物质生活资料不需以强制劳动为代价来换取，是真正的人类历史或共产主义社会的根本标志。

“基本物质生活资料不需以强制劳动作为代价换取”的社会条件，绝不会是懒汉的温床。相反，它将把人类从物质的压迫中解放出来，从而使生命发出人类所特有的活力和创造力。在那种条件下，作为换取基本物质生活资料的“强制劳动”将完全向人类活动的本性复归。那时，真正意义上的“劳动”将成为人的第一需要。其实，劳动竟然能成为人的第一需要，并不是一件甚至会使人自己都有点难以置信的事情，只要劳动是符合人性的、人的本真意义上的活动。活动从来就是，而且永远是人的第一需要，不管人们生活在什么样的社会形态之中；事实上，活动是一切生命的第一需要，不仅人是这样，每一个具有生命的生物都是如此。因而，劳动要成为人的第一需要，一个必不可少的条件是强制劳动向人的本真意义的活动复归。

二、劳动的解放和活动的复归

活动是一切生命的内在需要。劳动作为人的本真意义上的活动，是每一个人所需要的。马克思指出，一个人“在他健康、力气、活动、技巧和熟练程度的正常情况下”，也需要一定分量的劳动，一定分量的停止空闲，认为傅立叶早就证明，每个人生下来就有一种偏好某种劳动的习性；绝对的懒惰从来没有过，也不可能有；人类精神本来就有活动的要求，并且有促使肉体活动的要求；因此没有必要强制人们活动，只要给人们的活动天性以正确的指导就行了。关键是劳动和享受必须是同一的。如果把二者分裂开来，便会把劳动变成痛苦的事情，把欢乐变成大部分劳动者享受不到的东西。马克思很欣赏傅立叶的这一观点，认为在奴隶、徭役和雇佣劳动等等劳动的历史形态中，劳动始终是使人感到厌恶的事情，始终是外在的强制劳动，而与此相反，不劳动却是“自由和幸福”。这是极端不合理的。但是马克思又不完全同意傅立叶关于“在合理的制度下，当每个人都能根据自己的兴趣工作的时候，劳动就能恢复它的本来面目，成为一种享受，一种娱乐，一种消遣”的观点，认为这完全是以一个浪漫女郎的方式，对真正自由的劳动的一种极其天真的理解。在马克思看来，当劳动创造出能使自己变得吸引人的主客观条件时，它将成为真正自由的劳动，成为个人的自我实现。但真正自由的劳动绝不只是一种娱乐或消遣，它同时也是非常严肃、极其紧张的事情。物质生产的劳动只有在下面两种情况下才能获得这种性质：一是劳动具有社会性；二是劳动具有科学性，同时又是一般的劳动，是这样的人的紧张活动，这种人不是用一定方式刻板训练出来的自然力，而是一个主体，这种主体不是以纯粹自然的、自然形成的形式出现在生产过程中，而是作为支配一切自然力的那种活动出现在生产过程中。①

自由的劳动和强制的劳动是两个完全不同的概念，它们是两种完全不同的人类活动。强制劳动是如此违反人性，以致马克思把劳动本身看作“同自身相异化的活动”②；而与强制劳动相比，自由劳动又是那样的不同，以致他拿不定主意是否用同一个术语——“劳动”，同样描述资本主义和共产主义社会的物质进程。马克思使用“劳动”一词，意指依此在最终的分析中所理解的资本主义是什么，就是说，在商品生产中创造剩余价值的活动，或“生产资本”的活动。其它活动都不是“生产劳动”，因此不是确切意义上的劳动。所以，劳动意味着劳动者个人绝对没有自由和全面发展一说，很清楚，在这种状态下，个人的解放同时就是对劳动的否定。③

事实上，马克思和恩格斯曾经多次提出“消灭劳动”。他们在《德意志意识形态》中指出：

> 迄今为止的一切革命始终没有触动活动的性质，始终不过是按另外的方式分配这种活动，不过是在另一些人中间重新分配劳动，而共产主义革命则针对活动迄今具有的性质，消灭劳动，并消灭任何阶级的统治以及这些阶级本身，因为完成这个革命的是这样一个阶级，它在社会上已经不算是一个阶级，它已经不被承认是一个阶级，它已经成为现今社会的一切阶级、民族等等的解体的表现；
>
> ……
>
> 逃亡农奴只是想自由地发展他们已有的生存条件并让它们发挥作用，因

① 《马克思恩格斯全集》第30卷，人民出版社1995年版，第616页。

② 马克思：《1844年经济学哲学手稿》，人民出版社2000年版，第88页。

③ Herbert Marcuse, Reason and Revolution: Hegel and the Rise of Social Theory, Routledge & Kegan Paul LTD, 1955, p. 293.

而归根结底只达到了自由劳动；而无产者，为了实现自己的个性，就应当消灭他们迄今面临的生存条件，这个同时也是迄今为止的整个社会的生存条件，即消灭劳动。因此，他们也就同社会的各个人迄今借以表现为一个整体的那种形式即国家，处于直接的对立中，他们应当推翻国家，使自己的个性得以实现。①

在《1857—1858 年经济学手稿》一书中，马克思又写道：“个性的劳动也不再表现为劳动，而表现为活动本身的充分发展。而在这种发展状况下，直接形式的自然必然性消失了；这是因为一种历史形成的需要代替了自然的需要。”②恩格斯在批判施莱纳在共产主义社会中“操心又作为劳动出现”的理论时，写道：如果共产主义想消灭市民的“操心”和无产者的贫困，那么，不言而喻，只有消灭产生这二者的原因，即消灭“劳动”这一点才能做到。③

“消灭劳动”是否可能，关键要看“劳动”概念的涵义。如果我们认为劳动也可以是自由的，那么，消灭强制劳动不仅是可能的，而且十分必要。

强制劳动是这样一种活动：需要通过这一过程得到的不能从这个过程本身直接获得。游手好闲在生活中具有意义，是物质时代存在着物质压迫下的强制劳动造成的。任何一个社会都不能离开活动而不是强制劳动，强制劳动只是社会发展到一定物质阶段时代所必需的。由于只有创造性的活动才是机器所不能胜任的，所以强制劳动必将在人类社会消失，而代之以活动的复归，或者说劳动的解放。劳动的解放就是物质压迫的解放；强制劳动是人类反抗物质时代的物质压迫的力量。

劳动解放的根本途径是科学技术，只有科学技术的发展才能使社会强制劳动变得没有必要。因而，劳动的解放以科学技术的发展为主要力量，单纯的体力劳动和创造性的脑力劳动，只是这种解放力量的基础。而科学技术工作者则是这一解放的主力军。

劳动的解放是整个人类的事情，“劳动的解放既不是一个地方的问题，也不是一个民族的问题，而是现代社会的一切国家的社会问题，它的解决有赖于最先进各

① 《马克思恩格斯选集》第 1 卷，人民出版社 1995 年版，第 90—91，85 页。
② 《马克思恩格斯全集》第 30 卷，人民出版社 1995 年版，第 285 页。
③ 《马克思恩格斯全集》第 3 卷，人民出版社 1956 年版，第 241 页。

国在实践和理论上的合作。”①劳动的解放不只是对劳动者才有意义，由于劳动的未能解放而造成物质对于精神的压迫，是整个人类社会成员都不能幸免的。整个人类的精神解放是以劳动解放的方式实现的。

劳动的解放意味着强制劳动时间不断被自由劳动时间所取代。在这一解放过程中，人类社会所经历过的所有生产方式都具有自己特定的历史作用。在它们之中，资本主义生产方式的历史性作用最为典型。马克思主义经典作家对此有科学的描述：资本的伟大的历史方面是创造了剩余劳动，

> 资本的伟大的历史方面就是创造这种剩余劳动，即从单纯使用价值的观点、从单纯生存的观点来看的多余劳动。而一旦到了那样的时候，一方面，需要发展到这种程度，以致超过必要劳动的剩余劳动本身成为普遍需要，成为从个人需要本身产生的东西；另一方面，普遍的勤劳，由于世世代代所经历的资本的严格纪律，发展成为新一代的普遍财产，最后，这种普遍的勤劳，由于资本的无止境的致富欲望及其唯一能实现这种欲望的条件不断地驱使劳动生产力向前发展，而达到这样的程度，以致一方面整个社会只需用较少的劳动时间就能占有并保持普遍财富，另一方面劳动的社会将科学地对待自己不断发展的再生产过程，对待自己越来越丰富的再生产过程，从而，人不再从事那种可以让物来替人从事的劳动，——一旦到了那样的时候，资本的历史使命就完成了。②

资本主义生产的发展，无疑为人类劳动的解放创造了良好的物质条件，但是，在资本主义制度下，社会还是以劳动时间作为财富的尺度的，财富本身还建立在贫困的基础上，而可以自由支配的时间是同剩余劳动时间相对立并且是由于这种对立而存在的，或者说，个人的全部时间都成为劳动时间，从而使个人降到仅仅是工人的地位，使他从属于劳动。因此，发达的机器体系反而迫使工人比野蛮人劳动的时间还长，或者比他自己过去用最简单、最粗笨的工具时劳动的时间还要长。因

① 《马克思恩格斯全集》第16卷，人民出版社1964年版，第15页。
② 《马克思恩格斯全集》第30卷，人民出版社1995年版，第285页。

而，马克思和恩格斯指出：

……只要人们还处在自然形成的社会中，就是说，只要特殊利益和共同利益之间还有分裂，也就是说，只要分工还不是出于自愿，而是自然形成的。那么人本身的活动对人说来就成为一种异己的、同他对立的力量，这种力量压迫着人，而不是人驾驭着这种力量。原来，当分工一出现之后，任何人都有自己的一定的特殊的活动范围，这个范围是强加于他的，他不能超出这个范围：他是一个猎人、渔夫或牧人，或者是一个批判者，只要他不想失去生活资料，他就始终应该是这样的人。①

要使人类劳动得以解放，社会生产的发展必须具备社会分工完全由自发的变为自愿的条件。

社会分工由自发到自愿的转变，意味着社会生产已经没有人为组织的必要。生产不需要组织，就意味着强制劳动可有可无，这也就是说，基本物质生活资料不需通过强制劳动来获取。要达到这样的发展阶段，有两种可能的方式：一是人们的观念颠倒了过来，人们视劳动如现在的不劳动，视不劳动如现在的劳动；二是社会生产已经达到了任何人不进行强制的劳动也无妨的水平。未来社会的发展将会表明，二者都是可能的。

当社会生产发展到了足以解放人类纯粹的体力劳动和没有创造性的脑力劳动的程度时，一切社会劳动便都具有同样意义。这种有意义的劳动永远是人类的第一需要。事实上，这里的“劳动”概念已经复归为活动，复归为本真意义上的活动。活动才是人乃至生命的第一需要。这样的劳动不是或不主要是为维持人的生存需要而存在，而是为了活动本身而存在。要达到这种境界，社会生产必须发展到这样的水平：满足全体社会成员的物质生活需要不是主要通过体力劳动来实现，而主要是利用自然力。那时候的生产资料，也才会是真正的社会所有。到那时——

一方面，社会的个人需要将成为必要劳动时间的尺度；另一方面，社会生

① 《马克思恩格斯选集》第 1 卷，人民出版社 1995 年版，第 85 页。

产力发展如此迅速，以致尽管生产将以所有人的富裕为目的，所有人的可自由支配时间还是会增加。因为真正的财富就是所有个人的发达的生产力。那时，财富的尺度决不再是劳动时间，而是可以自由支配的时间。①

那样的社会，就是人类真正历史的开始。

当人类社会开始自己真正的历史，即进入共产主义社会，由于物质财富的充分涌流，由于社会所有成员的基本物质生活资料都无需以强制劳动为代价获取，由于社会分工完全由自发的变为自愿的，在那里——

任何人都没有特殊的活动范围，都可以在任何部门内发展。社会调节着整个生产，因而使我有可能随自己的兴趣今天干这事，明天干那事，上午打猎，下午捕鱼，傍晚从事畜牧，晚饭后从事批判，这样就不会使我老是一个猎人、渔夫、牧人或批判者。②

只有到这时，人类才真正为自己的彻底解放和全面发展开辟了广阔的前景。

三、人类精神的直立

劳动的解放意味着人的解放，社会物质生产的发展也意味着人的发展。但人的解放和发展与劳动的解放和社会物质生产的发展并不完全是同一过程，它具有相对独立性。而且，在某种意义上说，人的发展本身又是劳动的解放和生产发展的重要条件，是人类社会从“史前时期”向“真正的人类历史”过渡的重要前提之一：人类的整个历史无非是人类本性的不断改变而已。

人的本性就是人的需要。人的需要从低级到高级的发展，就是人本身的发展。就人的需要而言，人的发展就是人不断地从低级的需要中解放出来，从而使新的较高级的需要不断产生的过程。而要使这一过程得以进行，最简单的方式就是使人

① 《马克思恩格斯全集》第46卷下册，人民出版社1980年版，第104页。
② 《马克思恩格斯选集》第1卷，人民出版社1995年版，第85页。

的需要得到相应的满足。正如马斯洛所说的，将机体从较低级和自私的需要的束缚中解放出来的最容易的办法，就是满足这些需要。任何需要的满足，特别是基本需要的满足，只要是真正的满足，不仅有助于性格的形成，而且都有助于个人的改进、巩固和健康发展。任何特定需要的满足都向自我实现前进了一步。①

人是复杂的社会动物，人的需要的满足和社会生产密切相关。一方面，与动物不同，人满足自己的需要不仅仅依靠自己的能力，而且通过联合的形式借助社会的力量，借助整个社会生产力的发展，以此获得为动物所不能比拟的生存能力。另一方面，当社会生产力的发展还有限时，人们便不属于在他们关于人的理想所决定和所容许的范围之内，而是在现有的生产力所决定和所容许的范围之内使自己的需要得到满足。在这样的条件下，人们的发展只能具有这样的形式，一些人靠另一些人来满足自己的需要，结果往往是少数人得到了发展的垄断权，而大多数人则经常地为满足最迫切的需要而进行斗争，因而在新的革命生产力产生以前，便暂时失去了任何发展的可能性。因而，在这样的历史时期，人类社会一直是在对立的范围内发展的。人类作为一个整体，具有自己相互依赖、相互制约的整体特性。在人需要满足方面的不平等，不仅会造成人的发展的不平衡，而且会对每一个社会成员的发展造成局限性。这就是恩格斯所说的"每一个人都得到解放，社会才能得到解放"②的深刻含义所在。这句话一方面是被统治阶级用以满足自己需要的那种不正常的"非人的"方式的原因，另一方面也是交往的发展范围狭小，以及因之造成的整个统治阶级的发展范围狭小的原因。由此可见，这种发展的局限性不仅在于一个阶级被排斥于发展之外，而且还在于把这个阶级排斥于发展之外的另一阶级在智力方面存在局限性。所以"非人的东西"也同样是统治阶级命中所注定的。③ 这在资本主义社会生产条件下，表现得尤其突出。

资本主义社会生产通过越来越细的分工，把人的畸形发展推到了极端。在这种生产方式下，一些人的个人生活条件使他们只能牺牲其他一切特性而单方面地发展某一种特性，生活条件只提供给他们发展这一种特性的材料和时间，这使他们不能超出单方面的、畸形的发展。这个受到特别培植的特性发展的方式如何，一方

---

① 马斯洛：《动机与人格》，华夏出版社 1987 年版，第 70—71 页。
② 《马克思恩格斯选集》第 3 卷，人民出版社 1995 年版，第 644 页。
③ 《马克思恩格斯全集》第 3 卷，人民出版社 1956 年版，第 507 页。

面决定于为他们的发展所提供的材料，另一方面又决定于其他特性被压抑的程度和性质。① 但是，也正如马克思所证明的：

> 这一社会形式是使社会生产力发展到这样高度的水平所必需的：在这个水平上，社会全体成员的平等的、合乎人的尊严的发展，才有可能。要达到这一点，以前的一切社会形式都太薄弱了。资本主义的生产才第一次创造出为达到这一点所必需的财富和生产力，但是它同时又创造出一个社会阶级，那就是被压迫的工人大众。②

资本主义生产是残酷的，但人类的发展，在开始时要靠牺牲多数的个人甚至靠牺牲整个阶级，但最终会克服这种对抗，而同每个个人的发展相一致；因此，个性的比较高度的发展，只有以牺牲个人的历史过程为代价。因为像在动植物界一样，人类种族的利益总是要靠牺牲个体的利益来为自己开辟道路的，其所以会如此，是因为种族的利益同特殊个体的利益相一致，这些特殊个体的力量，他们的优越性，也就在这里。③

由此可见，人的解放和发展是一种历史活动，是由历史的关系，由社会生产和交往关系的状况促成的。人们只有在现实的世界中并使用现实的手段才能实现自身的真正解放。没有蒸汽机和珍妮走锭精纺机就不能消灭奴隶制；没有改良的农业就不能消灭农奴制；当人们还不能命名自己的吃喝住穿在质和量方面得到充分供应的时候，人们就根本不能获得解放。④ 资本主义及其以前的一切历史阶段，都是人的解放和发展过程的特定时期，只是在这些历史时期，由于社会生产还没有发展到走出“史前时期”的程度，活动着的个人都只具有在相应的物质条件限度内的独立性、个性和自由。即使在资本主义社会也是如此。虽然在资本主义社会中，自由经济的发展带来了思想上的相对自由，但这种生产方式本身决定了它还不能彻底冲破物质上的自由的牢笼。必须到社会生产的发展水平足以彻底变革旧的生产

---

① 《马克思恩格斯全集》第 3 卷，人民出版社 1956 年版，第 295—296 页。
② 《马克思恩格斯选集》第 2 卷，人民出版社 1995 年版，第 596 页。
③ 《马克思恩格斯全集》第 26 卷第二册，人民出版社 1973 年版，第 124—125 页。
④ 《马克思恩格斯全集》第 42 卷，人民出版社 1979 年版，第 368 页。

方式，足以消灭旧的分工，人类社会才能建立起这样的生产组织：

> 在这个组织中，一方面，任何个人都不能把自己在生产劳动这个人类生存的自然条件中所应参加的部分推到别人身上；另一方面，生产劳动给每一个人提供全面发展和表现自己全部的即体力的和脑力的能力的机会。这样，生产劳动就不再是奴役人的手段。而成了解放人的手段。因此，生产劳动就从一种负担变成一种快乐。①

在这时，只有当人类社会脱离了以阶级的划分为其形式的经济斗争的物质时代，只有到了共产主义历史阶段，只有当人的基本物质生活资料不需以强制劳动为代价获取，只有当劳动本身得到解放，人的彻底解放和自由发展才具备了客观基础。正如马克思在《资本论》第三卷中所指出的：

> 事实上，自由王国只是在必要性和外在目的规定下要从做的劳动终止的地方才开始，因而按照事物的本性来说，它存在于真正物质生产领域的彼岸。像野蛮人为了满足自己的需要，为了维持和再生产自己的生命，必须与自然搏斗一样，文明人也必须这样做；而且在一切社会形态中，在一切可能的生产方式中，都必须这样做。这个自然必然性的王国会随着人的发展而扩大，因此需要会扩大，满足这种需要的生产力同时也会扩大。这个领域内的自由只能是：社会化的人，联合起来的生产者，将合理地调节他们和自然之间的物质变换，把它置于他们的共同控制之下，而不让它作为一种盲目的力量来统治自己；靠消耗最小的力量，在最无愧于和最适合于他们的人类本性的条件下来进行这种物质变换。②

毫无疑问，人的解放和发展不仅取决于人和自然的关系，而且取决于人和社会的关系。人的解放和发展最终是要通过社会，以社会形式实现。虽然人们丝毫没

---

① 《马克思恩格斯选集》第 3 卷，人民出版社 1995 年版，第 644 页。
② 马克思：《资本论》第 3 卷，人民出版社 2004 年版，第 928—929 页。

有建立一个社会的意图，但他们的所作所为正是使社会发展起来。因为他们总是想作为孤独的人发展自身，因此他们也就只有在社会中并通过社会来获得他们自己的发展。社会关系实际上决定着一个人能够发展到什么程度。① 但是，人和社会的关系总是建立在人和自然关系的基础上，人和自然的关系更为基本。因而，人的解放和发展归根结底取决于人和自然的关系。马克思主义经典作家正是据此把人的发展历程分为三个阶段。

第一个阶段是人完全依赖于物。这种人对物的依赖关系起初完全是自然发生的，在此基础上建立起来的是最初的社会形态。在这种形态下，人的生产能力只是在狭窄的范围内和孤立的地点上发展着。这是人的发展的早期阶段，在这一发展阶段，由于人们还没有造成自己丰富的关系，并且还没有使这种关系作为独立于他自身之外的社会权力和社会关系同他自己相对立，处于这一阶段的单个人显得比较全面，那是一种原始的丰富；第二个阶段是在物的依赖性的基础上，人获得了一定的独立性。在这一阶段，社会形成普遍的物质变换，全面的关系，这方面的需求以及全面的能力的体系。建立在交换价值基础上的生产，在产生出个人同自己和同别人的普遍异化的同时，也产生出个人关系和个人能力的普遍性和全面性。正是个人能力发展的普遍性和全面性，为第三个阶段的到来创造了条件；第三个阶段是人形成自由的个性。这一阶段是建立在个人全面发展和他们共同的社会生产能力成为他们的社会财富这一基础之上的，因为个人要形成自由的个性，其能力的发展必须达到一定的程度和全面性。因而，全面发展的个人不是自然的产物，而是历史的产物。②

由此可见，一方面，人的发展是社会从“史前时期”向“真正的人类历史”过渡的重要条件，“只有当现实的个人把抽象的公民复归于自身，并且作为个人，在自己的经验生活、自己的个体劳动、自己的个体关系中间，成为类存在物的时候，只有当人认识到自身‘固有的力量’是社会力量，并把这种力量组织起来不再把社会力量以政治力量的形式同自身分离的时候，人的解放才能完成。”③另一方面，人的全面发展作为历史的产物，也以从“史前时期”过渡到“真正的人类历史”过程中社会所发

---

① 参见《马克思恩格斯全集》第 3 卷，人民出版社 1956 年版，第 235、295 页。
② 参见《马克思恩格斯全集》第 30 卷，人民出版社 1995 年版，第 107、111 页。
③ 《马克思恩格斯全集》第 3 卷，人民出版社 2002 年版，第 189 页。

生的一系列变化为基本前提。

四、划时代的巨变

从“史前时期”到“真正的人类历史”的过渡，是人类社会最重要的转折。它是人类社会从物质时代向精神时代的过渡，与物质时代的社会交替从奴隶社会到封建社会，或者从封建社会到资本主义社会有本质区别。这一交替会带来真正划时代的巨变。

首先，目前意义上的社会分工和阶级将被消灭。当人们的劳动生产率还非常低，除了必需的生活资料不能提供多少剩余产品的时候，生产力的提高，社会生产以及文化、艺术等的进一步发展，就只有通过更大规模的分工才有可能，这样就造成了社会分工以及随之而来的劳动的异化；当社会物质生产发展的水平还不够高，使实际劳动的人口要为自己的必要劳动花费很多时间，以致没有多余的时间来从事社会的公共事务，例如劳动管理、国家事务、法律事务、艺术、科学等等的时候，必然有一个脱离实际劳动的特殊阶级来从事这些事务。而且这个阶级为了它自己的利益，永远不会错过机会把愈来愈沉重的劳动负担加到劳动群众的肩上，这样就形成了阶级并同时开始了阶级对立的历史。社会分工和阶级的产生及发展既是社会物质生产发展的条件，也是社会物质生产发展的特定阶段的产物。一切因一定性质的社会物质生产而存在的东西，将会随着这种生产的变化而变化，随其消失而消失。当交往和生产力已经发展到这样普遍的程度，以致私有制和分工变成了它们的桎梏的时候，分工便会消灭；当社会生产的发展水平大大提高，以致可能把劳动无例外且无贵贱之分地分配于一切社会成员，社会阶级也便不复存在。当社会从“史前时期”走向真正的人类历史，由于社会成员的基本物质生活资料不再需要以强制劳动为代价获取，劳动便向人的本真意义上的活动回归。这时候的社会分工由于成了自愿的，便不再是传统意义上的分工；社会阶级也由于没有了经济的基础而不再是经济的阶级。也就是说，目前意义上的社会分工和社会阶级在这一过渡中都将被消灭。

其次，国家将消亡。随着阶级的消灭，国家也不可避免地要消亡。国家并不是从来就有的，在人类发展的原初阶段，曾经有过不需要国家，而且根本不知道国家和国家权力为何物的社会，人们最初生活在自然状态中。在这种状态下，人们具有平等的社会关系，因为人类在争取生存的斗争中，由于社会生产发展水平低，眼光只能指向自然界，社会本身没有他们要求的实现条件。当社会生产基本形成，社会出现剩余产品，出现了私有制的时候，就必然发生向社会本身提出要求的现象。社会发展的结果，就是社会契约，进而体现社会契约的国家的出现不可避免。正如恩格斯所说，"在经济发展到一定阶段而必然使社会分裂为阶级时，国家就由于这种分裂而成为必要了。"①

在社会契约的维持下，当社会生产发展到只需部分人的劳动便可以满足全体成员的物质生活需要的水平，人们的精神需要便露出锋芒，统治阶级就进入了社会精神竞争的领域，于是就出现了非法合法的一切特权，造成了精神上的不平等。作为竞争的结果，必然产生相对的无权状态。物质资料竞争产生的社会矛盾可以用社会契约来统一，精神需要的竞争产生的社会矛盾，则只能依靠人类理性来统一。因而就必然产生以民主、自由为基本特征的理性国家。但这时候的理性国家，不但表现了社会精神方面的矛盾，也表现了社会物质方面的矛盾。只有以生产者自由平等的联合体为基础的、按新方式来组织生产的社会，才能"把全部国家机器放到它应该去的地方，即放到古物陈列馆去，同纺车和青铜斧陈列在一起"。② 必须在社会成员的物质生活资料无须以强制劳动为代价而获得的社会条件下，国家才会消亡。

恩格斯认为：

> 国家真正作为整个社会的代表所采取的第一个行动，即以社会的名义占有生产资料，同时也是它作为国家所采取的最后一个独立行动。那时，国家政权对社会关系的干预在各个领域中将先后成为多余的事情而自行停止下来。那时，对人的统治将由对物的管理和对生产过程的领导所代替。国家不是"被废除"的，它是自行消亡的。③

① 《马克思恩格斯选集》第4卷，人民出版社1995年版，第174页。
② 《马克思恩格斯选集》第4卷，人民出版社1995年版，第174页。
③ 《马克思恩格斯选集》第3卷，人民出版社1995年版，第755页。

随着国家的消亡,人类分解为一大堆孤立的、互相排斥的原子,这种情况本身就是一切同业公会利益、民族利益以及一切特殊利益的消灭,是人类走向自由的自主联合以前必经的最后阶段。人要重新回到自身,通过金钱的统治而完成外在化,就是必由之路。①

国家消亡的另一个次要但较直接的因素,是武器的发展。武器越原始,战争越频繁。武器质量的不断提高,武器的不断从战术意义向战略意义的发展转化,势必使战争消失。武器的发展在人类社会物质时代具有特别重要的意义。武器在它的童年就砸碎了氏族之间的界限,在它的中年镇压住武力割据(尽管武力割据本身是其童年带来的),而将在它的晚年消灭国家状态,并且最终以它自己的发展为直接原因使自己主动退出人类历史舞台。

再次,生产资料归社会所有。马克思认为,资本主义生产由于自然过程的必然性,造成了对自身的否定。这种否定在生产资料所有制上的结果,是在资本主义社会的物质成就的基础上,在协作和对土地及靠劳动本身生产的生产资料的共同占有的基础上,重新建立个人所有制,②即生产资料归社会所有。生产资料的公有化机制归根结底藏于社会生产资料本身的发展逻辑中。

只要是社会生产,生产资料本身总在一定程度上具有社会所有的性质。私有财产规模越大,越居于垄断地位,便越具有公共的性质。这是人类社会财产由私有转变为公有的根本原理。当生产资料的价值足以使任何个人难于转卖以后,就向完全的社会所有迈完了最后一步。

生产资料所有性质的日益社会化,是不可移易的趋势。但生产资料的所有制形式应当取决于社会的生产力发展水平,而不是任何单纯的道德等标准。假如有可能,在人类社会的物质时代共产主义历史阶段以前的一切历史时代完全消灭私有制,那么"一切活动就会停止,懒惰之风就会兴起"。要消灭资产阶级的私有制,必须是在进入了共产主义历史阶段,达到人类进入精神时代的物质水平时才是可能的。

最后,精神生活将出现匮乏。当人们逐渐从物质的压迫下解放出来,精神需要

① 《马克思恩格斯全集》第 3 卷,人民出版社 2002 年版,第 534 页。
② 马克思:《资本论》第 1 卷,人民出版社 2004 年版,第 874 页。

便会得到迅猛发展。迅速发展起来的精神需要会由于社会的精神生产一时不能予以满足而处于一种相对匮乏状态。这种状态，一方面一直要延续到精神时代社会生活的正常化才会有所缓和；另一方面由于精神时代与物质时代的基本区别就在于人们以精神生活为主而不再以物质生活为主，精神需要的匮乏状态会像物质时代的物质需要的匮乏状态一样长期保持。

物质生活满足了，人的需要就提高到精神这一层次。这时候，受自身的精神境界或社会精神文明水平所限，人就会感到空虚。这种空虚，甚至也只有在社会经济压迫解除之后才会暴露无遗。在物质时代向精神时代的过渡时期，宗教会逐渐消亡。

> 当社会通过占有和有计划地使用全部生产资料而使自己和一切社会成员摆脱奴役状态的时候（现在，人们正被这些由他们自己所生产的、但作为不可抗拒的异己力量而同自己相对立的生产资料所奴役），当谋事在人，成事也在人的时候，现在还在宗教中反映出来的最后的异己力量才会消失，因而宗教反映本身也就随着消失。原因很简单，那时再没有什么东西可以反映了。①

宗教的消亡，将使人们的精神生活失去以往的寄托。这也是物质时代和精神时代交替过程中出现精神空虚的主要原因之一。在这个过渡时期，老年人生活空虚会成为社会问题，因为在这个特定的历史时代中，从物质时代的青年到精神时代的老年的行程中存在极大的跨步电压。

人类社会从物质时代向精神时代的过渡时期所出现的精神空虚现象，只是精神的相对匮乏造成的，是社会发展的结果。一旦从物质的压迫下解放出来，人们的精神需要就排在了首位。物质需要的相对满足，精神需要的普遍发展，是人类社会由物质时代向精神时代转化的关键所在。如果说，正是物质压迫的解除才使人类社会走出“史前时期”，那么，也正是这种取代了物质时代物质需要地位的精神需要，才使人们得以迈向“真正的人类历史”。

---

① 《马克思恩格斯选集》第3卷，人民出版社1995年版，第668页。

第 16 章　真正的人类历史

20 世纪以来科学技术魔幻般的进步,使人类社会以巨大的加速度向前发展。随着历史车轮的前进,人们的视野越来越开阔,目光越来越深远,对人类的未来前景也便看得越来越清楚。这就决定了人们更确切地描述人类未来社会的可能与使命。

一、真正的人的生存条件

社会全体成员的基本物质生活资料无须以强制劳动为代价获取,使人类从动物的生存条件进到了真正的人的生存条件。真正的人的生存条件,就是人类彻底脱离动物界,开始真正的人类历史的最基本的生存条件。它也是进入真正的人类历史共产主义社会的基本经济条件。

真正的人的生存条件的获得,标志着人类的世界性解放。只有在这一生存条件下,人类社会才有可能实现共产主义,"在这里不再有任何阶级差别,不再有任何对个人生活资料的忧虑,并且第一次能够谈到真正的人的自由,谈到那种同已被认识的自然规律和谐一致的生活。"①

人类社会要达到全体社会成员的基本物质生活资料无须以强制劳动为代价获取的水平,必须实行生产资料的全面公有化。只有社会占有生产资料,才能不仅保证一切社会成员有富足的和一天比一天充裕的物质生活,而且保证他们的体力和智力获得充分的自由的发展和运用。正如恩格斯所描述的:

---

① 《马克思恩格斯选集》第 3 卷,人民出版社 1995 年版,第 456 页。

一旦社会占有了生产资料,商品生产就将被消除,而产品对生产者的统治也将随之消除。社会生产内部的无政府状态将为有计划的自觉的组织所代替。个体生存斗争停止了。于是,人在一定意义上才最终地脱离了动物界,从动物的生存条件进入真正人的生存条件。人们周围的、至今统治着人们的生活条件,现在受人们的支配和控制,人们第一次成为自然界的自觉的和真正的主人,因为他们已经成为自身的社会结合的主人了。人们自己的社会行动的规律,这些一直作为异己的、支配着人们的自然规律而同人们相对立的规律,那时就将被人们熟练地运用,因而将听从人们的支配。人们自身的社会结合一直是作为自然界和历史强加于他们的东西而同他们相对立的,现在则变成他们自己的自由行动了。至今一直统治着历史的客观的异己的力量,现在处于人们自己的控制之下了。只是从这时起,人们才完全自觉地自己创造自己的历史;只是从这时起,由人们使之起作用的社会原因才大部分并且越来越多达到他们所预期的结果。这是人类从必然王国进入自由王国的飞跃。①

马克思主义经典作家不仅认为生产资料的公共占有能大大解放生产力,促进社会生产的发展,而且生产资料公有化本身又是社会发展达到一定物质条件的结果。恩格斯在《反杜林论》中指出:

自从资本主义生产方式在历史上出现以来,由社会占有全部生产资料,常常作为未来的理想隐隐约约地浮现在个别人物和整个派别的头脑中。但是,这种占有只有在实现它的物质条件已经具备的时候,才能成为可能,才能成为历史的必然性。②

正因为如此,共产主义社会的公有制才与人类原始社会的公有制有本质区别。形式上类似的科学共产主义与原始共产主义在所有制上的共同点在于,两种社会形态中私人占有制都不可能存在。但这同一事实的原因却有本质区别:原始社会

---

① 《马克思恩格斯选集》第3卷,人民出版社1995年版,第757—758页。
② 《马克思恩格斯选集》第3卷,人民出版社1995年版,第631页。

是由于生产力发展水平如此之低，以致社会成员必须共同占有生产资料，只有共图生存才能维持个人和社会的存在和发展；而科学共产主义则是由于生产力发展水平如此之高，以致私人占有失去了存在的必要性，同时也容纳不下高速发展的生产力。

真正的劳动资料公共化，是必须在生产发展到生产资料没有私人占有的意义和可能的水平时才是现实的。只有在这个意义上，我们才能充分理解恩格斯"无产者却只有废除一切所有制才能解放自己"①一语的深刻内涵。

生产资料归全体社会成员的所有制性质，决定了共产主义社会的基本经济特征：

第一，在社会生产力高度发展的基础上，人类社会的全部生产资料为其全体成员共同占有，劳动者和生产资料的直接结合成为社会生产方式的基础；

第二，由于生产资料为全体社会成员共同占有，社会不再存在产品交换。劳动者耗费在产品生产上的劳动，在这种社会中不再表现为这些产品的价值，不再表现为它们所具有的某种物的属性，个人的劳动不再经过迂回曲折的道路，而是直接地作为总劳动的构成部分存在着。在共产主义社会里没有商品，因而也没有货币。

第三，社会按照全体成员的需要调节生产。社会生产的目的应当是为了满足社会成员不断发展的生活需要，但是在人类物质生活还没有达到从强制劳动中解放出来的水平时，社会生产就不可能以完全为了扩大、丰富和提高社会成员的生活水平为直接动机。只有到了人类基本物质生活资料的获得无须以强制劳动为代价的共产主义历史阶段，这种直接以提高人们的生活水平为动机的社会物质生产，才有可能实现。

> 在共产主义社会里，人和人的利益并不是彼此对立的，而是一致的，因而竞争就消失了。当然也就谈不到个别阶级的破产，更谈不到像现在那样的富人和穷人的阶级了。在生产和分配必要的生活资料的时候，就不会再发生私人占有的情形，每一个人都不必再单枪匹马地冒着风险企求发财致富，同样也就自然而然地不会再有商业危机了。在共产主义社会里无论生产和消费都很

① 《马克思恩格斯全集》第42卷，人民出版社1979年版，第376页。

容易估计。既然知道每一个人平均需要多少物品，那就容易算出一定数量的人需要多少物品；既然那时生产已经不掌握在个别私人企业主的手里，而是掌握在公社及其管理机构的手里，那也就不难按照需求来调节生产了。①

最后，分配制度将由“按劳分配”进到“各尽所能，按需分配”。共产主义的最重要的原则之一，是以研究人的本性为基础的这样一个实际信念：人们的智力差异，根本不应带来他们生理需要的差别，因此，“按能力计酬”这个仅就狭义的消费而言的原理随着社会的发展将为“按需分配”这样一个原理所代替。“在人人都必须劳动的条件下，人人也都将同等地、愈益丰富地得到生活资料、享受资料、发展和表现一切体力和智力所需的资料。② “活动上，劳动上的差别不会引起在占有和消费方面的任何不平等，任何特权。”③

从“按劳分配”进到“按需分配”，是人类社会发展的一个极为重要的转折点。对此，马克思在《哥达纲领批判》中有系统的论述。当共产主义社会刚刚从资本主义社会产生出来时，它在各方面，特别是在经济、道德和精神方面都不可避免地还带着它脱胎出来的那个旧社会的痕迹。因此在过渡时期，社会还不能不是按劳分配的。每一个生产者所付出的劳动，在做了各项扣除之后，从社会方面正好领回他所给予社会的一切。他所给予社会的，就是他个人的劳动量。他从社会方面领得一张证书，证明他除了为社会基金以外还提供了多少劳动，凭着这张证书，他从社会储存中领得和他所耗费的劳动量相当的一份消费资料。这样，他以一种形式给予社会的劳动量，便又以另一种形式全部领回来。这里，在消费资料的分配中，起作用的也是调节商品等价交换的原则，即一种形式的一定量的劳动可以和另一种形式的同量劳动相交换。但由于环境改变了，其内容和形式都完全不同：除了自己的劳动，谁都不能提供其它任何东西，而且除了个人的消费资料，没有任何东西可以转为个人的财产。④

在一定的社会经济文化条件下，“按劳分配”不仅是必需的，而且是合理的。一

① 《马克思恩格斯全集》第2卷，人民出版社1957年版，第605页。
② 《马克思恩格斯选集》第1卷，人民出版社1995年版，第330页。
③ 《马克思恩格斯全集》第3卷，人民出版社1960年版，第637—638页。
④ 《马克思恩格斯选集》第3卷，人民出版社1995年版，第304页。

个人在体力或智力上胜过另一个人,因此在同一时间内提供较多的劳动,或者能够劳动较长的时间,就应当拥有得到较多生活资料的权利。这种权利,就同等的劳动而言是平等的。但这种平等的权利,对不同等的劳动来说又是不平等的。它默认不同等的个人天赋,因而也就默认不同等的工作能力是天然特权。所以就它的内容来讲,它像一切权利一样是一种不平等的权利。权利,就它的本性来讲,只在于使用同一的尺度;但是不同等的个人要用同一的尺度去计量,就只有从同一个角度去看待他们,从一个特定的方面去对待他们,例如把他们只当作劳动者,不再把他们看作别的什么,把其他一切都撇开了。其次,还存在一个劳动者已经结婚,另一个则没有;一个劳动者的子女较多,另一个的子女较少等情况。在劳动成果相同,从而由社会消费品中分得的份额相同的条件下,也会造成某一个人事实上所得到的比另一个人多些,也就比另一个人富些等社会现象。权利总是不平等的。权利永远不能超出社会的经济结构以及由经济结构所制约的社会的文化发展。只有当社会生产力发展到足以使所有社会成员的基本物质生活资料都无须以强制劳动为代价获取时,只有在共产主义社会,经济方面的不平等权利才会最后消失。

> 在共产主义社会高级阶段,在迫使个人奴隶般地服从分工的情形已经消失,从而脑力劳动和体力劳动的对立也随之消失之后;在劳动已经不仅仅是谋生的手段,而且本身成了生活的第一需要之后;在随着个人的全面发展,他们的生产力也增长起来,而集体财富的一切源泉都充分涌流之后,——只有在那个时候,才能完全超出资产阶级权利的狭隘眼界,社会才能在自己的旗帜上写上:各尽所能,按需分配!①

只有在这样一面旗帜下,人类才彻底从动物的生存条件进到了真正的人的生存条件,人类活动才完全由动物式的活动变成了真正的人的活动。

二、真正的人的活动

当人类进入“各尽所能,按需分配”的社会,当所有社会成员的基本物质生活资

① 《马克思恩格斯选集》第 3 卷,人民出版社 1995 年版,第 305—306 页。

料都无须以强制劳动为代价获取的时候，人类的活动便毫无疑问进入了一个长期梦寐以求的理想境界。然而，即使在这样一个全新的境界中，人们主要作为精神性需要的活动也仍然建立在物质性需要满足的基础之上，而在劳动没有了社会强制的条件下，社会物质生活资料的生产还能进行并充分满足社会全体成员的物质生活需要吗？

马克思主义经典作家认为，这个问题早为傅立叶所解决：

> 正是傅立叶第一个确立了社会哲学的伟大原理，因为每一个个人都爱好或者偏爱某种劳动，一切个人的这些爱好的总和，一般来说，必然会形成一种可以满足一切人的需要的力量。从这个原则得出下面的结论：如果每一个个人都凭自己的爱好做自己愿意做的事情，那么，即使没有现代的社会制度所采取的那些强制手段，也将可以满足一切人的需要。①

的确，人类永远需要活动，活动是人类幸福和生活意义的唯一源泉。正是在活动中，隐含着人类物质性需要和精神性需要及其相互关系的全部秘密。

人类精神作为自然物质长期发展的产物，其发展总是受着物质条件的制约。人们的精神生活，总是随着他们的物质生活条件的改变而改变。这里我们可以借用马克思和恩格斯就物质和意识的关系所说的一句意味深长的话："'精神'从一开始就很倒霉，受到物质的'纠缠'"。② 物质性需要的纠缠越厉害，精神性需要的发展就越艰难。只有在全体社会成员的基本物质生活资料不再必须通过强制劳动而获得的条件下，整个人类的精神性需要才可能得到长足的发展，人才可能完全摆脱生理需要等低级需要的纠缠，主要为满足自己的高级需要而活动。而且，社会成员拥有较高级的需要，也正是人类走出"史前时期"，开始自己的真正历史的必要社会条件。马克思在审阅德国社会民主党人约·莫斯特的小册子《资本和劳动，卡尔·马克思〈资本论〉浅说》时就曾提到："社会主义社会形态的前提是工人有较高的生活需要……"。③ 共产主义社会的实现，既是人类自觉干预社会历史发展的产物，也是

① 《马克思恩格斯全集》第3卷，人民出版社1960年版，第477—478页。
② 《马克思恩格斯选集》第1卷，人民出版社1995年版，第81页。
③ 《马列著作编译资料》第15辑，人民出版社1981年版，第21页。

人类内在精神素质不断提高的必然结果。

人类的高级需要，是人和社会发展较高阶段的产物。越是高级的需要，越只有在个人和社会发展的较高阶段才会出现。人的高级的精神性需要具有与较低级的物质性需要完全不同的性质。根据马斯洛的研究，可以概括出高级需要与低级需要不同的五个主要特点：

第一，从主观上讲，高级需要不像低级需要那样迫切。需要越高级，对于维持生存就越不重要，这种需要的满足越能推迟，需要本身也越容易消失和被剥夺。剥夺高级需要不会像剥夺低级需要时那样引起疯狂的抵御和紧急的反应。与食物和安全需要相比，尊重需要就是一种奢侈。高级较不容易被察觉，容易被搞错，容易由于暗示、模仿、或者错误的信念和习惯而与其它需要混淆。因而对于高级需要，能够知道自己真正想要什么，便是一个重要的心理成就。但真正的精神需要，又常常是任何物质条件所不能压抑或收买的。

第二，高级需要的满足有更多的前提条件。遗传占优势的需要必须在高级需要的满足之前得到满足，就足以说明这一点。因此友爱的需要在意识中的显露，要比安全需要的出现依赖于更多的满足。在更一般的意义上可以说，在高级需要的层次上，生活是更复杂了。寻求尊重、地位与寻求友爱相比，涉及更多的人，需要有更大的舞台，更长的过程，更多的手段和分段的目标，以及更多的从属步骤和预备步骤。友爱的需要与安全需要比较时，同样存在上述差异。高级需要的实现也要求有更好的外部条件。要让人们彼此相爱，而不仅仅是免于相互残杀，必需有更好的家庭、经济、政治、教育等等环境条件。

第三，高级需要的满足能引起更合意的主观效果，即更深刻的幸福感、宁静感，以及内心生活的丰富感。安全需要的满足最多只产生一种如释重负的感觉。无论如何它们不能产生像爱的满足那样的幸福的热狂与心醉神迷，或宁静、高尚等效果。

第四，对于具有高级需要的人来说，他们一般总是认为自己所拥有的高级需要比低级需要具有更大的价值。他们愿为高级需要的满足牺牲更多的东西，而且更容易忍受低级需要满足的丧失。他们普遍认为自我尊重是比填满肚子更高更有价值的主观体验。

最后，也是最重要的，高级需要的追求与满足具有有益于公众和社会的效果。

在一定程度上，需要越高级，就越少自私。饥饿是以我为中心的，它唯一的满足方式就是让自己得到满足，但是对爱以及尊重的追求却必然涉及他人，而且涉及他人的满足。需要的层次越高，爱的趋同范围就越广，即受爱的趋同作用影响的人数就越多，爱的趋同的平均程度也就越高。在原则上，我们可以把爱的趋同解释为两个或更多的人的需要融合为一个单一需要的优势层次。两个相爱甚笃的人会不加区别地对待彼此的需要。对方的需要，的确也就是他自己的需要。已得到足够的基本满足继而寻求友爱和尊重而不仅仅是食物和安全的人们，倾向于发展诸如忠诚、友爱、以及公民意识等品质，并成为更好的父母、丈夫、教师、公仆等等。①

由此可见，人的精神需要作为发展的高级阶段上的产物，无论就社会发展还是人本身的发展来说，都是更有意义的需要。它既为人所特有，也代表着社会人类的发展方向。因此，为满足精神需要而进行的活动，是人类精神时代中占主导地位的活动。与物质的活动相比，这种精神的活动更符合人的本性，是人的本真意义上的活动，真正的人的活动。

作为真正的人的活动，精神性活动是人的活动本身充分发展的结果。也就是说，人的精神性活动产生于其物质的活动中，是从物质的活动发展而来的。马克思在其《1857—1858 年经济学手稿》中，曾道出了个中奥秘。当谈到在资本主义本身还不是社会生产力发展的障碍的条件下，资本是生产的，是发展社会生产力的重要的关系时，他写道：

> 资本作为孜孜不倦地追求财富的一般形式的欲望，驱使劳动超过自己自然需要的界线，来为发展丰富的个性创造出物质要素，这种个性无论在生产上和消费上都是全面的，因而个性的劳动也不再表现为劳动，而表现为活动本身的充分发展。而在这种发展状况下，直接形式的自然必然性消失了；这是因为一种历史地形成的需要代替了自然的需要。②

这就是说，物质的活动不仅为精神活动的发展创造了物质条件，更重要的是创

---

① 参见马斯洛：《动机与人格》，华夏出版社 1987 年版，第 114—116 页。
② 《马克思恩格斯全集》第 46 卷，人民出版社 1995 年版，第 285 页。

造了人之所以为人的高级需要,使人在单纯的动物性需要的基础上不断发展出人所特有的、在人的历史中形成的精神性需要。二者都是人的活动本身充分发展不可或缺的。人的精神性活动的充分发展,以人的需要的充分发展为必要的内在前提,并以人类处于复杂社会关系中的活动不再有对物质生活的顾虑为必要的外在前提。真正的人的活动产生于那种能满足一切生活条件和生活需要的真正的人的生活;共产主义者正是要尽一切力量创造这种生活。

与物质的活动相比,精神的活动更符合人的本性。我们都熟悉古希腊哲人亚里士多德的一句名言,当他被人问到他自己和庸人的区别时,曾说:"他们活着是为了吃饭,我吃饭是为了活着"。不管这一轶闻是否真实,我们从这句话可以得到诸多启示:"活着是为了吃饭"正是动物性活动、物质性活动的基础,它反映了人性受物质压迫的事实;而"吃饭是为了活着"则是真正的人的活动、精神性活动的基础,它反映了人类本性的真正需要。人类作为一个整体,其发展在某种意义上正在经历一个从"活着是为了吃饭"到"吃饭是为了活着"的过程。可以说,人类从物质时代进到精神时代的过程,人从动物性的存在进到精神性的存在的过程,正是一个从"活着为了吃饭"到"吃饭为了活着"的转变过程。

任何一个现实的人,都有自己的使命和任务,只不过有的人意识到这一点而有的人没有意识到罢了。而人的使命和任务,是由于他的需要及其与现实世界的联系而产生的。他所具有的需要越是精神性的,社会的现实条件越有利于精神性需要的满足,他的使命和任务,他的活动便越接近人的本性。

唯一能与苍穹比阔的是精神。真正的人的活动,既是具有高度独立性的个体的活动,又是一个具有共同利益的类的活动。在"史前时期",社会上某些人的幸福,总不可避免的是建立在其他人的受压抑的痛苦之上。因为在这个时代,社会人类对幸福的谋求是通过发展水平较低的社会生产来实现的,而这种社会生产的进行必须以部分社会成员承受强制劳动为必要条件。只有到了"真正的人类历史",社会人类才有可能将这种谋求以"类"的形式直接指向自然界。也就是说,在物质时代,社会成员之间以物质欲望为主的需要往往是矛盾的;而在精神时代,由于人们从以物质性的需要占主导地位变成以精神性的需要占主导地位,这种矛盾现象会在很大程度上消失。如果说,在人类的物质时代,社会成员之间即使是精神性的需要也往往是矛盾的,那么,在人类的精神时代,社会成员之间即使是物质性的需要也往往是相互协调的。在那时，每个人都追求幸福，而个人的幸福和大家的幸福又是不可分割的。这也表明人类精神时代完全不同于物质时代的主体基础所在：人的精神的活动完全不同于其物质的活动。

当然，精神生活并不是脱离物质生活的，没有物质的生活也就没有精神的生活，人类精神生活永远以物质生活为基础。因而，人类社会的精神时代也并不是逍遥于物质生活之外，也一样必须致力于社会物质生产。精神时代的最初阶段的特点不过是：社会的几乎每一成员都有参于社会管理的一切条件。使这一点成为可能的，首先是由于人们已从基本物质生活资料的谋求中解放了出来，在精神上都具有充分的有保障的发展基础，并从而每一个社会成员都成了社会精神的良好导体。但在精神生活占主导地位的人类精神时代，一个简单的事实将会得到人们的普遍认同：思想归根到底是现实的。只是在物质时代，由于对人们的肉体感官几乎没有直接的作用，而使思想变成多余的和虚幻的。在精神时代，当人们对于物质享受的感受相对让位后，思想便明显地成了现实的东西，精神也同样成了现实的东西。想象能够丰富人的生活，思想却不仅如此，还能开拓出一个新的生活面，这个新生活面所包含的生活意义是目前狭隘意义上的“现实”所不能比拟的。

真正的人的活动具有高度发达的两极：对活动主体本身的深刻认识和对其前景的深远预见。“认识你自己”出现于物质时代和精神时代的过渡中，但却是也只能是精神时代的人的活动的主要特征之一。在物质时代，活动主体认识自己的目的主要在有利于改造外部环境，而精神时代活动主体也把对自己的认识看作认识世界的一部分，主要出于精神的需要而不是功利的。维持人的生命活动的重要因素无非是：外在的责任和内在的好奇以及基于其上的创造热情。物质时代是外在责任感起主要作用的时代，精神时代才是后者起主要作用的时代。同样，能清晰地，具有科学可靠性地预见到人类发展的未来情形，是近代人的一种质的飞跃。这也标志着人的活动能力的极大增强和活动质量的极大提高。但即使是现在，这两种人在社会生活中的效果可以说几乎没有不同。而对精神时代的人们来说，对未来完全没有预见性而又能正常地生活，将是不可想象的。

对活动主体本身的认识和人类社会未来的预测，将是极富于意义的两大生活领域。人类作为第一需要的本真意义上的活动，就包含在这样的生活领域中。人们在这些领域中的活动，能够满足人所具有的需要中那些真正符合人的本性的需要。

总之,一般地说,活动是人的第一需要,但严格说来,作为人的第一需要的不是任何意义上的活动,而应当是真正的人的活动。只有这种真正的人的活动,才是创造“真正的人类历史”的根本动力,才是真正的人的生活意义和价值的最终来源。

作为人的“第一需要”的真正的人的活动,构成人类精神时代的根本特点。如那时候的婚姻生活(在恩格斯那里所描述过的)不会因为经济等婚姻以外的目的所决定,而是最后以爱情为标准,人类的生活目的和价值观等,也不再带上物质生活的压迫和限制的痕迹,将以精神活动本身的目的为目的,以精神活动本身的价值为价值标准。

真正的人的活动作为人的第一需要,包含人的精神素质的发展达到一定水平的内在条件,意味着人的本质的真正占有。

三、人的本质的真正占有

恩格斯曾经说过:

> 人只须认识自身,使自己成为衡量一切生活关系的尺度,按照自己的本质去估价这些关系,真正依照人的方式,根据人的本性的要求,来安排世界,这样,他就会解开现代的谜语了。①

这话具有极为深刻的含义。

人既是自然存在物,又是社会存在物,因而既有自然形成的需要,又有历史形成的需要。人们为了发展符合自己本性的历史形成的需要,又必须首先满足自己自然形成的需要。而自然需要的对象既是表现和确证他的本质力量所不可缺少的,同时又是作为不依赖于他的自然物存在于他之外的。

> 饥饿是自然的需要;因此,为了使自身得到满足,使自身解除饥饿,他需要

① 《马克思恩格斯全集》第 3 卷,人民出版社 2002 年版,第 521 页。

自身之外的自然界、自身之外的对象。饥饿是我的身体对某一对象的公认的需要，这个对象存在于我的身体之外，是我的身体得以充实并使本质得以表现所不可缺少的。①

在人类的物质时代，通过自然需要的满足达到人的本质的真正占有的过程，同时又是人们不得不在某种程度上丧失自己的本性的过程。一方面，当人们在强制劳动的条件下通过外物谋求自己自然需要的满足时，会不可避免地造成劳动和人的异化。另一方面，又只有通过社会生产的发展，才能使社会成员的基本物质生活资料的寻求最后从强制劳动中解放出来；才能消除劳动的异化和人的异化；才能通过人的本质的现实生成，达到人的本质的真正占有。

的确，在大工业生产条件下，分工不断细化，劳动和劳动产品成了与劳动者对立的东西。在私有制生产方式下，一些人为了满足自己的利己需要，也总是力图创造出一种支配他人的、异己的本质力量。但透过现象看本质，财富正是普遍交换中造成的个人的需要、才能、享用、生产力等等的普遍性；正是人对自然力——既是通过所谓的“自然”力，又是人本身的自然力——统治的充分的发展；正是人的创造天赋的绝对发挥。这种发挥，除了先前的历史发展之外没有任何其他的前提，而先前的历史发展使这种全面的发展，即不以旧有的尺度来衡量的人类全部力量的全面发展成为目的本身。在这里，人不是在某一种规定性上再生产自己，而是生产出他的全面性；不是力求停留在某种已经变成的东西上，而是处在变易的绝对运动之中。② 而且，尽管社会物质生产在人类的“史前时期”总是伴随着与人的本性相悖的强制劳动，但只有通过物质财富的不断增长，才能使人类迈进自己的真正历史。

在真正的人类历史中，人的需要的丰富性，新生产方式和新生产对象意味着人的本质力量的新证明和人的本质的新充实。因而马克思认为，共产主义是人的本质的现实的生成，是人的本质对人说来的真正的实现，是人的本质作为某种现实的东西的实现。共产主义是私有财产即人的自我异化的积极的扬弃，因而是通过人并且为了人而对人的本质的真正占有；因此，它是人向自身、向社会(即人的)的复

---

① 马克思：《1844年经济学哲学手稿》，人民出版社2000年版，第106页。
② 参见《马克思恩格斯全集》第30卷，人民出版社1995年版，第479—480页。

归,这种复归是完全的、自觉的、而且在以往发展的全部财富的范围内生成。这种共产主义,作为完成了的自然主义,等于人道主义,而作为完成了的人道主义,等于自然主义。它是人和自然界、人和人之间矛盾的真正解决,是存在和本质、对象化和自我确证、自由和必然、个体和类之间的斗争的真正解决。"它是历史之谜的解答,而且知道自己就是这种解答。"①

生命活动的全部意义在于自身的解放。任何人的职责、使命、任务就是全面地发展自己的一切能力。人们对理想社会的探索,也自觉不自觉地贯穿着一个永恒的主题:实现人类的解放,谋求人的自由和全面的发展。共产主义将人类的这一理想放到了现实的基础上。

共产主义的目的,就是要使社会的每一个成员都能完全自由地发展和发挥他的全部才能和力量。正如倍倍尔所描述的:

> 在将来的社会,这种生活方式一定能够实现,一切种类的学者和艺术家一定能大量的产生,他们一定能够将每天生活的一部分从事体力劳动,其余的时间由各人所好去研究艺术,或者从事社交。②

在人类的"史前时期",由于分工,艺术天才完全集中在部分人身上,广大群众的艺术天才受到压抑。而在共产主义社会中,完全由分工造成的个人局限于某一领域,仅仅当一个诗人、画家、雕刻家等现象将不复存在。在那里没有单纯的诗人或画家,而只有把做诗或绘画作为自己多种活动中的一项活动的人们。只有到那个时候,才会有真正占有自己的本质和全面发展的个人。

如上所述,人本身的发展是社会发展的必要条件。在某种程度上说,实现共产主义的重要条件之一就是人的全面发展。马克思和恩格斯就曾指出:"私有制只有在个人得到全面发展的条件下才能消灭,因为现存的交往形式和生产力是全面的,所以只有全面发展的个人才可能占有它们,即才可能使它们变成自己的自由的生产活动。"③但社会的发展反过来又是人全面发展的必要条件,马克思和恩格斯同时

---

① 马克思:《1844年经济学哲学手稿》,人民出版社2000年版,第81页。
② 倍倍尔:《妇女与社会主义》,三联书店1955年版,第403页。
③ 《马克思恩格斯全集》第3卷,人民出版社1956年版,第516页。

又指出,"共产主义革命……本身就是个人自由发展的共同条件。"①这就是说,人本身的发展和社会的发展是互为条件的。个人的全面发展,不仅要在社会发展为个人才能的实际发展提供了必要的物质前提,即社会达到全体成员的基本物质生活资料无需以强制劳动为代价获取的发展水平,而且要在社会发展对个人才能的发展所起的全面的推动作用为个人本身所驾驭的时候,才是可能的。其中还包括社会发展过程本身被当作是并且被意识到是个人的前提这样一些复杂的相互作用过程。在这种相互作用中,更为根本的还是社会物质生产的发展。因为只有社会物质生产,才能为人们从物质的压迫中解放出来,通过物质的阶梯达到自己真正的自由和独立。

在资本主义和它以前的一切历史阶段上,物质财产是个人一切自由和独立的基础。由于在人类社会的"史前时期",物质还是大多数社会成员所追求的主要目标,而在物质利益的追求中,物质利害远远大于精神利害;而且就整个社会来说,物质利害又具有极其复杂的不一致性。因而即使是资本主义的议会制,也只能达到物质压迫下的极其有限的民主和自由。到了共产主义阶段,由于社会全体成员的基本物质生活资料都不再与强制劳动相联系,这种纯粹建立在物质基础之上的自由和独立已经没有意义了,人们已经进入了以精神为基础的自由和独立,物质生活中的个性已经变成了精神生活中的个性。人们之间没有了极不一致的物质利害关系,而只有能够达到高度一致的精神利害关系。只有在这种真正的人类历史的条件下,才能够达到高度的民主和自由。

在作为真正的人类历史的共产主义社会,这种高度的民主和自由,来自生产力高度发展基础上的个人的共同活动方式。

四、自由人的联合体

毫无疑问,人的解放和自由归根结底是社会生产力发展的结果。由于所有社会成员的基本物质生活资料都无需以强制劳动为代价获取,人类得到了真正的人的生存条件;由于社会分工造成劳动和人的异化的社会条件不复存在,劳动向人的

① 《马克思恩格斯全集》第3卷,人民出版社1956年版,第516页。

本真意义上的活动复归,人的活动成了真正的"人的活动",从而达到了人的本质的真正占有,人的自由发展也便有了现实的基础。但是,人要真正成为自由的个人,还必须有一个相应的人和人关系的社会条件:"真实的集体"。

事实上,社会分工的消灭不仅建立在生产力高度发展的基础上,而且有赖于个人在世界交往基础上的联合。由社会分工造成的个人力量转化为物的力量的现象,只能靠个人重新驾驭这些物的力量并消灭分工的办法来消灭。而这必须在真实的集体中才可能实现。只有在真实的集体中,个人才能获得全面发展其才能的手段;只有在这种集体中,才可能有真正的个人自由。

在人类的"史前时期",任何真实的集体都是不存在的,国家等社会组织只是"冒充的集体"。在这些"冒充的集体"中,个人自由只是对那些在统治阶级范围内发展的个人来说才是存在的,他们之所以有个人自由,只是因为他们是这一阶级的个人。从前各个个人所结成的那种虚构的集体,总是作为某种独立的东西而使自己与各个个人对立起来;由于这种集体是一个阶级反对另一个阶级的联合,因此对于被支配的阶级说来,它不仅是完全虚幻的集体,而且是新的桎梏。

真实的集体只有在真正的人类历史中才存在,它可以看作是共产主义社会的组织形式。就真实的集体所必须具备的社会物质条件是长期的、痛苦的历史发展的自然产物而言,建立共产主义实质上具有经济的性质:

> 共产主义和所有过去的运动不同的地方在于:它推翻一切旧的生产关系和交往关系的基础,并且第一次自觉地把一切自发形成的前提看作是前人的创造,消除这些前提的自发性,使它们受联合起来的个人的支配。因此,建立共产主义实质上具有经济的性质,这就是为这种联合创造各种物质条件,把现存的条件变成联合的条件。①

这些联合起来的个人,就构成真实的集体。它是这样一种社会组织,在那里个人是作为个人参加的。它是个人在高度发达生产力基础上的这样一种联合,这种联合把个人的自由发展和运动的条件置于他们的控制之下。正是在真实的集体

① 《马克思恩格斯选集》第 1 卷,人民出版社 1995 年版,第 122 页。

中,各个个人在自己的联合中并通过这种联合获得了自由。①

真实的集体就是马克思在《资本论》中所设想的那种"自由人联合体":

他们用公共的生产资料进行劳动,并且自觉地把他们许多个人劳动力当作一个社会劳动力来使用。在那里,鲁滨逊的劳动的一切规定又重演了,不过不是在个人身上,而是在社会范围内重演。鲁滨逊的一切产品只是他个人的产品,因而直接是他的使用物品,这个联合体的总产品是社会的产品,这个产品的一部分重新用作生产资料。这一部分依旧是社会的。而另一部分则作为生活资料由联合体成员消费。因此,这一部分要在他们之间进行分配。这种分配的方式会随着社会生产有机体本身的特殊方式和随着生产者的相应的历史发展程度而改变。仅仅为了同商品生产进行对比,我们假定,每个生产者在生活资料中得到的份额是由他的劳动时间决定的。这样,劳动时间就会起双重作用。劳动时间的社会的有计划的分配,调节着各种劳动职能同各种需要的适当的比例。另一方面,劳动时间又是计量生产者在共同劳动中个人所占份额的尺度,因而也是计量生产者在共同产品的个人可消费部分中所占份额的尺度。在那里,人们同他们的劳动和劳动产品的社会关系,无论在生产上还是在分配上,都是简单明了的。……只有当社会生活过程即物质生产过程的形态,作为自由联合的人的产物,处于人的有意识有计划的控制之下的时候,它才会把自己的神秘的纱幕揭掉。②

人类社会作为自由人的联合体,是真正的人的社会。在这种社会中,由于物质财富的充分涌流,全体成员的基本物质生活资料不再必须通过强制劳动获取;超出社会当前需要的生产余额不再引起贫困,而是通过对社会较低级需要的满足,不断引起新的需要,同时又不断创造出满足这种新需要的手段。因而生产余额将完全成为进一步前进的条件和刺激,它既能不断地实现社会的进步,同时又不会因此像在物质时代那样造成整个社会秩序的周期性混乱。联合体中的任何人都不再只隶

① 参见《马克思恩格斯选集》第1卷,人民出版社1995年版,第119页。
② 马克思:《资本论》第1卷,人民出版社2004年版,第96—97页。

属于某一个生产部门，从而不会由于受它束缚而只能发展自己能力的一方面而偏废了其他许多方面。自由人联合体中的高度发展的社会生产，需要各方面都有能力的人。物质时代把一个人变成农民、把另外一个人变成鞋匠、把第三个人变成工厂工人、把第四个人变成交易所投机者的这种分工，将要完全消失。人们可以根据社会的需要或他们自己的爱好，轮流从一个生产部门转到另一个生产部门。从而使他们摆脱分工所造成的片面性。根据共产主义原则组织起来的社会联合体，将使自己的成员能够全面地发挥他们各方面的才能。与此同时，阶级和城乡之间的对立将消失，人们既从事农业，也从事工业。①

分工和阶级对立的消灭，正是共产主义联合体的必要物质条件。因为自由人的联合体，正是社会分工进而社会阶级消灭的结果。当社会存在阶级时，就必定要存在一个阶级用以压迫另一个阶级的有组织的暴力，只有当分工不再存在，人类社会才能摆脱阶级和阶级对立，进入“自由人联合休”时代。

> 当阶级差别在发展进程中已经消失而全部生产集中在联合起来的个人的手里的时候，公众权力就失去政治性质。原来意义上的政治权力，是一个阶级用以压迫另一个阶级的有组织的暴力。如果说无产阶级在反对资产阶级的斗争中一定要联合为阶级，如果说它通过革命使自己成为统治阶级，并以统治阶级的资格用暴力消灭旧的生产关系，那么它在消灭这种生产关系的同时，也就消灭了阶级对立的条件，消灭了阶级本身的存在条件，从而消灭了它自己这个阶级的统治。代替那存在着阶级和阶级对立的资产阶级旧社会的，将是这样一个联合体，在那里，每个人的自由发展是一切人的自由发展的条件。②

正是这最后一句话，恩格斯认为最适合用来表达共产主义社会的特点。他在1894年1月9日给卡内帕的信中，认为要用不多的几个字来表述未来新时代的思想，同时既不坠入空想社会主义又不流于空泛辞藻，这个任务几乎是难以完成的。如果可能，那就是“每个人的自由发展是一切人的自由发展的条件”③这句话。

---

① 参见《马克思恩格斯选集》第1卷，人民出版社1995年版，第242—243页。
② 《马克思恩格斯选集》第1卷，人民出版社1995年版，第294页。
③ 《马克思恩格斯文集》第10卷，人民出版社2009年版，第666页。

研究人类社会，揭示人类历史的演化规律，归根结底是为了人的解放和自由发展。这方面，马克思主义经典作家为人类做出了杰出的贡献。马克思主义历史决定论令人信服地表明，社会生产力的发展，特别是科学技术的进步，是人类历史发展和实现共产主义理想的主要决定力量。一方面，社会生产力和科学技术的发展有力地促进了世界的一体化，使整个人类社会迅速走向统一，开始了真正的世界历史(真正的人类历史应当是世界历史)；另一方面，生产力和科学技术的发展带来了物质财富的充分涌流，使社会全体成员的基本物质生活资料不再必须以强制劳动换取，从而使人们获得了真正的人的生存条件。在真正的人的生存条件下，社会分工由自发的变成自愿的，强制劳动向人的本真意义上的活动复归，人的活动因充分发展而成为真正的人的活动。在人的本真意义的活动中，劳动的异化和人的异化被扬弃，人们将在自己历史的真正自觉的创造中达到自己本质的真正占有；在真正的人的活动中，由于每个人的发展成了一切人的自由发展的条件，所有人都将得到全面的发展。正是在人的全面自由发展和历史完全转变为世界历史的交叉点上，人们“史前时期”的社会理想将变成现实，人类将走进梦寐已久的共产主义社会。

符合客观现实的规律性认识，有时就会使纷繁复杂的事物过程显得如此简单和平常。从马克思主义历史决定论看人类历史的发展，共产主义在人类社会的实现既不神秘也不特别，它只不过是人类社会走出自己的“史前时期”，迈进自己的真正历史。正像一个人告别童稚，步入自己成熟的年龄。

主要参考文献

马克思:《博士论文》,人民出版社 1961 年版。

马克思:《1844 年经济学哲学手稿》,人民出版社 2000 年版。

马克思:《资本论》第 1－3 卷,人民出版社 2004 年版。

《马克思恩格斯选集》第 1－4 卷,人民出版社 1995 年版。

《马克思恩格斯文集》第 1 卷,人民出版社 2009 年版。

《马克思恩格斯文集》第 10 卷,人民出版社 2009 年版。

《马克思恩格斯全集》第 2 卷,人民出版社 2005 年版。

《马克思恩格斯全集》第 3 卷,人民出版社 2002 年版。

《马克思恩格斯全集》第 19 卷,人民出版社 2006 年版。

《马克思恩格斯全集》第 25 卷,人民出版社 2001 年版。

《马克思恩格斯全集》第 30 卷,人民出版社 1995 年版。

《马克思恩格斯全集》第 14 卷,人民出版社 1964 年版。

《马克思恩格斯全集》第 16 卷,人民出版社 1964 年版。

《马克思恩格斯全集》第 19 卷,人民出版社 1963 年版。

《马克思恩格斯全集》第 26 卷第二册,人民出版社 1973 年版。

《马克思恩格斯全集》第 39 卷,人民出版社 1974 年版。

《马克思恩格斯全集》第 41 卷,人民出版社 1982 年版。

《马克思恩格斯全集》第 42 卷,人民出版社 1979 年版。

《马克思恩格斯全集》第 46 卷(上),人民出版社 1979 年版。

《马克思恩格斯全集》第 49 卷,人民出版社 1982 年版。

《马列著作编译资料》第 15 辑,人民出版社 1981 年版。

《列宁选集》第 1－4 卷,人民出版社 1995 年版。

《爱因斯坦文集》第 3 卷，商务印书馆 1977 年版。

倍倍尔：《妇女与社会主义》，三联书店 1955 年版。

亚里士多德：《形而上学》，商务印书馆 1959 年版。

亚里士多德：《物理学》，商务印书馆 1981 年版。

亚里士多德：《修辞学》，三联书店 1991 年版。

《十六—十八世纪西欧各国哲学》，商务印书馆 1975 年版。

斯宾若莎：《伦理学》，商务印书馆 1985 年版。

《十八世纪法国哲学》，商务印书馆 1963 年版。

拉美特利：《人是机器》，商务印书馆，1959 年版。

康德：《实践理性批判》，商务印书馆 1960 年版。

黑格尔：《小逻辑》，商务印书馆 1960 年版。

黑格尔：《历史哲学》，三联书店 1956 年版。

托马斯·莫尔：《乌托邦》，三联书店 1956 年版。

《圣西门选集》上、下卷，商务印书馆 1962 年版。

《傅立叶选集》第 1、3 卷，商务印书馆 1964 年版。

《欧文选集》上、下卷，商务印书馆 1965 年版。

洛克伍德：《新和谐运动》，1905 年英文版。

希尔奎特：《美国社会主义史》，商务印书馆 1974 年版。

《西方哲学原著选读》上、下卷，商务印书馆 1981 年版。

《古希腊罗马哲学》，商务印书馆 1961 年版。

汤因比：《历史研究》中册，上海人民出版社 1962 年版。

《哥伦比亚百科全书》，美国哥伦比亚大学出版社 1953 年版。

李凯尔特：《历史上的个体》，载《现代西方历史哲学译文集》，上海译文出版社 1984 年版。

H. 赫尔茨：《马克思主义哲学与自然科学》，上海人民出版社 1986 年版。

波普：《历史决定论的贫困》，华夏出版社 1987 年版。

马斯洛：《动机与人格》，华夏出版社 1987 年版。

罗森菲尔德：《因果性概念的演化》，《哲学与科学》1985 年第 1 期。

维纳：《人有人的用处》，商务印书馆 1978 年版，序言。

贝塔朗菲:《一般系统论: 基础、发展、应用》,中国社会科学文献出版社 1987 年版。

波尔:《原子论和自然的描述》,商务印书馆 1978 年版。

玻恩:《我这一代的物理学》,商务印书馆 1964 年版。

罗素:《西方哲学史》下卷,商务印书馆 1982 年版。

席勒:《人本主义研究》,上海人民出版社 1986 年版。

萨特:《存在主义是一种人道主义》,《存在主义哲学》,商务印书馆 1963 年版。

萨特:《决定论与自由》,《现代外国哲学》第四集,人民出版社 1983 年版。

弗洛姆:《人心》,商务印书馆 1989 版。

卢卡奇:《社会存在本体论导论》,华夏出版社 1989 年版。

拉兹洛:《用系统的观点看世界》,中国社会科学出版社 1985 年版。

池田大作、佩奇:《21 世纪的警钟》,中国国际广播出版社 1988 年版。

贝尔纳:《科学的社会功能》,商务印书馆 1986 年版。

《礼记・礼运篇》,上海古籍出版社 1987 年版。

康有为:《大同书》,古籍出版社 1956 年版。

洪秀全:《天朝田亩制度》,《中国近代史资料选辑》,三联书店 1954 年版。

洪谦主编:《逻辑经验主义》下卷,商务印书馆 1984 年版。

高放:《社会主义的过去、现在和未来》,北京出版社 1982 年版。

华岗:《规律论》,人民出版社 1982 年版。

李醒民:《科学的革命》,中国青年出版社 1989 年版。

王天思:《试论因果结构兼评哥本哈根学派的因果观》,《中国社会科学》1991 年第 1 期。

王天思:《在过去和未来之间决定性与非决定性》,江西人民出版社 1993 年版。

George Browning Lockwood, The New Harmony Movement, Kessinger Publishing, 2010.

Herbert Marcuse, Reason and Revolution: Hegel and the Rise of Social Theory, Routledge & Kegan Paul Ltd. , 1955.

Johnl Pollock, Procedural Epistemology, Terrell Ward Byhum and James H. Moor, Ed. , The Digital Phoenix: How Computers are Changing Philosophy,

Blackwell Publishers, Ltd, 1998.

Joseph Rouse, Merleau-Ponty and the Existential Conception of Science, Synthese, Vol. 66, No. 2 (Feb. , 1986),

Mike Sharples ect. , Innovation Pedagogy, The Open University Innovation Report 2, 2013.

Mark Hatch, The Maker Movement Manifesto, Rules for innovation in the New World of Crafters, Hackers, and Tinkerers, McGraw-Hill, 2013.

Niels Bohr, *Atomic Physics and Human Knowledge*, John Wiley & Sons, New York, 1958.

Wilhelm Windelband, A History of Philosophy, The Macmillan Company, 1958.